中国高等教育学会外国留学生教育管理分会 主办

主　编　程爱民

8

International Student Education and Management

国际学生
教育管理研究
2024 年

上海外语教育出版社
SHANGHAI FOREIGN LANGUAGE EDUCATION PRESS

图书在版编目（CIP）数据

国际学生教育管理研究. 8 / 程爱民主编. -- 上海：上海外语教育出版社, 2024 (2025重印). -- ISBN 978-7-5446-8372-2

I. G649.1

中国国家版本馆CIP数据核字第2024BU2060号

出版发行：**上海外语教育出版社**
（上海外国语大学内）邮编：200083
电　　话：021-65425300（总机）
电子邮箱：bookinfo@sflep.com.cn
网　　址：http://www.sflep.com
责任编辑：王　璐

印　　刷：上海新华印刷有限公司
开　　本：710×1000　1/16　印张 12.75　字数 269千字
版　　次：2024年12月第1版　2025年6月第2次印刷
书　　号：ISBN 978-7-5446-8372-2
定　　价：36.00元

本版图书如有印装质量问题，可向本社调换
质量服务热线：4008-213-263

《国际学生教育管理研究》编辑委员会

主　任：生建学
主　编：程爱民
副主编：教雪岗

编　委：　蔡　红　　广东外语外贸大学
　　　　　程爱民　　上海交通大学/南京大学
　　　　　韩　霏　　天津医科大学
　　　　　黄美旭　　华东师范大学
　　　　　李春玲　　中央财经大学
　　　　　李梅花　　吉林大学
　　　　　李　锵　　天津大学
　　　　　李彦光　　国家留学基金委/中国高等教育学会外国留学生教育管理分会
　　　　　吕晓杰　　清华大学
　　　　　刘　猛　　西南大学
　　　　　翁敬农　　北京航空航天大学
　　　　　覃成强　　广西大学
　　　　　沈　杰　　浙江大学
　　　　　生建学　　国家留学基金委/中国高等教育学会外国留学生教育管理分会
　　　　　笳　宁　　首都师范大学
　　　　　王爱菊　　武汉大学
　　　　　温广瑞　　西安交通大学
　　　　　张艳莉　　上海外国语大学
　　　　　赵文书　　南京大学

编辑部主任：　张　斌
编辑部副主任：孙　敏
编辑部地址：　南京市金银街18号南京大学海外教育学院四楼
邮政编码：　　210093
在线投稿地址：https://gjjg.cbpt.cnki.net
作者联系邮箱：isem_cafsa@163.com

目 录

国情教育研究

- 来华留学生中国国情教育的内涵、依据与体系构建
  ··· 程乐乐 王爱菊　1
- 高校来华留学生中国国情认知情况调查报告
  ··· 刘　猛　周　齐　曾仪君　11
- 来华留学生中国国情教育协同育人体系的构建与实践
  ··· 傅群舒　曹力前　30
- 来华留学生中国国情教育新探
  ··· 刘清伶　41
- 来华留学生中国国情教育与中国文化国际传播的互动模式研究
  ——基于跨文化交流与新媒体的双重视角
  ··· 刘　亮　50

理论与实践研究

- 在"重构时间"中标记身份：海外华裔青少年参与中国寻根之旅摭论
  ··· 苏旭东　59
- 国际中文教育背景下中国故事的国际化叙事模式研究
  ··· 黄雪云　73

课程教学研究

- 数字教育推动国际教育变革的探索与实践
  ——以华中科技大学国际学生线上线下融合教育为例
  ··· 赵晓峰　徐文波　徐　玮　程云青　刘　威　82
- 关于国际中文教育本质的探讨
  ··· 王　靓　魏　晖　90
- 智慧教学环境下国情教育与汉语教学融合初探
  ——"语言＋文化＋国情"融合课程教学设计与案例分析
  ··· 宗　圆　98
- 数字化赋能国际学生讲好中国故事的三维探赜
  ··· 王展鹏　王安东　林　秀　李世杰　108

- 国际学生中国概况课程建设与实施建议
  ·· 朴汇燕　姜子凡　**118**

管理研究

- 产教融合视阈下国际学生创新创业能力培养体系研究
  ·· 李晓静　李芳然　**130**
- 以学生体验为中心：趋同化的发展定位与实践路径
  ·· 王赛男　**140**
- 新发展阶段提升国际学生生源质量的研究与实践
  ·· 程　方　孙亚杰　**147**

跨文化教育与交际研究

- 提升国际学生对中国文化认同感的教学研究
  ——以中国概况课程教学为例
  ·· 陆　柳　**153**
- 新媒体语境下国际学生中华传统文化认同教育研究
  ·· 代丽丽　**160**
- 积极心理学视域下国际学生突发事件的案例与预防
  ·· 毛跃祖　**169**

队伍建设研究

- 高质量发展背景下的国际学生管理队伍建设思考
  ·· 廖芳莹　**177**

综述、简报与会讯

- 2024年来华留学教育管理学术会议综述
  ·· 翟宜疆　**185**
- 新时代高校来华留学教育高质量发展研讨会会议综述
  ·· 翟二猛　**190**

征稿启事 ·· **192**

Contents

Education of National Conditions

- The Connotation, Foundation and System Construction of China's National Conditions Education for International Students
  ·· CHENG Lele, WANG Aiju 1
- A Survey Report on the Cognition of China's National Conditions of International Students in Chinese Colleges and Universities
  ·· LIU Meng, ZHOU Qi, ZENG Yijun 11
- The Construction and Practice of a Collaborative System for China's National Conditions Education for International Students in China
  ·· FU Qunshu, CAO Liqian 30
- A New Tap on China's National Conditions Education for International Students ·· LIU Qingling 41
- Research on the Interactive Model Between Education on China's National Conditions for International Students and the International Dissemination of Chinese Culture: Based on the Dual Perspectives of Cross-cultural Communication and New Media ·· LIU Liang 50

Reserach on Theory and Practice

- Marking Identity in "Reconstructing Time": Based on Overseas Chinese Teenagers' Root-seeking Journey in China ················· SU Xudong 59
- Research on the Internationalized Narrative Mode of China's Stories in the Context of International Chinese Language Education ········ HUANG Xueyun 73

Curriculuim and Teaching Research

- Exploration and Practice of Digital Education Promoting the Evolution of International Education: Take the Online and Offline Integrated Education for International Students at Huazhong University of Science and Technology as an Example
  ········ ZHAO Xiaofeng, XU Wenbo, XU Wei, CHENG Yunqing, LIU Wei 82
- A Discussion on the Essence of International Chinese Language Education
  ·· WANG Liang, WEI Hui 90
- Exploration of the Integration of National Conditions Education and Chinese Language Teaching in a Smart Learning Environment: Teaching

Design and Case Analysis of the "Language + Culture + National Conditions" Integrated Course ·········· ZONG Yuan　98
- Exploring the Three-dimensional Aspects of Digital Empowerment for International Students in China to Tell China's Stories Well
·········· WANG Zhanpeng, WANG Andong, LIN Xiu, LI Shijie　108
- Suggestions for the Construction and Implementation of the Curriculum of the Introduction to China Course for International Students
·········· PIAO Huiyan, JIANG Zifan　118

Research on Management of Studying in China

- Research on the Cultivation System of Innovation and Entrepreneurship Ability of International Students in China from the Perspective of Integration of Industry and Education ·········· LI Xiaojing, LI Fangran　130
- Student Experience-centered: The Convergence of Development Orientation and Practical Path ·········· WANG Sainan　140
- Research and Practice on Improving the Quality of International Students in China in the New Development Stage ·········· CHENG Fang, SUN Yajie　147

Crosscultural Education and Communication

- Teaching Research on Enhancing the Identification with Chinese Culture of International Students in China: A Case Study of the Teaching of the Introduction to China Course ·········· LU Liu　153
- Research on the Education for the Identification with Traditional Chinese Culture for International Students in the Context of New Media
·········· DAI Lili　160
- Cases and Prevention of Campus Emergencies Involving International Students from the Perspective of Positive Psychology ·········· MAO Yuezu　169

Team Building Research

- Reflections on International Student Management Team Building in the Context of High-quality Development ·········· LIAO Fangying　177

Conference Briefings

- Review of 2024 Academic Conferences on International Student Education Management in China ·········· ZHAI Yijiang　185
- Review of High-quality Development of International Student Education in Chinese Universities in the New Era ·········· ZHAI Ermeng　190

来华留学生中国国情教育的内涵、依据与体系构建*

程乐乐　王爱菊**

摘　要：来华留学生中国国情教育是针对国际学生的一项系统性教育活动，旨在通过介绍和教授中国文化和国情知识，使他们全面、客观地了解中国，提高跨文化交际能力，培养知华、友华的情感和态度。面向国际学生开展国情教育不仅有理论依据，也是教学体系建设与人才培养的需要。在开展国情教育时，不能只重视实践活动。因其涉及认知、认同与行动等多个维度，需要对国情教育进行总体设计，构建以教学大纲与国情教材为基础，以课堂教学、文化体验、社会实践为主体，以建设专门师资队伍为保障，以实践基地为示范推广的国情教育体系，逐步推动来华留学生中国国情教育走向规范化、科学化的道路。

关 键 词：国际学生　中国国情教育　跨文化交际能力　国情教育体系构建

Abstract：China's national conditions education for international students is a systematic educational activity aimed at international students. It seeks to comprehensively and objectively introduce and impart the knowledge of Chinese culture and national conditions, thus enabling international students to have a thorough and objective understanding of China, enhancing their intercultural communication competence and cultivating their affection and attitude towards understanding and befriending China. Providing education on China's national conditions to international students is not only theoretically justified, but also a necessity for teaching system construction and talent cultivation. When implementing national conditions education for international students, we should not only focus on practical activities, but also recognize that it involves multiple dimensions such as cognition, identification and action. Therefore, we need to conduct an overall design for national conditions education, building an educational system that is based on syllabi and textbooks, with classroom teaching, cultural experiences and social practices as the mainstay, a specialized teaching staff as the guarantee, and practice

---

*　本文系教育部中外语言交流合作中心基地项目"东南亚本土汉语教师职业发展调研与培训"（项目编号：23YHJD1031）、"'荆楚文化'系列课程设计与教材研发"（项目编号：23YHJD1032）研究成果。
**　程乐乐，武汉大学国际教育学院副院长，教授，研究方向为国际中文教育与现代汉语语法。
　　王爱菊，武汉大学国际教育学院院长，教授，研究方向为英美文学与国际中文教育。

bases as models for demonstration and promotion. This approach aims to gradually guide national conditions education for international students towards a standardized and scientific path.

Key Words：international students, education on China's national conditions, intercultural communication competence, construction of China's national conditions education system

中国高校的国际学生教育始于 20 世纪 60 年代。21 世纪以来，随着中国经济的快速发展和国际地位的不断提升，全球范围内出现了"汉语热"。国际学生的规模逐年扩大，其中学历生占比不断提高，来华留学教育事业快速发展，但在这一进程中，也面临着一些挑战，如教学质量有所下降等。当今世界，仍有一些国家由于意识形态和利益等方面的原因，通过媒体舆论传播一些扭曲事实的、不利于中国的言论（程爱民 2023）。在这样的国际形势下，面向国际学生开展中国国情教育，"讲好中国故事，传播好中国声音，向世界展现一个真实的中国、立体的中国、全面的中国"势在必行（中共中央宣传部 2019）。

在上述背景下，来华留学生中国国情教育开始受到高度重视。近几年，学界已经举办了两届来华留学生中国国情教育学术研讨会[①]，相关研究也逐渐增多。现有研究主要涉及三个方面：一是宏观研究，主要探讨国情教育的意义、教学模式等问题。如程爱民（2023）认为，国情教育可以为建构国家形象、消除刻板印象、减少文明冲突、建设人类命运共同体作出贡献。张伟（2023）建议要设计"立足中国-融通世界"话语体系的国情教育教学模式。二是课程设置与教材编写研究。如吴雨薇等（2024）提出将影视融入国情教育，进行课程设计。程爱民（2023）提出，要构建国情教育课程体系和社会实践体系，既要开设中国概况、中国文化、当代中国社会等主干课程，也应开设省情、市情甚至校情等地方特色课程。华霄颖（2023）主张通过地域文化教学的个案分析，对国情教育的在地化教学进行系统探讨。三是实践活动研究，此类研究最为丰富。如唐梅、林娜（2023）提出打造"理论＋实践"的国情教育"金课"，构建来华留学生中国国情教育"第二课堂成绩单"制度。纪婷等（2023）从新生教育、理论学习、社会实践、文化活动、比赛活动等五个方面提出开展国情教育的具体方案。温秋敏、韩金玲（2023）提出了针对国际学生的课程思政建设路径。

上述研究对我们认识来华留学生中国国情教育内涵、开展国情教育提供了思路和借鉴。然而，正如程爱民（2023）所指出的，"来华留学生国情教育是一个综合教育体系，……作为教育体系，国情教育在课程教学、社会实践、队伍建设、管理服务、教育质量保障与评估等方面也都存在一些亟待研究和解决的问题。"因此，尽管已有一定

---

① 第一届于 2023 年 8 月 25—27 日在北京语言大学举办，第二届于 2024 年 3 月 22—24 日在上海外国语大学举办。

的进展，来华留学生中国国情教育相关研究仍处于起步阶段，关于国情教育的内涵、理论依据、教育体系构建等还需要进一步探讨。

一、来华留学生中国国情教育的内涵

中国国际中文教育界很早就把中国国情教育纳入了教学之中，《高等学校外国留学生汉语教学大纲（长期进修）》(2002)规定，"文化知识课包括中国概况、中国历史、中国文学（中国现当代文学作品选读等）等课，这些课讲授中国的国情、历史、文化等文化背景知识，使学习者提高其语言运用的层次"。近年来，我国高校为国际学生设置的课程中均包含了中国国情教育，如中国概况、中国文化等，但是在内容和目标方面，如何更有效地开展国情教育仍需进一步探讨。

（一）国情教育的内容

顾明远（1998）认为，国情教育是使学生了解本国政治、经济、自然生态等方面的基本情况，从而激发起爱国热情的教育，主要包括近百年来中国历史的教育，社会主义必然性的教育，经济文化发展现状的教育，经济资源和人口问题的教育，中华民族优秀传统的教育等。该定义主要从内容与目标两个方面对国情教育进行阐释。根据该定义，国情教育的内容涵盖自然国情（即国家的地理、环境、资源、人口等）和人文国情（即国家的历史传统、文化背景、政治制度、经济制度等）两个方面。尤其值得注意的是，"近百年来中国历史的教育"被视为国情教育的重要内容。

上述定义中的国情教育主要面向中国学生，来华留学生中国国情教育与中国学生的国情教育既有相同点，也有不同点。二者在内容上具有一致性，均包含中国自然国情知识与人文国情知识。二者由于教育对象的不同，国情教育开展的方式也不同。中国学生一直处于中国社会文化环境中，对本国的文化与国情较为熟悉，所以中国学生的国情教育侧重于深化其对本国文化和国情知识的理解和认识，强化民族自豪感与社会责任感。但是，对国际学生来说，中国文化和国情知识则是全新的，与其母语文化和国情不同，甚至相去甚远。因此，国际学生教育是一种跨文化交际，教育教学过程中充满了"文化间性"(interculturality)。而文化间性则决定了教师在进行国情教育的过程时，承担着施教者、传播者、促进者、组织者、引导者、倾听者和示范者等多种角色。教师通过多种方法能够有效帮助国际学生克服语言与文化上的障碍，提高他们在全球化视野下与中国文化之间形成互动和关联的能力。基于此，来华留学生中国国情教育必须充分考虑学生的多元文化背景，采取灵活多样的教学方式。面向中国学生的国情教育，很多时候采取知识讲授为主的方式就能达到预期效果。而面向国际学生的国情教育则需重视文化对比的作用，让学生在对比中理解中国文化与国情，并在中外文化之间建立一种联系，从而产生共情与共鸣。如果说对中国学生的国情教育是单向的，那么对国际学生的国情教育则是双向的。

（二）国情教育的目标

2017年，教育部、外交部、公安部发布42号令，即《学校招收和培养国际学生管理办法》（以下简称"42号令"）。该管理方法明确规定了对国际学生开展中国国情教育的要求，"高等学校应当对国际学生开展中国法律法规、校纪校规、国情校情、中华优秀传统文化和风俗习惯等方面内容的教育"，并指出了国情教育的目标，"帮助其尽快熟悉和适应学习、生活环境"。2018年，教育部印发《来华留学生高等教育质量规范（试行）》（以下简称《质量规范》），提出来华留学教育人才培养目标包含四个方面，其中第二方面对来华留学生中国国情教育的目标作了进一步说明，"来华留学生应当熟悉中国历史、地理、社会、经济等中国国情和文化基本知识，了解中国政治制度和外交政策，理解中国社会主流价值观和公共道德观念，形成良好的法治观念和道德意识"。从"42号令"的制定到《质量规范》的出台，可以看出，来华留学生中国国情教育的目标设定逐渐全面、具体。在此基础上，结合习近平（2021）"讲好中国故事，传播好中国声音"相关指示精神，我们对来华留学生中国国情教育的目标重新表述为：对国际学生开展中国国情教育，帮助国际学生了解中国的历史与现状，尤其是当代中国发展现状，引导他们与自己国家进行对比，培养他们的多元文化共存意识，增进对中国文化的认同感，并自觉地成为中国故事的讲述者与中国声音的传播者。

来华留学教育本质上是一个培养跨文化交际能力的过程。达拉·蒂尔多夫（Darla K. Deardorff）指出，跨文化交际能力是"交际者基于自身的跨文化知识、技能和态度在跨文化环境中进行得体、有效交际的能力"，也就是说，跨文化交际能力包含知识、技能和态度三个方面（Deardorff 2006）。因此，为了实现培养跨文化交际能力的目标，在对国际学生开展中国国情教育时，我们不仅要帮助他们掌握中国国情知识及中外文化差异，还应注重培养他们的跨文化交际意识和能力，让他们在实践中增进对中国文化的认同感。基于此，我们认为来华留学生中国国情教育的目标是一个"认知—认同—行动"的三维动态目标体系。

1. 认知目标：通过课堂教学与社会实践，帮助国际学生深入学习中国文化，全面了解中国自然国情和人文国情，引导学生进行中外文化对比，增进对中外文化差异的理解。

2. 认同目标：重视师生之间的双向交流，以及讨论和协商的过程，尤其是在情感层面上的交融沟通。通过这种互动，引导学生形成多元文化共存意识、跨文化意识与跨文化交际能力，对中国文化产生认同。

3. 行动目标：鼓励国际学生用汉语将中国故事表达出来，将中国声音传播到世界各地，为促进中外人文交流、民心相通发挥积极作用。这一目标也是来华留学生中国国情教育的最高目标。

基于以上分析，来华留学生中国国情教育的内涵可定义为：这是为来华学习的国际学生开展的一项系统性教育活动，旨在通过介绍和讲解中国的地理、环境、资源、人口等自然国情知识，以及政治、经济、历史、文化等人文国情知识和中外文化差异，使国际学生能全面、客观地了解中国的历史与现状，提高跨文化交际能力，培养知华、友华的情感和态度，成为中国故事的讲述者、中国声音的传播者。这一教育过程包括课堂教学、文化体验和社会实践等多种形式，旨在让国际学生切身感受当代中国的发展与变化，加深他们对中国的认识和理解，从而成为促进国际交流和文化传播的桥梁。

二、来华留学生中国国情教育的依据

面向国际学生开展中国国情教育不仅具有理论上的依据，也是出于来华留学教育体系建设与人才培养的现实需要。

（一）理论依据

来华留学教育是面向在华国际学生开展的教育，本质上是一门充满"间性"的跨文化学科。忽视文化间性，极可能会造成师生关系紧张、学习者文化身份的认知焦虑。文化间性理论倡导各种文化具有同样的主体地位，承认、包容文化之间的差异，并在差异中相互学习和借鉴，在"他者"视域中反观自己，探寻文化的间性特质，通过对话和协商达成意义重组与分享（刘学蔚 2016）。这样，跨文化交际才能成为可能。文化间性是来华留学教育的特质，这种特质为师生形成文化间互惠性理解提供了一个有价值的视角，而国情教育则为国际学生提供了多样的场景和内容。

约翰·舒曼（John H. Schumann）基于第二语言习得的研究提出了文化合流理论（Acculturation Theory）（Schumann 1978）。该理论指出，第二语言习得是文化合流的一个方面，个体能将自己的文化与目的语文化"合流"多少，在一定程度上决定了个体习得第二语言的成败。第二语言习得受制于学习者与目的语文化之间的社会及心理距离。社会距离是学习者在与目的语文化的社会成员接触时产生的，心理距离是由于学习者的各种个人因素所致。文化合流理论旨在阐明，在第二语言习得过程中，学习者对目的语文化的认同感起着关键的作用。来华留学生中国国情教育能够促进学生"文化合流"，增进他们对中国文化的认同感。

从文化间性理论与文化合流理论出发，我们能够得到三点认识：一是来华留学教育必须重视汉语背后的文化因素，教学要以"文化间性"为切入口，来华留学生中国国情教育同样如此；二是尊重文化差异，将文化元素有机融入教学中可以促进第二语言的学习效果；三是增加社会实践，可以形成文化间的互惠性理解，缩短国际学生与中国文化之间的社会距离与心理距离。因此，文化间性理论与文化合流理论为开展来华留学生中国国情教育提供了坚实的理论依据。

（二）教育体系建设需要

随着第二语言教学的不断发展，国情教育成为学科教育体系建设的一个重要内容，拓展了二语教学的内涵和外延。开设本国国情与文化课程是二语教育体系发展的自然要求，也是必要条件，这一点在国际上得到了广泛认可。例如，美国学校会给国际学生开设"英语国家社会与文化"，日本学校会为国际学生开设"日本概况"等课程。因此，我们高校开展中国国情教育也是来华留学教育体系建设的需要。

20世纪八九十年代，我国学者根据国际中文教学经验，总结出结构—功能—文化相结合的教学原则。这一"三结合"原则体现了我国国际中文教学的独特路径，已经成为该领域必须遵循的基本原则，为教学方式、教材编写等提供了一个科学的标准，促进了来华留学教育体系的成熟与发展。"三结合"中的"文化"是指"在跨文化交际中由于文化差异而影响到交际的语言文化因素以及目的语国家的基本国情和文化背景知识"（刘珣 2000）。由此可见，面向国际学生开展国情教育不仅是教育体系建设的需要，也是来华留学教育事业发展的自然趋势。

（三）人才培养需要

为了帮助国际学生更好地了解当代中国，提高来华留学教育的人才培养质量，中央各部门近年来陆续出台了多个文件。2016年，中共中央办公厅、国务院办公厅印发了《关于做好新时期教育对外开放工作的若干意见》（以下简称《意见》），《意见》明确提出，要把国情教育工作融入日常课堂教学与事务管理中。2017年，教育部、外交部、公安部出台"42号令"；2018年，教育部印发《质量规范》；从多个方面对来华留学教育的人才培养提出新的要求，强调通过国情教育提升国际学生的综合素质，拓宽和深化了来华留学教育的内涵。

三、 国情教育体系构建

来华留学生中国国情教育是一个多维度、多层次、多角度的体系。一方面，要从学科建设的角度来认识来华留学生中国国情教育体系的建构问题；另一方面，要从服务国家战略、促进世界各国民心相通的角度来开展国情教育实践。当前，来华留学生中国国情教育仍面临诸多挑战，比如缺少配套教材和备课标准、教学内容设计缺乏系统性与联动性、缺乏丰富多变的教学手段等（杜建强 2023）。此外，目前的国情教育主要集中在实践层面，从学科建设角度进行系统考虑的较少。因此，面向国际学生开展中国国情教育，亟须做好顶层设计，从总体设计与教学大纲、课程设置与教材编写、师资队伍与课堂教学、文化体验与社会实践、教学评估与示范推广等多个方面进行综合考虑，构建规范的来华留学生中国国情教育体系。

（一）总体设计与教学大纲

来华留学生中国国情教育是一个完整系统的过程，需要统一协调校内外各方力量，实现来华留学生中国国情教育的全员、全程、全方位培育（张芳芳，钱仕盈 2022）。因此，要有效解决目前国情教育中存在的问题，首先需要妥善处理一系列关系，如语言与文化、国情教育与专业学习、课堂教学与社会实践、教学内容与教学目标、教学形式与教学方法、教学时长与课程设计、教学大纲与教材编写、课程教学与教学评估等。通过总体设计，确定最佳教学方案，指导教材编写、课堂教学、社会实践和教学评价，使各个教学环节成为互相衔接的统一整体。

完成总体设计后，文化和国情教学大纲的研制就成为当务之急。《国际中文教育用中国文化和国情教学参考框架》（2022）（以下简称《参考框架》）的发布及时回应了这一需求，是进行国情教育课程设置、教材编写以及开展课堂教学与实践的重要参考。

（二）课程设置与教材编写

按照总体设计的要求，并结合《参考框架》，我们对来华留学生中国国情教育的课程体系进行系统设计。前文已经提及，来华留学生中国国情教育的目标是一个认知—认同—行动的三维的动态目标体系。为了实现该目标，应该从这三个维度进行针对性的课程设计。来华留学生中国国情教育课程体系涉及以下三方面。

1. 知识类课程

1）自然国情：地理位置、地形地貌、气候条件、自然资源、生态系统、人口与民族等，重点是当代中国自然国情。

2）人文国情：历史传统、文化背景、民俗习惯、文学艺术、语言文字、科学技术、教育制度、政治制度、经济制度等，重点是当代中国人文国情。

3）区域国情：齐鲁文化、荆楚文化、巴蜀文化等，以及各省的省情、市情与校情。

2. 体验类课程

体验类课程是在知识类课程的基础上设计的沉浸式中国传统文化课程，比如剪纸、中国书法、太极拳、中国烹饪等。该类课程给国际学生提供了多场景、沉浸式学习体验，让他们更深入地了解和感受中国的文化和中国人的生活方式。同时，体验类课程鼓励学生进行中外文化的对比分析，这不仅有助于提高他们的语言能力，增进他们对中国文化与中国国情的了解，培养多元文化意识与跨文化交际意识，促进跨文化交流。

为了进一步丰富国际学生的文化体验，学校还可以组织学生参加各类社会实践活动，如参加当地的文化节、庆典或传统节日活动。这些活动能让学生在真实的文化环境中，体验当地的风俗习惯和社会生活，从而获得更为深刻的文化理解和认同感。

3. 实践类课程

实践类课程是指专为国际学生设计的，注重参与和实际操作的课程，一般在国情教育基地进行。该类课程旨在通过提供多样化的实践机会，帮助国际学生更好地融入中国社会，同时提升他们的专业技能和跨文化交流能力。该类课程主要有以下几种。

1）旅行实践：根据人才培养要求，制订详细计划与明确的目标，将旅游与教育相结合。组织国际学生参观博物馆、历史遗迹，探访新农村、社区、学校、工厂、企业等，使国际学生在参观的同时全面了解中国的历史文化传承与当代中国的变化发展，尤其是改革开放以来所取得的伟大成就。

2）志愿服务：鼓励国际学生积极参与社区服务或慈善活动，培养他们的社会责任感和服务意识。

3）文艺活动：组织国际学生参加诗歌朗诵、征文比赛等文学艺术活动，提升学生的汉语水平和文学素养，促进中外文化交流和思想碰撞。

4）专业实习：安排国际学生进入相关行业或机构实习，以获取职业经验和专业技能。

5）科学研究：支持国际学生在老师指导下参与科学实验和研究项目。

6）研讨会：组织国际学生参加学术会议，进行学术交流，促进国际学术合作与信息共享。

教材编写是国际中文教学四大环节之一，也是来华留学生中国国情教育体系中的重要一环。来华留学生中国国情教材的编写应着重考虑教材的针对性与适用性，根据《参考框架》和国情教育课程设置进行编写，可以编写独立使用的国情教材，也可以考虑相关语言课教材的特点编写配套的国情教材。另外，根据学生的不同背景，可以将通用性、区域性和国别化相结合，编写以中文为主的多语种的国情教材系列。

（三）师资队伍与课堂教学

建设专门的师资队伍是有效开展国情教育的关键。在国情教育过程中，教师是主体之一。优秀的专业教师能够明确感知教育教学中存在的"文化间性"，能够与国际学生建立一种互相尊重、平等交流的师生关系，有效地完成课堂教学任务。教师应具备以下五个方面的知识与能力：一是中国文化与国情知识，二是其他国家的文化与国情知识，三是跨文化意识与跨文化交际能力，四是国际中文教学基本技能，五是应急处理与舆情应对能力。

课堂教学是开展国情教育的途径之一。可以通过知识讲解、文化对比、案例分析与互动分享等多种教学策略来开展教学活动。知识讲解是基础，教师通过讲解帮助国际学生更好地了解中华文化。文化对比是关键，不仅有助于培养国际学生的多元文化意识，还能使他们在文化对比中获得情感共鸣，认识到每一个民族文化的价值所在，从而拉近与中华文化的心理距离。案例分析则通过具体实例的探讨，激起国际学生进一步了解中国文化的兴趣，并巩固、内化所学的文化知识。互动分享是输出环节，鼓励学生将个人的体会与感悟进行交流，为他们成为"中国故事的讲述者"打下坚实的基础。

教学形式可以多样化，包括线下、线上或者两者相结合的形式。根据国情知识的内容，教师可以采取讲授与讨论相结合的形式。对于汉语水平较高的学生，可以采用"课前自学＋课堂答疑＋课后完成作业"的教学模式。对于英文授课项目的学生，则可以采用"教师教授＋学生分享＋课堂讨论"的形式。无论采用哪种教学形式与方法，教师都应避免机械性的知识灌输。同时，为了避免文化冲突与文化歧视，必须注意"文化间性"问题，充分考虑中外文化差异以及国际学生身处异域的文化心理特点。在教学过程中，教师应与学生建构一种相互理解、相互包容的多元文化关系，努力打破传统的"传道授业解惑"单向育人模式，转而形成平等互惠的多元文化互动。

（四）文化体验与社会实践

文化体验与社会实践是课堂教学的延伸与拓展，也是国情教育不可或缺的组成部分。文化体验重在体验，重在对比，重在共情。让国际学生亲身感知、体会中国文化的独特魅力，自然引发与母语文化的对比思考，在相同与相异处产生共情。

社会实践是在教师的指导下学生自主进行的综合性学习活动。对语言生来说，以下两种社会实践较为重要。

一是深入中国农村、企业、工厂、社区进行参观访问，了解真实的中国社会，形成对中国全面而真实的认知。组织国际学生参观企业，了解中国制造的生产流程，体会中国在科技创新方面的努力和精神。安排国际学生参观新农村建设，体验中国农村脱贫攻坚的显著成果。让国际学生深入社区和养老院，了解中国社会的真实面貌，体验中国的人文关怀。

二是参加征文比赛、诗文朗诵表演等语言文化实践活动，让国际学生用语言表达在中国生活学习期间的所见所闻所感。有了课堂教学的学习与社会实践的基础，参加语言文化活动就变得水到渠成，国际学生就会自觉自愿地成为中国故事的讲述者和中国声音的传播者。

（五）教学评价与示范推广

教学评价是教育过程的重要环节，不仅能够检验教学活动是否达到既定的教育目标，确保教育活动的方向和效果，还能帮助我们发现教学中的亮点和不足，为教师提供改进教学方法和内容的依据，进而不断提升教学质量。国情教育是一个多维度、多层次、多角度的体系，对其进行评价应当全面考量，避免局限于单一层面。

从教师"教"的角度来看，教学内容全面性、教学方法多样性、教学资源充足性、教学目标达成度、学生学习参与度等是重要的评价指标。从学生"学"的角度来看，学生满意度、知识掌握程度、学习动机与态度、跨文化理解力、情感与认同感等则是重要的评价指标。还可以从国情教育产生的社会效果等角度进行评价。

为了规范国情教育，扩大国情教育的社会影响力，可以根据各地教育资源的实际情况建设国情教育基地，将一般性国情资源与地域性国情资源结合，创新教学方式和方法，构建国情教育的特色模式，形成规模化效应。

四、结语

来华留学生中国国情教育是一项系统性、多维度的教育活动，旨在通过介绍和讲解中国的自然与人文国情知识，以及中外文化差异，帮助国际学生全面、客观地了解中国，提高他们的跨文化交际能力，并培养知华、友华的情感和态度。

来华留学生中国国情教育体系构建是一项系统工程，涉及总体设计到具体实施等多个方面。面向国际学生开展国情教育是完善来华留学教育体系的关键步骤，更是响应国家战略要求的重要举措。因此，需要进行全面规划，明确各部分之间的联系，解决存在的问题，构建以教学大纲与国情教材为基础，以课堂教学、文化体验、社会实践为主体，创新教育教学方法与评价机制，同时依托政策支持与专门师资队伍培养，以实践基地为支撑的国情教育体系，逐步引导来华留学生中国国情教育走向更加规范、科学的道路。

参考文献

[1] Deardorff D K. Identification and assessment of intercultural competence as a student outcome of internationalization[J]. Journal of Studies in International Education, 2006, 10(3): 241-266.

[2] Schumann J H. The Pidginization Process: a Model for Second Language Acquisition[M]. Rowley, MA: Newbury House, 1978: 15.

[3] 程爱民.主持人语：来华留学国情教育理论研究与实践路径[C]//程爱民主编.国际学生教育管理研究5.上海：上海外语教育出版社,2023：1-3.

[4] 杜建强.来华留学生国情类课程的教学现状研究——以太原理工大学为例[D].太原：山西大学,2023.

[5] 顾明远.教育大辞典(增订合编本)[M].上海：上海教育出版社,1998.

[6] 国家对外汉语教学领导小组办公室.高等学校外国留学生汉语教学大纲：长期进修[M].北京：北京语言大学出版社,2002.

[7] 华霄颖.国际学生中国国情教育的在地化探索——以《上海城市文化》课程为例[J].现代语文,2023(9)：24-31.

[8] 纪婷,靳霖霖.论构建国际学生中国国情教育的社会实践体系[C]//程爱民主编.国际学生教育管理研究5.上海：上海外语教育出版社,2023：4-13.

[9] 刘学蔚.文化间性：发展来华留学生教育的跨文化之思[J].华中师范大学学报(人文社会科学版),2016,55(1)：160-167.

[10] 刘珣.对外汉语教育学引论[M].北京：北京语言大学出版社,2000.

[11] 唐梅,林娜.地方本科院校来华留学生国情教育现状及优化路径研究[J].教师,2023(25)：96-98.

[12] 温秋敏,韩金玲.讲好中国故事背景下来华留学生课程思政建设路径研究[J].湖北开放职业学院学报,2023,36(7)：36-38.

[13] 吴雨薇,舒安娣.国际中文教育"影视＋国情教育"课程教学创新研究[J].浙江科技学院学报,2024,36(2)：120-126+134.

[14] 张芳芳,钱仕盈.新时代来华留学生中国国情教育探究[J].神州学人,2022(6)：43-45.

[15] 张伟.高校来华留学生国情教育的价值内涵与实践路径[J].长安大学学报(社会科学版),2023,25(3)：105-116.

[16] 中共中央宣传部.习近平新时代中国特色社会主义思想学习纲要[M].北京：学习出版社、人民出版社,2019.

高校来华留学生中国国情认知情况调查报告

刘 猛 周 齐 曾仪君*

摘要： 高校来华留学生中国国情教育面临诸多挑战，功能定位认识不足、教育体系不够完善、缺乏客观研究和数据分析等问题，亟须解决。文章采用问卷调查的方式，对全国27所高校的国际学生进行了关于中国国情认知程度的调查，并使用Winsteps和SPSS23软件对调查结果进行分析。研究结果显示，超过一半的国际学生对中国国情认知的自我评价为"基本了解"及以上，且他们的认知程度随着年级的升高和在华时间的增加而逐步加深。此外，不同性别、文化背景、专业、年级与在华时间的受访者在认知程度上存在显著差异。针对上述问题，本文提出了一些建议，如明确来华留学生中国国情教育目标，促进中文教育与国情教育融合，实施国情教育差异化教学，加强国情教育教师队伍建设。

关键词： 国际学生教育　国情教育　中国国情认知

Abstract: Education of China's national conditions for international students is facing many new challenges. Problems such as insufficient understanding of functional positioning, imperfect education system, and lack of objective research and data analysis need to be solved urgently. This paper investigates the degree to which international students from 27 colleges and universities in China understand China's national conditions through a questionnaire survey, and uses Winsteps and SPSS23 to analyze the survey results. The results show that more than half of the international students have a self-evaluation of "basic understanding" and above, and the degree of cognition of China's national conditions will improve as they advance in grade and stay longer in China. In addition, there are significant differences in cognitive level among respondents of different genders, cultural backgrounds, majors, grades and durations of stay in China. In view of the above problems, some suggestions are put forward in this article, such as clarifying the objectives of national conditions education for international students in China, promoting the integration of Chinese language education and national

---

* 刘猛，西南大学国际学院副教授，研究方向为国际中文教育、国际学生管理。
周齐，广西生态工程职业技术学院通识教育学院助教，研究方向为国际中文教育。
曾仪君，西南大学国际学院硕士研究生，研究方向为国际中文教育。

conditions education, implementing differentiated teaching of national conditions education, and strengthening the construction of national conditions education faculty.

Key Words：international students' education, education of national conditions, cognition of China's national conditions

一、引言

高校来华留学生中国国情教育（以下简称"国情教育"）是指高校通过专业课程教学、社会实践与活动、文化体验等方式，以中国政治、历史、经济社会发展、中华优秀传统文化、现当代社会主义物质文明和精神文明建设的巨大成果等为主要内容，以增进国际学生对中国全方位理解的教育活动。2017 年教育部、外交部、公安部联合发布的《学校招收和培养国际学生管理办法》（以下简称"42 号令"）明确规定，"汉语和中国概况应当作为高等学历教育的必修课"，并首次将国情教育列为高校来华留学教育管理的重要职责。2018 年教育部印发的《来华留学生高等教育质量规范（试行）》（以下简称《质量规范》）将"对中国的认识和理解"定位为来华留学人才培养目标之一，明确提出了高校国际学生应"熟悉中国历史、地理、社会、经济等中国国情和文化基本知识，了解中国政治制度和外交政策，理解中国社会主流价值观和公共道德观念，形成良好的法治观念和道德意识"的具体要求。2020 年，《教育部等八部门关于加快和扩大新时代教育对外开放的意见》指出，要做强"留学中国"品牌，打造来华留学重点项目，推动来华留学实现内涵式发展。国际学生作为一支重要的人才队伍，不仅是中国故事对外传播的直接受众和桥梁，更是我国坚持和平发展道路、构建人类命运共同体的重要战略资源（孙卫芳，王宗易，高汝伟 2023）。国情教育作为来华留学教育的重要内容之一，其目的在于让国际学生认识了解一个可信、可爱、可敬的中国，进而达到培养"知华、友华、爱华"人士的育人目标。然而，目前来华留学生中国国情教育面临着诸多困境，例如功能定位认识不足、教育体系不完善、缺乏客观的研究与数据的分析等（贾兆义，赵宝永 2022；杜建强 2023）。因此，亟须了解国情教育现状，分析其成因，深化相关研究，以此提升国情教育效果。本文通过量表问卷，调查了高校国际学生的中国国情认知程度，并对调查结果进行了分析讨论，以探究国情教育现状中的不足之处，进而从多个维度提出针对性的改进建议。

二、调查设计

本次问卷调查采用李克特五级量表，以国际学生自我评价的方式对问卷中的内容进行评分。问卷以《质量规范》中对高校国际学生的要求为参考依据，以教育部中外语言交流合作中心发布的《国际中文教育用中国文化和国情教学参考框架》为主体内容，并结合《理解当代中国》（外语教学与研究出版社）、《中国概况》（复旦大学出版社）等国情教材进行适当的内容增补。

问卷初步编撰后，我们收集了来自西南大学、复旦大学、上海外国语大学、南方医科大学、河北大学、四川师范大学、沈阳师范大学等高校的 11 位专家、从事国情教育相关课程的一线教师及国际学生管理干部的意见，并进行了部分访谈。同时，结合东南亚、欧洲、非洲等国际学生的访谈意见，对问卷的语言表述和内容进行了二次修改，以确保调查结果的有效性。受访学生的汉语水平等级均为中、高级，年级分别是大二、大三、研一。问卷定稿后，我们对问卷进行了小范围试测，试测对象均表示能够较好地理解和回答问卷，最大程度地减少了语言能力带来的测试障碍。正式试测后，我们使用 Winsteps 对调查结果进行 Rasch 模型分析，结果显示问卷的整体信度较高。

本次调查自 2023 年 12 月至 2024 年 3 月，历时 4 个月，使用"问卷星"向西南大学、复旦大学、哈尔滨工业大学、西安交通大学、兰州大学、重庆大学、中国地质大学（武汉）、东北师范大学、上海大学、辽宁大学、新疆大学、湖北大学、河北大学、西北大学、南方医科大学、上海中医药大学、南京林业大学、重庆邮电大学、昆明理工大学、西南科技大学、浙江工业大学、四川师范大学、西北师范大学、浙江师范大学、内蒙古师范大学、东北财经大学、江西财经大学等 27 所高校的国际学生发放问卷。在回收过程中，我们删除了个人信息不全、作答时间少于 200 秒以及选项单一的无效问卷，共回收有效问卷 628 份。进一步剔除 Outfit MnSq 值不在 0.5—1.5 范围内的数据后，最终保留有效问卷 467 份。受访者是全国各地区高校中文授课的国际学生，学生来源遍及亚洲、欧洲、非洲等地，涉及工、理、文、医、法、管理等多个学科领域，因此确保了样本的代表性。

调查内容主要包括两个部分：一是个人基本信息（性别、国别、专业、汉语水平考试等级与分数、年级、学习汉语的时间及在华时间等）；二是中国国情认知情况，其中量表计分题共计 82 道。我们对有效问卷进行了编码整理，使用 SPSS 统计软件对调查结果进行数据分析。

三、调查结果与分析

（一）性别差异

不同性别的国际学生在各个分量表上的统计结果如表 1 和表 2 所示。

表 1 性别描述性统计

分量表	性　别	个案数	平均值	标准差
地理	男	149	3.20	0.93
	女	318	2.94	0.71

(续表)

分量表	性别	个案数	平均值	标准差
教育	男	149	3.13	0.93
	女	318	2.95	0.83
文化特点	男	149	3.32	0.94
	女	318	3.21	0.85
语言文字	男	149	3.46	0.93
	女	318	3.33	0.80
人口与民族	男	149	3.01	0.93
	女	318	2.63	0.88
政治	男	149	2.94	1.00
	女	318	2.43	0.90
经济	男	149	2.93	1.01
	女	318	2.36	0.85
文学艺术	男	149	2.94	0.98
	女	318	2.54	0.90
科技	男	149	2.98	0.99
	女	318	2.46	0.89
传媒	男	149	3.17	0.97
	女	318	3.07	0.95
对外关系	男	149	3.07	1.00
	女	318	2.64	0.88
社会保障	男	149	2.85	1.06
	女	318	2.31	0.95
总分	男	149	252.73	70.74
	女	318	223.43	60.17

表 2　性别 t 检验

分 量 表	t 值	p 值（显著性）
地理	3.31	0.001
教育	2.15	0.032
文化特点	1.28	0.202
语言文字	1.59	0.113
人口与民族	4.31	0.001
政治	5.49	0.001
经济	6.41	0.001
文学艺术	4.35	0.001
科技	5.70	0.001
传媒	1.01	0.315
对外关系	4.72	0.001
社会保障	5.50	0.001
总分	4.63	0.001

独立样本 t 检验结果显示，男性在自我评价的得分上显著高于女性。除了"文化特点""语言文字"和"传媒"三个部分外，男性在其他部分的得分均显著高于女性（p 值＜0.05）。

（二）文化背景差异

受到中国文化影响较大或地理位置相近的国家和地区（例如泰国、越南等东南亚国家）的学生与其他不同文化影响的国家和地区（例如欧美国家）的学生在对中国国情认知方面有一定差异性，我们在调查分析中将受访者按照其国别和文化背景，分为"汉字文化圈"和"非汉字文化圈"两类，旨在分析文化背景对国际学生的中国国情认知程度差异中的主效应是否显著。

"汉字文化圈"和"非汉字文化圈"的学生在各个分量表上的平均数和标准差如表 3 所示。

表 3 文化背景描述性统计

分量表		个案数	平均值	标准差
地理	汉字文化圈	293	2.92	0.72
	非汉字文化圈	174	3.20	0.88
教育	汉字文化圈	293	2.87	0.81
	非汉字文化圈	174	3.23	0.91
文化特点	汉字文化圈	293	3.17	0.82
	非汉字文化圈	174	3.37	0.96
语言文字	汉字文化圈	293	3.29	0.78
	非汉字文化圈	174	3.50	0.86
人口与民族	汉字文化圈	293	2.59	0.84
	非汉字文化圈	174	3.03	0.97
政治	汉字文化圈	293	2.41	0.91
	非汉字文化圈	174	2.88	0.99
经济	汉字文化圈	293	2.37	0.90
	非汉字文化圈	174	2.83	0.96
文学艺术	汉字文化圈	293	2.56	0.89
	非汉字文化圈	174	2.85	1.01
科技	汉字文化圈	293	2.48	0.89
	非汉字文化圈	174	2.88	1.01
传媒	汉字文化圈	293	3.06	0.95
	非汉字文化圈	174	3.18	0.96
对外关系	汉字文化圈	293	2.62	0.89
	非汉字文化圈	174	3.05	0.97

(续表)

分量表		个案数	平均值	标准差
社会保障	汉字文化圈	293	2.29	0.96
	非汉字文化圈	174	2.80	1.03
总分	汉字文化圈	293	221.93	60.09
	非汉字文化圈	174	251.05	69.22

从表3可看出,"汉字文化圈"的学生总得分低于"非汉字文化圈"的学生,前者得分为221.93,后者得分为251.05。

表4 国别 t 检验

分量表	t 值	p 值(显著性)
地理	−3.77	0.001
教育	−4.38	0.001
文化特点	−2.37	0.023
语言文字	−2.69	0.007
人口与民族	−5.20	0.001
政治	−5.17	0.001
经济	−5.30	0.001
文学艺术	−3.25	0.001
科技	−4.40	0.001
传媒	−1.30	0.193
对外关系	−4.90	0.001
社会保障	−5.37	0.001
总分	−4.78	0.001

由表 4 可知，不同文化背景的国际学生对中国国情认知存在显著差异，从各分量表的得分来看，除"传媒"部分以外，来自"非汉字文化圈"的学生在其他部分中的得分均显著高于"汉字文化圈"的学生。

（三）专业差异

不同专业的国际学生对各领域认知存在差异。汉语相关专业的国际学生对汉语、中国文化等内容的学习要求更高。我们将受访者的专业分为"汉语专业"（包括"汉语言文学"和"国际中文教育"专业）和"非汉语专业"（除"汉语言文学"和"国际中文教育"专业外）两类，来考察专业学习对国际学生中国国情认知的影响。

不同专业国际学生在各个分量表上的平均值、标准差和独立样本 t 检验结果如表 5 和表 6 所示。

表 5 专业描述性统计

分量表	专业	个案数	平均值	标准差
地理	汉语专业	253	2.86	0.72
	非汉语专业	214	3.23	0.84
教育	汉语专业	253	2.82	0.80
	非汉语专业	214	3.22	0.89
文化特点	汉语专业	253	3.07	0.83
	非汉语专业	214	3.44	0.90
语言文字	汉语专业	253	3.21	0.75
	非汉语专业	214	3.56	0.84
人口与民族	汉语专业	253	2.52	0.82
	非汉语专业	214	3.02	0.94
政治	汉语专业	253	2.34	0.88
	非汉语专业	214	2.88	0.98
经济	汉语专业	253	2.30	0.87
	非汉语专业	214	2.82	0.95

(续表)

分量表	专 业	个案数	平均值	标准差
文学艺术	汉语专业	253	2.48	0.89
	非汉语专业	214	2.88	0.96
科技	汉语专业	253	2.33	0.85
	非汉语专业	214	2.98	0.95
传媒	汉语专业	253	2.91	0.92
	非汉语专业	214	3.33	0.95
对外关系	汉语专业	253	2.56	0.88
	非汉语专业	214	3.04	0.95
社会保障	汉语专业	253	2.20	0.92
	非汉语专业	214	2.81	1.03
总分	汉语专业	253	215.15	57.94
	非汉语专业	214	253.62	67.07

表6 专业 t 检验

分 量 表	t 值	p 值（显著性）
地理	−5.11	0.001
教育	−5.15	0.001
文化特点	−4.62	0.001
语言文字	−4.84	0.001
人口与民族	−6.08	0.001
政治	−6.35	0.001
经济	−6.18	0.001

(续表)

分 量 表	t 值	p 值（显著性）
文学艺术	−4.63	0.001
科技	−7.79	0.001
传媒	−4.88	0.001
对外关系	−5.64	0.001
社会保障	−6.81	0.001
总分	−6.65	0.001

由表 5 和表 6 可知，汉语专业和非汉语专业的国际学生在中国国情的认知上存在显著差异，汉语相关专业学生的总分和各分量表中的得分均显著低于非汉语相关专业的学生。

（四）年级差异

不同学历层次对国际学生的中国国情认知及其认知能力等均可能造成影响。我们将受访者分为大一、大二、大三、大四、硕士研究生和博士研究生六类。考虑到语言进修班的国际学生在华时间和汉语水平方面与大一的国际学生相近，因此在统计分析中，我们将语言进修班的学生归类为"大一"组。不同年级的国际学生在各分量表上的差异及平均值如表 7 和图 1 所示。

表 7 年级方差分析

分 量 表	f 值	p 值（显著性）
地理	5.08	0.001
教育	8.21	0.001
文化特点	5.43	0.001
语言文字	4.65	0.001
人口与民族	4.37	0.001
政治	2.85	0.005

(续表)

分 量 表	f 值	p 值（显著性）
经济	4.36	0.001
文学艺术	2.15	0.120
科技	3.95	0.001
传媒	4.08	0.018
对外关系	4.55	0.001
社会保障	3.22	0.008
总分	5.09	0.001

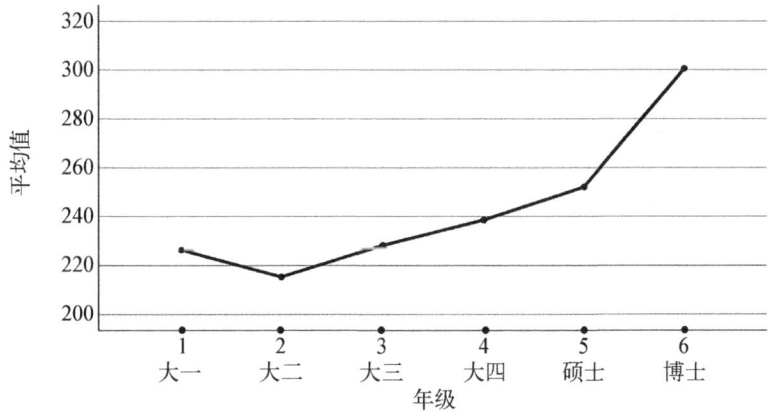

图1　不同年级被试者的总分平均值图

结果显示，大一、大二和大三3个年级之间不存在显著差异（p 值<0.05）。然而，从大三开始，随着年级的上升，国际学生对中国国情的认知显著提高。除了"文学艺术"外，"年级"这一变量在总分和量表其余部分中的得分的主效应明显（p 值<0.01），这表明不同学历层次的国际学生对中国国情的认知存在显著差异。

（五）学习汉语时间差异

在调查中我们将受访者的学习汉语的时间长度分为不到1年、1—2年、2—3年及3年以上四类，并对其进行单因素方差分析，据此考察学习汉语的时间长度不同的国际学生在各个分量表上的差异（见表8）。

表 8　学习汉语时间方差分析

分 量 表	f 值	p 值（显著性）
地理	0.24	0.866
教育	0.18	0.907
文化特点	0.69	0.556
语言文字	4.92	0.002
人口与民族	0.89	0.447
政治	1.21	0.305
经济	0.89	0.444
文学艺术	0.12	0.949
科技	2.11	0.099
传媒	1.56	0.197
对外关系	0.76	0.520
社会保障	1.89	0.131
总分	0.49	0.690

由以上结果可知，除"语言文字"外，学习汉语时间长短不同的国际学生对中国国情的认知不存在显著差异。

（六）来华时间差异

需要注意的是，受访者之间学习汉语的时间与来华时间差异较大。一部分国际学生来中国之前几乎没有真正地学习过汉语，缺乏汉语学习的实践经验；而另一部分国际学生则有不同的汉语学习背景，学习时间长短不一，有的在本国基础教育阶段就开始学习，有的从本科阶段开始学习。另外，受访者中不同专业的硕士、博士研究生汉语学习时间差异较大。基于上述情况，我们在考察中按照来华时间"不到 1 年""1—2 年""2—3 年""3—4 年"和"4 年以上"将受访者分为 5 类，据此分析国际学生来华时间长短是否会导致其在中国国情认知上的差异。

表9　来华时间方差分析

分　量　表	f 值	p 值（显著性）
地理	9.15	0.001
教育	10.59	0.001
文化特点	7.80	0.001
语言文字	6.52	0.001
人口与民族	12.46	0.001
政治	8.85	0.001
经济	8.66	0.001
文学艺术	4.90	0.001
科技	9.37	0.001
传媒	7.10	0.001
对外关系	9.73	0.001
社会保障	5.38	0.004
总分	10.98	0.001

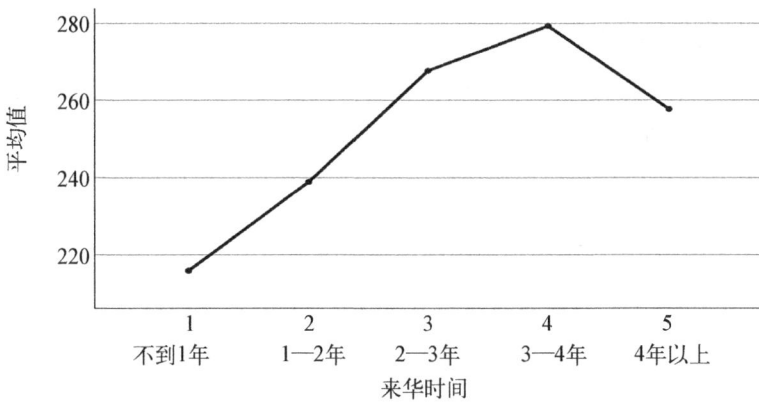

图2　不同来华时间被试者的总分平均值图

由表9和图2可知，就总分而言，国际学生来华时间对其中国国情认知有着显著影响（p 值<0.01），且在各个分量表中主效应明显（p 值<0.05），即随着来华时间的增加，国际学生对中国国情认知也逐步加深。

（七）个体因素差异

将受访者的个体因素与总分进行相关性分析，考察个体因素对国际学生中国国情认知的影响（见表10）。

表10　个体因素与总分的相关性

	HSK等级	年级	学习汉语的时间	来华时间	总分
HSK等级	1				
年级	0.307**	1			
学习汉语的时间	0.567**	0.167*	1		
来华时间	0.210**	0.431**	0.041	1	
总分	0.064	0.180**	0.016	0.291**	1

注：* 在0.05级别（双尾），相关性显著；** 在0.01级别（双尾），相关性显著。

由上表可知，在国际学生的个体因素中，"年级"和"来华时间"与量表总分呈现中低度相关（$p<0.01$），而"学习汉语的时间"和"HSK等级"与总分不存在相关关系。

（八）总分与分量表得分

分析受访者的中国国情认知量表总分与各个分量表得分情况可知，语言文字、文化特点、传媒、地理、教育等得分较高，社会保障、经济、政治、科技等得分较低（见表11）。

表11　各类别总表

分量表	个案数	平均值	标准偏差
地理	467	3.03	0.80
教育	467	3.00	0.87
文化特点	467	3.24	0.88
语言文字	467	3.37	0.81

(续表)

分 量 表	个案数	平均值	标准偏差
人口与民族	467	2.75	0.91
政治	467	2.59	0.97
经济	467	2.54	0.95
文学艺术	467	2.67	0.95
科技	467	2.63	0.95
传媒	467	3.10	0.95
对外关系	467	2.78	0.94
社会保障	467	2.48	1.02
总分	467	232.78	65.111

四、现状讨论与分析

（一）中国国情教育认知总体情况

本调查量表总分为410，受访者的中国国情教育认知量表总分平均值为232.78，其中最低分为91，最高分为403。通过Winsteps软件对量表中5个选项的频数情况进行分析（见图3）。量表选项5个类别的频数分别占总数的13%（4 834次）、26%

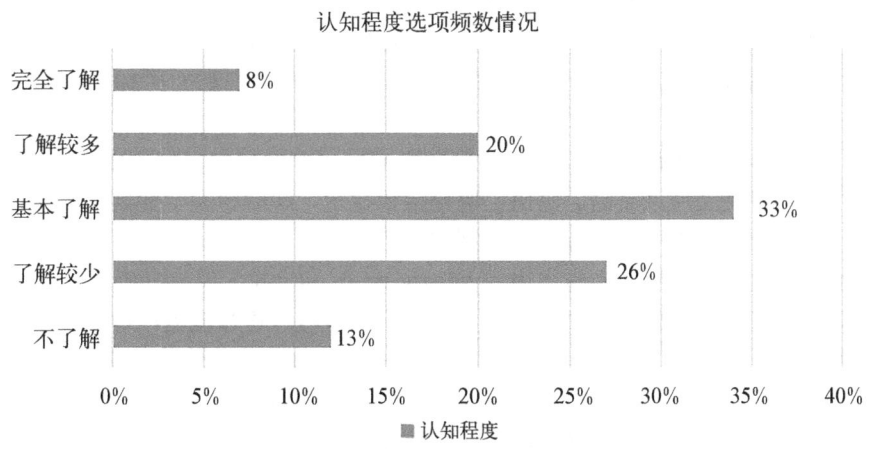

图3 认知程度选项频数情况图

(10 098次)、33%（12 756次）、20%（7 621次）、8%（2 985次）。超过一半的被试者对中国国情认知的自我评价属于"基本了解"及以上，将近40%的受访者对中国国情的认知处于"了解较少"和"不了解"的程度。受访者对中国国情的认知随着年级的提高和来华时间的增长而加深。

（二）各因素对国际学生中国国情认知的影响

第一，数据分析结果显示，男生在中国国情认知量表中的平均总得分高于女生。已有研究显示，男性的一般自我效能感高于女性（王才康，刘勇 2000；高丙成 2014），这可能解释了为什么男生在自我评估中更倾向于选择更高分数的选项。另外，根据李婷（2016）的调查报告，相较于女性，男性对国情相关内容的关注度更高，相关知识储备也更丰富，因此这可能是导致男生在中国国情教育认知自评中得分较高的另一个原因。

第二，一般来说，来自与中国地缘相近或受到中国文化影响较大的国家地区的国际学生对中国国情认知程度更高。然而，调查结果显示，"汉字文化圈"的国际学生得分均值低于"非汉字文化圈"的国际学生。根据拉尔夫·施瓦泽（Ralf Schwarzer）等人与王学琴（2012）的研究推断，欧美学生在测试评估中的自我效能感最高，东南亚学生次之，日韩学生最低（Schwarzer et al. 1997）。因此，汉字文化圈学生的自我效能感弱于非汉字文化圈的学生，可能导致其在国情认知情况调查表中的得分较低。再者，从文化背景的角度来看，由于不同的历史文化、宗教信仰和地理环境等因素，不同文化圈的国际学生具有不同的性格特征。汉字文化圈的学生受到中国传统儒家文化的影响，往往性格内敛、谨慎、含蓄，注重谦虚的品质，不愿轻易表现自己；而非汉字文化圈的学生，特别是在西方文化影响下，性格相对外向、开放，强调凸显个性、展现自我。这种不同文化背景下的性格差异导致他们在自我效能感上存在显著差异，一定程度上影响了问卷得分。此外，调查结果显示两组受访者在"传媒"领域的认知程度一致，从侧面说明文化交流与传播取得了一定成效，但是在传媒以外的其他领域仍存在认知上的显著差距，这提示我们需要在今后的国情教育中进一步加强相关内容的教学。

第三，基于专业知识领域和课程设置的差异性，汉语相关专业的国际学生的中国国情认知水平理论上应该更高。然而，调查结果显示，汉语相关专业国际学生的总分均值低于非汉语相关专业的国际学生。刘建达（2002）在研究中指出，高水平学生在自我评估方面的准确性更高。马文玥（Wenyue Ma）和宝拉·温克（Paula Winke）在二语学习者口语自我评估研究中也发现，高水平的学习者往往能更准确地评估自己的水平（Ma, Winke 2019）。结合问卷调查后的国际学生随机访谈结果推断，相较于非汉语相关专业的国际学生，汉语相关专业的国际学生在中国国情方面学习的知识更加深入且全面，中国国情认知水平更高，在自我评估时更加谨慎，因此得分也更低。

第四，在个体因素与总分相关性分析中，国际学生来华时间与其中国国情认知水平相关性显著，与学习汉语时间和 HSK 等级不存在相关性，即国际学生的中国国情认知水平不一定会随着汉语学习时间的增长或 HSK 等级的提高而提高。据此推测其成因，一方面可能是目前国内外高校汉语教学对国情教育的重视程度不够，专业性不足，教学内容仅限于中国概况等课程，甚至有些学校不开设专门的中国国情类课程；另一方面，国际学生来华学习能够亲身实地感受到中国文化，对其国情认知水平的提高具有积极作用。

第五，调查结果显示，国际学生在语言文字、文化特点、传媒、教育等方面的中国国情认知程度较高，在政治、经济、科技、社会保障、文学艺术等方面的认知程度较低。可见，国际学生对于国情教育的内容存在认知失衡现象，这一现象可能是课程设置失衡而导致的（陈秀琼，袁嫒 2020）。目前学界对来华留学教育体系的构建更多关注的是思政和文化方面的国情教育（陈炎等 2022；徐蓓佳 2022；唐梅，林娜 2023；冯巩，沈杰 2023；黄毅，姜少华 2023），政治、经济、科技、社会保障、文学艺术等内容受到的关注较少。这种不平衡的课程设置可能限制了国际学生对相关领域的全面了解和认知。

五、结论与建议

国际学生中国国情认知情况问卷调查是一件非常有意义的工作。它可以客观反映一个地区、一个学校国情教育开展的实际状况，有助于我们进行有效的教育教学反思并持续提升国情教育的针对性和实效性。结合上述调查结果及分析，我们认为可以从国情教育目标、内容、教学方式和教师队伍建设等四个方面进行改进，提升国际学生对中国国情的认知水平。

（一）明确来华留学生中国国情教育目标

以"42 号令"和《质量规范》等官方文件提出的培养目标为准，明确当前来华留学教育的培养目标。首先，要培养熟悉中国国情和文化的知华者；其次，在多元文化背景下，要培养优秀的中外跨文化交际者，使其具有国际视野，具备文化多样性的意识和跨文化交际能力，促进多元文化互学互鉴；最后，要培养中国故事的传播者和讲述者，提升国际学生的汉语交际能力，使他们能够在中外交往中发挥积极的作用。

（二）促进中文教育与中国国情教育的融合

上述研究结果显示，国际学生的中国国情认知水平受其来华时间影响显著，且不一定会随着中文学习时间的增长或 HSK 等级的提高而提高。针对这一问题，我们需要进一步加强中文教育与中国国情教育的融合。坚持面向国际学生的中文教学与中国国情认知两方面内容系统有机融合的教学理念，即"中文·国情"的融合，并用于指导编写中国国情教育相关的教材。在"融合"理念的指导下，教材的编写应坚持"三位一体"总设计原则（即坚持中国立场、立体叙事和国际表达）和"四个强调"课文选篇原则（即课文选篇强调语言教学与国情教育一体化，强调中国理论与中国实践一体化，强调中国经验与世界认知一体化，强调提升高阶语言能力与深化情感认同一体化），以推动构建中国自主国际中文教育知识体系（刘利，郭风岚 2023）。

（三）实施国情教育差异化教学

针对不同性别群体，教师应采取差异化教学策略，设计更具针对性的教学内容和方式，以提升国际学生的参与度和积极性，并缩小性别之间可能存在的认知程度差距。鉴于文化背景对国情认知有显著影响，教师对于"汉字文化圈"的国际学生可以强化对比教学，突出中国与其他汉字文化圈国家在国情上的异同。对于"非汉字文化圈"的国际学生，则需要更全面地介绍中国的历史、文化、社会等各个方面。此外，学校可以定期组织文化交流活动，增进国际学生与中国学生的相互了解，鼓励国际学生参与中国文化实践活动，如传统节庆、文化体验等。

（四）加强国情教育教师队伍建设

目前，来华留学生中国国情教育主要由中国概况等相关课程的教师或来华留学管理干部负责，缺乏具有稳定性、专业性的教师队伍（马彬彬，李祖超 2021）。在一些高校，中国概况等课程的教学任务由相关学科的教师承担。虽然这些教师可能对授课内容比较熟悉，但由于不是其"主业"，教学积极性不高，课堂教学的质量和效果难以保障（贾兆义，赵宝永 2022）。国情教育者自身要具有正确的国情教育教学观念、扎实的理论知识水平和来华留学教育管理经验，同时要具备一定的外语沟通能力和跨文化沟通能力，对中国国情、传统文化、民俗文化、发展现状等方面有较为全面的认知和领悟（陈大明，寇瑜 2022）。因此，教育主管部门和高校应重视对来华留学生中国国情教育者素质的提升，完善教师队伍的规划、培训、考核、激励等制度性保障措施。

参考文献

[1] Ma W, Winke P. Self-Assessment: How Reliable Is It in Assessing Oral Proficiency over Time?[J]. Foreign Language Annals, 2019, 52(1): 66-86.

[2] Schwarzer R, Born A, Iwawaki S et al. The Assessment of Optimistic Self-Beliefs: Comparison of the Chinese, Indonesian, Japanese, and Korean Versions of the General Self-Efficacy Scale [J]. Psychologia. 1997, 40(1): 1-13.

[3] 陈大明,寇瑜.来华留学生国情教育的影响因素及路径探析[J].国际公关,2022(20)：123-125.

[4] 陈秀琼,袁媛.教育国际化背景下来华留学生中国国情教育的路径探索——以福建省5所高校调查为例[J].高校辅导员学刊,2020,12(03)：87-91.

[5] 陈炎,孔凯,吴建国,毛雷.来华留学生国情教育模式的探索与实践——以盐城工业职业技术学院哈萨克斯坦籍来华留学生为例[J].苏州市职业大学学报,2022,33(02)：77-82.

[6] 杜连强.来华留学生国情类课程的教学现状研究——以太原理工大学为例[D].太原：山西大学,2023.

[7] 冯巩,沈杰.中国话语体系下国际学生国情教育研究[C]//程爱民主编.国际学生教育管理研究5.上海：上海外语教育出版社,2023：14-23.

[8] 高丙成.中国大陆学生一般自我效能感研究的元分析[J].中国特殊教育,2014(04)：90-96.

[9] 黄毅,姜少华.中国乡村振兴模式的国际化讲述——以来华留学生中国国情教育为例[J].洛阳师范学院学报,2023,42(06):83-87.

[10] 贾兆义,赵宝永.来华留学生中国国情教育路径研究[J].世界教育信息,2022,35(07):36-41.

[11] 李婷.大学生时事政治关注状况的调查研究[J].广东青年职业学院学报,2016,30(04):28-32.

[12] 刘建达.学生英文写作能力的自我评估[J].现代外语,2002(03):241-249.

[13] 刘利,郭风岚.探索"中文"与"国情"有机融合的教材编写之路[J].国际中文教育(中英文),2023,8(04):3-10.

[14] 马彬彬,李祖超.高校来华留学生"趋同管理"培养模式探析[J].黑龙江高教研究,2021,39(01):62-65.

[15] 孙卫芳,王宗易,高汝伟.来华留学生中国国情教育探究[J].中学政治教学参考,2023(40):90-93.

[16] 唐梅,林娜.地方本科院校来华留学生国情教育现状及优化路径研究[J].教师,2023(25):96-98.

[17] 王才康,刘勇.一般自我效能感与特质焦虑、状态焦虑和考试焦虑的相关研究[J].中国临床心理学杂志,2000(04):229-230.

[18] 王学琴.留学生汉语口语自我效能感研究[D].南京:南京师范大学,2012.

[19] 徐蓓佳.国情教育视域下如何向来华留学生讲好中国故事[J].湖南广播电视大学学报,2022(01):91-96.

[20] 闫鹏,吴家华.社会主义核心价值观认同转化论析[J].江淮论坛,2020(06):92-98.

[21] 张艳莉,张昕雨.新时期来华留学生第二课堂教育的研究与实践——以上海外国语大学为例[C]//程爱民主编.国际学生教育管理研究3.上海:上海外语教育出版社,2022(01):45-53.

来华留学生中国国情教育协同育人体系的构建与实践

傅群舒　曹力前*

摘　要：本研究通过梳理开展来华留学生中国国情教育的意义内涵，构建了"一核双课堂，四维五布局"的中国国情教育协同育人体系。本研究采用问卷调查的方式收集国际学生的反馈意见和建议，以南京大学所开展的中国国情教育工作为例，以"培养中国故事讲述者、中外友谊传承者和人类命运共同体建设者"为目标，在第一课堂和第二课堂中从课程、教材、实践和文化四个维度进行国情教育协同育人体系的探索与实践，并提出提升国情教育效度的策略。研究与实践发现，在开展来华留学生中国国情教育时，应丰富课程内容和活动形式，促进国际学生与中国学生之间的交流互动，确保国情教育话题与时俱进，坚持加强国情教育师资队伍建设与注重学生反馈并行。

关 键 词：国际学生　中国国情教育　协同育人体系

Abstract：This paper outlines the significance of conducting education on China's national conditions for international students studying in China, and constructs a collaborative education system with "one core, two classes, four dimensions and five layouts". This paper collects feedback and suggestions from international students through questionnaires, and takes China's national conditions education carried out by Nanjing University as an example. With the goal of "cultivating tellers of China's stories, inheritors of Sino-foreign friendships and builders of a community with a shared future for mankind", this paper explores and practices the collaborative education system of China's national conditions education in the first and second classrooms in four dimensions: curriculum, teaching materials, practice and culture, and puts forward the strategies to improve the effectiveness of education on China's national conditions. The research and practice have found that when carrying out China's national conditions education for international students in China, it is necessary to enrich the contents of the courses and the forms of activities, to promote the communication and interaction between international students and Chinese students, to use up-to-date topics, and to

---

*　傅群舒，南京大学海外教育学院辅导员，研究方向为来华留学生中国国情教育、国际学生教育管理、国际中文教育。
　　曹力前，本文通讯作者，南京大学海外教育学院党委副书记，研究方向为国际学生教育管理。

strengthen the construction of teaching staff in parallel with focusing on the feedback from students.

Key Words：international students, education on China's national conditions, collaborative education system

随着中国在国际上的崛起，来华留学教育规模不断扩大，中国已成为亚洲最大的留学目的国。为此，教育部等部门陆续发布一系列指导性文件，旨在规范并促进高校来华留学教育的高质量发展。2017年，《学校招收和培养国际学生管理办法》中要求"高等学校应当对国际学生开展中国法律法规、校纪校规、国情校情、中华优秀传统文化和风俗习惯等方面内容的教育"。2018年，《来华留学生高等教育质量规范（试行）》中要求"来华留学生应当熟悉中国历史、地理、社会、经济等中国国情和文化基本知识，了解中国政治制度和外交政策，理解中国社会主流价值观和公共道德观念"。

近年来，习近平总书记多次复信国际学生群体，勉励他们"读懂今天的中国，必须读懂中国共产党"[1]，要"更加深入地了解真实的中国"[2]，"更多地了解当今中国和中国的历史文化"[3]，"为深化国家间友谊与合作积极贡献力量"[4]。因此，开展来华留学生中国国情教育，非常必要且具有重要的时代意义和现实意义。

一、面向国际学生开展中国国情教育的重要意义

（一）国家层面

开展中国国情教育是塑造中国国际形象的现实需要。习近平总书记在党的二十大报告中强调，要加快构建中国话语和中国叙事体系，讲好中国故事、传播好中国声音，展现可信、可爱、可敬的中国形象。针对国际学生这一特定群体讲好中国故事，是塑造中国国际形象的有效教育策略之一。

开展中国国情教育是提升国际传播效能的重要途径。当前国际传播面临着传播权和话语权争夺的复杂局势（郑亮，周竹青 2021），开展国情教育是加强国际传播能力建设的重要举措。以国际学生为信息传播中介，向他们介绍中国式现代化的特征和成就，继而影响到其母国人民对于中国的认识，扩大国际传播范围，有利于促进形成同我国综合国力和国际地位相匹配的国际话语权。

（二）高校层面

开展中国国情教育是高校在培养国际学生时落实立德树人根本任务的重要抓手。

---

[1] 出自习近平给北京大学留学生们的回信。
[2] 同上。
[3] 出自习近平给匈牙利匈中双语学校学生的回信。
[4] 出自习近平给南京审计大学审计专业硕士国际班留学生们的回信。

"培养什么样的人"是教育的首要问题。在来华留学领域，培养知华友华爱华的国际学生是这一问题的有效解答，开展国情教育是解决这一问题的基本方式。

开展中国国情教育有利于学校提升国际形象和吸引力。国际学生和校友是学校在海外加强宣传、扩大影响力的重要力量，开设丰富多彩的国情教育类课程和课外活动可以让国际学生以第一视角传播分享在校的学习体验，从而增加学校在国际学生群体中的吸引力，提升自身在国际高等教育界的知名度和美誉度。

（三）学生层面

开展中国国情教育可以帮助国际学生全面了解中国的悠久历史和文化，使他们对中国的社会制度、政治体系和经济发展等方面有更深入的理解。这不仅有助于他们在华期间的学术研究和职业拓展，也有助于他们更好地适应和融入中国社会，增进对中国文化的理解和尊重。

开展中国国情教育可以帮助国际学生认识不同文化间的差异和共通之处，增进跨文化交流与合作，使他们成为推动中外合作交流的重要桥梁，促进各国之间的友好关系和相互理解。

开展中国国情教育可以培养国际学生的全球公民意识，帮助其树立人类命运共同体理念。通过课上教学研讨和课后实践考察，引导学生关注全球热点问题，积极了解中国主张及中国方案为解决这些问题作出的贡献，弘扬全人类共同价值，推动构建人类命运共同体。

二、 来华留学生中国国情教育现状调研

为分析国情教育的开展现状，了解学生的意向需求，本文进行了来华留学生中国国情教育现状与需求调研。此次调研主要通过问卷的形式调查国际学生对国情教育的态度以及目前所接受的国情教育内容、方式、效果等，分析国际学生对于中国国情教育的需求。

此次调研面向南京大学的来华留学本科生发放问卷。问卷主要分为三部分，一部分调查在读国际学生目前所受国情教育的情况，一部分调查国际学生感兴趣的中国国情细分领域，还有一部分调查国际学生对中国国情教育的相关需求。

在调查目前在读国际学生所受的国情教育的情况部分中，问卷主要涉及三个方面：(1)学生在学校所能接触到的中国国情类课程、教材、教师和活动情况；(2)中国国情教育给学生带来的影响；(3)学生在学习中国国情时遇到的困难。从调查结果来看，南京大学开设了专门的中国国情课程，为学生提供了接触和了解中国国情的学习途径。大部分学生（60.56%）表示学校老师会经常讲解中国国情知识，组织中国国情类活动，但是超过一半的学生（55.56%）认为目前使用的汉语教材中关于中国国情的知识内容不足。问卷结果还显示，国情类课程以及校内外实践活动激发了学生深入了解中国的意愿，其中校外实践活动的影响力度相对更高。国际学生在学习中国国情时主要

有以下几方面的困难：(1) 信息庞杂，不知道如何系统地学习，不知道从何处开始深入了解；(2) 教材中的内容不够丰富，通常只包含重点，无法了解详细情况；(3) 由于历史和文化背景的差异，难以完全理解中国国情；(4) 在学习过程中接触到陌生的专有名词和书面语，难以理解。

为了更加系统地了解学生感兴趣的中国国情各细分领域，问卷以"五位一体"总体布局为架构，从政治、经济、文化、社会、生态文明五个方面展开调查。根据得分从高到低排序，国际学生最感兴趣的是文化方面的国情知识，其次是社会方面，接着是生态和经济方面，对于政治方面感兴趣的人数只占42.22%，不足一半（见表1）。具体而言，文化国情方面，中国的影视文学作品、自媒体行业、文化遗产保护、语言政策和精神文明等内容引发了学生的强烈兴趣；社会国情方面，中国人的生活观念、求职偏好、家庭观念和人际交往模式等内容对国际学生具有较强的吸引力；生态国情方面，中国的绿色发展理念引起了国际学生的积极关注；经济国情方面，国际学生对中国目前掌握的高端技术最感兴趣；而在政治方面，中国近年来的社会发展、在国际合作上的表现以及外交政策等是国际学生比较关注的内容。

表1 国际学生对中国国情细分领域兴趣度调查结果分析

选项	非常不感兴趣	不感兴趣	不确定	感兴趣	非常感兴趣	平均分	得分排序
中国的文化	0.56%	1.67%	8.89%	33.89%	55%	4.41	1
中国的社会	0.56%	1.11%	15%	47.22%	36.11%	4.17	2
中国的生态	0.56%	5.56%	18.89%	48.89%	26.11%	3.94	3
中国的经济	1.11%	5.56%	25.56%	43.89%	23.89%	3.84	4
中国的政治	2.22%	17.78%	37.78%	28.89%	13.33%	3.33	5

除了在内容层面了解学生的兴趣所在，问卷还针对性地调查了学生对中国国情教育的具体需求。从学生对国情教育的态度来看，超过80%的国际学生对中国国情感兴趣，并表示学习了解中国国情对学习汉语有帮助。有65.56%的学生认为相比于历史文化，他们更想了解中国现在的发展情况。关于这一问题，问卷数据进一步阐明，大部分国际学生对学校引入中国国情教育类的课程和教材持支持态度，认为应该设立一门专门讲解中国国情的课程（78.89%）以及编写一本专门讲解中国国情知识的教材（68.34%），并且这些课程和教材中的知识内容应及时更新（88.34%）。此外，本文还调查了国际学生学习了解中国国情的主要方式（见图1）。目前，学生们主要通过课堂教学、社交网站、朋辈交流以及国内外新闻媒体等渠道了解中国国情。

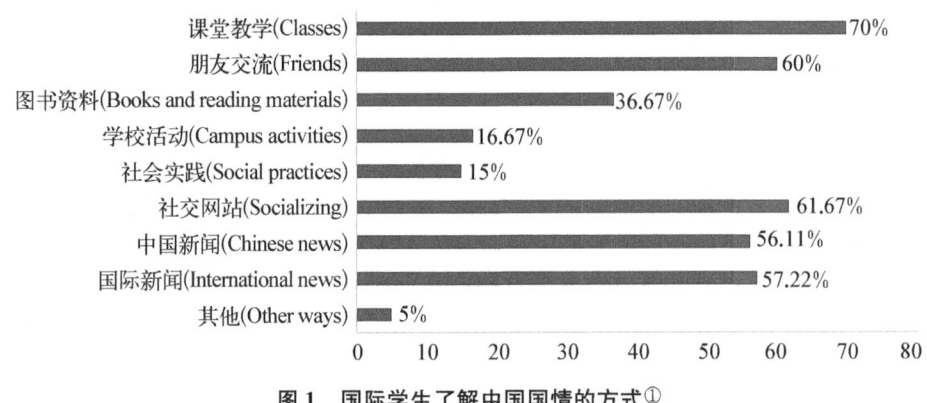

图 1 国际学生了解中国国情的方式①

从上述调研结果可以分析出以下结论：(1) 绝大部分学生有学习和了解中国国情的意愿，课堂教学是开展中国国情教育的主要方式，同时也是有效方式，应重视课程教学这一主渠道；(2) 目前国情教育的教材建设尚有较大提升空间，在教材编写方面需要注意，一方面除了传统教材注重的文化、历史相关内容，也应包含社会、生态、经济、政治等多领域内容，另一方面教材内容应及时更新，增加对当下社会热点的介绍；(3) 对于学生反映的国情内容信息庞杂，不知从何开始这一问题，学校应构建系统化的教育活动，帮助学生梳理国情教育知识体系；(4) 校内活动及社会实践目前尚未成为主流的国情教育方式，为顺应学生需求，学校在这一方面还有较大的发展空间，可以开拓第一课堂与第二课堂协同配套的育人体系。

三、来华留学生中国国情教育协同育人体系的构建

根据调研得出的结论，为了改善目前国情教育现状，充分利用课程思政渠道，补足实践教育缺口，同时加强学生学习的系统性，本研究提出应构建"一核双课堂，四维五布局"的国情教育协同育人体系。

"一核"是指来华留学生中国国情教育的核心培养目标，即培养中国故事讲述者、中外友谊传承者和人类命运共同体建设者；"双课堂"是指课堂教学的第一课堂和课外理论实践的第二课堂；"四维"是指课程、教材、实践、文化四条育人路径；"五布局"是指以政治、经济、文化、社会和生态文明为总体布局的国情教育知识框架。

中国国情教育协同育人体系的运作基石在于其科学有效的结构，它能支持协同育人体系中各要素的功能最大化。探讨高校思政课协同育人体系的基本结构，离不开对其主体、目标、内容和方法等要素及其关系的分析（刘志峰，王石磊 2023）。因此，"一核双课堂，四维五布局"的来华留学生中国国情教育协同育人体系也不是随意组合

---

① 此题为多选题，因此各选项结果相加之和不等于100％。

的，在构建时充分考虑了整体结构的稳定性和科学性。

"一核双课堂，四维五布局"国情教育协同育人体系搭建在"目标+载体+方法+内容"的整体框架之上，围绕培养中国故事讲述者、中外友谊传承者和人类命运共同体建设者这一目标，以第一课堂和第二课堂为载体，通过课程、教材、实践和文化育人等多种方法，让国际学生学习并理解中国政治、经济、文化、社会、生态等多方面的国情内容。

本体系通过强化国际人才培养理念的顶层设计，优化第一课堂的课程内容和教学方法，深化第二课堂的实践和文化育人感知度，从而建立起一套多维、立体、符合科学认知的来华留学生中国国情教育协同育人体系（见图2）。

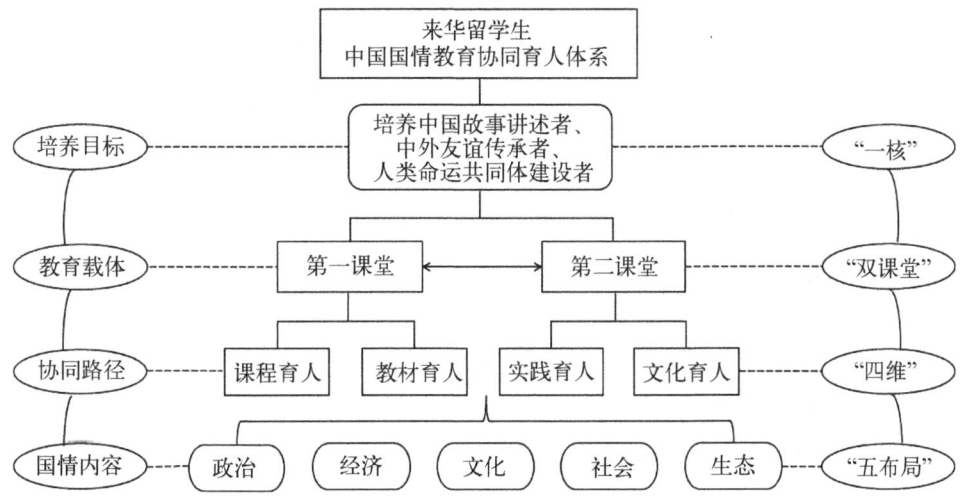

图2 来华留学生中国国情教育协同育人体系

四、来华留学生中国国情教育协同育人体系的实践——以南京大学为例

落实立德树人根本任务，践行三全育人发展理念是高校在培养人才时必须遵守的教育准则。"一核双课堂，四维五布局"国情教育协同育人体系正是在这一准则的基础上构建的。为培养新时代知华友华爱华的国际学生，南京大学加强顶层设计，推进体系构建，在教育实践中初步形成了第一课堂和第二课堂协同发挥作用的来华留学生中国国情教育育人体系。

（一）一个目标培养人才

目标是实践的重要依据，也是评价实践的尺度（刘志峰，王石磊2023）。想要建立科学完备的育人体系，必须要加强顶层设计，明晰国际人才的培养目标及理念。"一核双课堂，四维五布局"国情教育协同育人体系中的"一核"即培养目标，南京大学致力于将"培养中国故事讲述者、中外友谊传承者和人类命运共同体建设者"这一理念深入人心。围绕人才培养目标，制定国际学生中国国情教育的培养方案，增加能展现中国故事、促进中外友谊、推动世界发展的中国国情教育知识课程及实践活动，从而改变重专业知识与语言能力、轻中国国情教育的现状（魏建华，赵芳 2023）。

（二）两个课堂高效联动

国情教育的第一课堂是学生在课堂中通过正式的教学活动（如教师讲授、学习教材、教学研讨等）获取比较系统化的国情知识；第二课堂是学生在课堂教学之外通过校园比赛、社会实践、志愿服务等活动形式获取国情知识和经验，提升"中国能力"[①]。

南京大学深入贯彻落实习近平总书记给北京科技大学和北京大学留学生们的回信精神，围绕来华留学生中国国情教育开展第一和第二课堂建设，强化课内课外的协同育人。第一课堂重在理论，重视课程建设和教材建设；第二课堂重在实践，强调"以文化人"和"实践出真知"。二者互相结合、互为补充，将国情教育融入课程教学和教育管理的全过程，帮助学生将课上所学的知识延伸到课外，深化感知和体验，真正领悟中国国情。

（三）四维路径协同育人

在以第一课堂和第二课堂为教育载体的基础上，南京大学初步形成了课程育人、教材育人、实践育人、文化育人等多路径育人体系，积极引导国际学生紧跟新时代中国发展步伐，理解并讲好真实立体、丰富多彩的中国故事。

在国情教育的第一课堂，南京大学主要从课程建设和教材编写两方面开展育人工作。

课程育人维度，南京大学开设了社会热点讨论、简明中国历史、当代中国经济、太极拳等 14 门国情教育类课程，满足国际学生多样化的选课需求。其中，中国概况（中英）和悦读中国这 2 门国情教育综合课程，由经验丰富的教师在课堂上向学生介绍并展现当代中国社会发展情况，鼓励学生在课堂上就"脱贫攻坚""一带一路""绿色发展"等新时代话题各抒己见，并运用讲授式、体验式等多种教学方法组织国际学生在课后走进中国社会开展小组调研，汇报分享其对于中国最新发展理念和发展故事的所见所闻所感。同时，教师还录制"悦读中国"系列慕课，利用网络数字平台优势呈现并传播主题明确、短小精悍的国情教育视频。此外，南京大学还面向国际学生开设了入学教育系列讲座，涵盖校史校情、学籍学业、法律法规等主题，增强国际学生对自身的学生身份、对南大的校园文化、对中国法律法规的了解与认同，进一步完善了国情教育课程体系。

---

① "中国能力"是指与中国成功开展合作所需的必要知识与能力，除职业相关的专业知识与语言能力外，还包括关于中国经济、政治、现代历史和社会的基本常识，以及跨文化能力（魏建华，赵芳 2023）。

教材育人维度，南京大学加强来华留学生中国国情教育教学素材建设，参加教育部中外语言交流合作中心发起的教学资源建设项目，编写了《悦读中国》等国情教育电子教材。该教材以"五位一体"总体布局为基础框架，划分"大同中国""小康中国""智慧中国""文明中国""视听中国""七彩中国"和"绿色中国"等模块，覆盖十八大以来最受关注的话题，真实展现新时代中国特色社会主义伟大成就背后的思想脉络、科学内涵和精神实质，让国际学生全面了解中国智慧、中国主张、中国精神、中国方案以及中国责任。

在国情教育的第二课堂，南京大学主要从实践体验和文化浸润两方面发挥育人作用。2021—2023年，南京大学共组织开展中国国情教育类社会实践和文化交流活动80次（见表2）。

表2　2021—2023年南京大学国际学生中国国情教育类社会实践和文化交流活动

活动类别	活动内容					活动年份			总计
	政治	经济	文化	社会	生态	2021	2022	2023	
社会实践	4	6	14	8	2	6	8	20	34
文化交流	7	0	30	9	0	11	12	23	46
总　　计	11	6	44	17	2	17	20	43	80

实践育人维度，南京大学紧跟新时代中国发展路径，以"让每名国际学生都成为中国故事的讲述者"为工作理念，常态化组织实践活动，引导国际学生走出校园、走进社会，亲身感受体验真实的中国故事。学校加强与社区、社会团体等的交流合作，争取社会力量支持，打造学生获得感强、满意度高的课外育人体系。与苏州市同里古镇合作，举办"感知中国·乡村振兴"社会实践活动，采用理论宣讲和实践体验相结合的方式，为学生提供实地了解新时代中国乡村发展变迁的机会；与华为技术有限公司联合举办"感知中国·智创未来"创新训练营，开展人工智能创新课程实训、民营科技企业参观走访等活动，让学生感受中国近年来科技发展历程和最新科技成果；与南京市溧水区东岗村举办"共筑绿水青山，建设美丽中国"植树实践活动，组织国际学生亲手植树，投身生态保护，深刻理解中国式现代化生态文明发展理念；与郑和宝船厂遗址公园，举办"理解当代中国·悦读南京"实践活动，让国际学生从多维度视角了解"一带一路"对各自国家的深刻影响，畅谈中国与世界的友好互通。

文化育人维度，南京大学从思想引领、新闻宣传、文化交流等层面积极营造国情教育良好氛围。组织学生讨论学习习近平总书记在第三届"一带一路"国际合作高峰论坛上的重要讲话、习近平给北京大学留学生们的回信和中国共产党二十大精神等重要内容，积极引导国际学生了解中国社会时事热点，并将国际学生学习心得组稿发表在南京大学官方微信公众平台上，如"筑梦丝路！南大留学生眼中'一带一路'这十年""见证非凡中国！南大留学生眼中的二十大"等微信推文；指导学生积极参加省、校、院等多级国情类文化活动，如"南大演说家""盛会启新程，泼墨展新篇""感受中国新时代"等主题征文摄影展示比赛，学生们在多个省部级、院校级比赛中收获佳绩；筹备举办"中国，请听我说"汉语演讲朗诵比赛，引导国际学生发现、记录并讲述真实鲜活的中国故事，用真切话语诉说热切心声。

（四）五项布局内容贯通

加强来华留学生中国国情教育是新时代赋予国际学生教学人员与管理人员的重要教育使命。要完成这一新的使命，首先需要明确国情教育的内涵。来华留学生中国国情教育是以我国的政治制度、经济发展、历史文化和自然生态等实际情况为内容，结合国际学生群体的特点，依托课堂、校园文化和社会实践等方式，引导和传授他们客观认知中国国情知识、内容及学习方法的教育活动（陈秀琼，袁媛 2020）。基于中国新时代发展的总体布局，国情教育要使国际学生了解中国政治、经济、文化、社会、自然生态等方面的基本情况，培养知华友华爱华的专业型人才。

在本校的来华留学生中国国情教育协同育人体系中，南京大学始终按照中国特色社会主义"五位一体"的总体布局进行安排。在第一课堂中，《悦读中国》教材编写依次介绍中国政治、经济、文化、社会、自然生态方面情况：政治方面，涉及中国的民主政治制度、法律体系、外交政策等内容；经济方面，涉及中国近几十年间对外开放、脱贫攻坚、乡村振兴、基础设施建设、数字经济、科技事业等内容；文化方面，涉及精神文明建设、教育改革、文化遗产保护、语言文字政策、文化产业等内容；社会方面，涉及中国人的社会保障体系、社会生活方式等内容；生态方面，涉及环境保护、"两山"理论、低碳发展等内容。在第二课堂领域，近三年开展的社会实践和文化交流活动包括政治类 11 项、经济类 6 项、文化类 44 项、社会类 17 项、生态类 2 项，内容广泛，相互贯通，涵盖了"五位一体"总体布局的各个方面，帮助学生全方位了解新时代中国国情（见表 2）。

通过多方面建设，南京大学形成了"一核双课堂，四维五布局"来华留学生中国国情教育协同育人体系。在这一育人体系的影响下，南京大学的国际学生加强了对中国的认同感，增进了对中国的情感。有国际学生表示，他们了解了中国的发展动态，更认识到中国希望通过自身的力量来帮助世界更多国家实现实质性发展，推动构建人类命运共同体。例如，一位国际学生表达了对中国未来发展的美好祝愿："中国已经开始走上实现第二个百年目标的奋斗道路——建成富强、民主、文明、和谐、美丽的社会主义现代化强国。这是一个很大的目标，很不容易，但是我们相信中国做得到。"

五、提升来华留学生中国国情教育效度的策略

根据调研结果和实践开展情况来看，我们应该继续优化面向国际学生的中国国情教育，改进不足，提升效度。可以从以下方面入手。

第一，要注重国情教育的系统性。中国国情教育应该使培养理念、教育方法、教育内容等多方面都围绕国际人才培养目标来开展，建立起一套多维、立体、科学的协同育人体系。

第二，要确保国情教育内容的多样化。根据国际学生的背景和兴趣，国情教育应涵盖不同领域、不同方面的知识内容，提供多种层次的课程和活动。同时，从问卷调查结果来看，社交网站和新闻媒体也是学生了解中国国情的重要途径，因此要关注、开发和利用好网络教育资源，提供慕课、纪录片等多媒体资源，拓展学习内容。

第三，要确保国情教育话题的时代性。国内现有的国情教育课程和教材虽然版本众多，但存在信息陈旧、内容不全面等问题，缺少国际学生亟需的当代中国的国情介绍，如经济发展、科技成就、流行文化、生态保护等内容。如果不能保持国情教育话题与时俱进，将国情教育与当代社会热点问题相结合，便难以引导国际学生主动了解当代中国国情，很难让国际学生对当今中国有更全面的认知。

第四，要确保国情教育方式的多元化。根据知识内容的特点，组织丰富的社会实践活动，参观体验发展变化显著的企业、村落、基地等，让学生亲身感受新时代中国的发展变化。同时，要积极联络社会资源，与政府、企业以及其他社会组织建立合作关系，建设实践基地等，为丰富国情教育的内容和形式，探索更多的可能性。

第五，要推动中外学生交流互动常态化。在问卷调查中，有61.67%的学生希望通过与中国学生交流互动的方式来了解中国国情。因此，在校内常态化开展中外学生交流活动十分有必要。来自不同文化背景的国际青年共同探讨问题、交换观点，增进对彼此的了解，这不仅符合习近平总书记在联合国教科文组织总部演讲时所强调的"只有交流互鉴，一种文明才能充满生命力"，也是一种以同辈视角开展浸润式国情教育的有效方式。

最后，要确保国情教育师资队伍的先进性。要对开设国情教育课程的教师进行定期培训，从"讲什么"和"如何讲"两方面入手提升其研究能力和教学能力。另外，还应设立学生反馈机制，教师定期收集国际学生对国情教育的反馈意见和建议，关注国际学生的学习需求，根据调查和反馈结果进行及时改进和调整。

六、结语

来华留学生中国国情教育是我国高等教育的重要组成部分，是国家文化核心力建设和"一带一路"倡议落地的有力支撑，是知华、友华国际人才培养的基础工程，可以为建构国家形象、消除刻板印象、减少文明冲突、建设人类命运共同体作出贡献（程爱民 2023）。面向国际学生开展中国国情教育意义重大，需要高校的高度重视。各

高校应构建来华留学生中国国情教育体系,调动各方面育人要素协同工作,保障国情教育有序开展。在第一课堂和第二课堂中通过课程、教材、实践和文化活动等,为国际学生提供了解新时代中国政治、经济、文化、社会、生态发展的重要机会,努力培养中国故事讲述者、中外友谊传承者和人类命运共同体建设者。

参考文献

[1] 陈秀琼,袁媛.教育国际化背景下来华留学生中国国情教育的路径探索——以福建省5所高校调查为例[J].高校辅导员学刊,2020,12(03):87-91.

[2] 程爱民.主持人语:来华留学国情教育理论研究与实践路径[C]//程爱民主编.国际学生教育管理研究5.上海:上海外语教育出版社,2023:1-3.

[3] 教育部.来华留学生高等教育质量规范(试行)[EB/OL].(2018-10-09)[2024-05-05].http://www.moe.gov.cn/srcsite/A20/moe_850/201810/t20181012_351302.html.

[4] 教育部.学校招收和培养国际学生管理办法[EB/OL].(2017-06-02)[2024-05-05].http://www.moe.gov.cn/srcsite/A02/s5911/moe_621/201705/t20170516_304735.html.

[5] 刘志峰,王石磊.高校思政课协同育人体系的特征、结构和优化[J].中学政治教学参考,2023(35):27-30.

[6] 魏建华,赵芳.以培养"中国能力"为导向的国际学生中国国情教育育人体系构建与实践[C]//程爱民主编.国际学生教育管理研究5.上海:上海外语教育出版社,2023:24-30.

[7] 习近平.习近平给南京审计大学审计专业硕士国际班留学生的回信[EB/OL].(2023-07-05)[2024-05-05].https://www.gov.cn/yaowen/liebiao/202307/content_6890028.htm.

[8] 新华社.习近平复信匈牙利匈中双语学校学生[EB/OL].(2023-01-31)[2024-05-06].https://www.gov.cn/xinwen/2023-01/31/content_5739354.htm.

[9] 新华社.习近平给北京大学的留学生们的回信[EB/OL].(2021-06-22)[2024-05-06].https://www.gov.cn/xinwen/2021-06/22/content_5620089.htm.

[10] 郑亮,周竹青.构筑基于中国国情的国际传播教育[J].青年记者,2021(11):71-73.

来华留学生中国国情教育新探*

刘清伶**

摘要：对国际学生开展中国国情教育是国际学生培养体系中的重要组成部分。本研究发现，国情教育的内容可分为内向型国情和外向型国情，前者包括中国自然国情和人文国情，后者包括中国对外的政策与主张、行动与贡献和地位与影响等。对国际学生开展中国国情教育具有目的性、普遍性和必要性，是促进国际学生适应在华学习生活、提高其培养质量的需要，也是各国培养留学生通用的方式。要进一步做好来华留学生中国国情教育，需要加强顶层设计、完善课程体系、注重实践育人。

关键词：国际学生　国情教育　内向型　外向型

Abstract：Conducting education on China's national conditions for international students is an important part of China's international education. This study finds that the content of national conditions education can be divided into inward-oriented and outward-oriented aspects. The former includes China's natural and cultural conditions, while the latter includes China's world policies and proposals, actions and contributions, as well as its status and influence in the world. Conducting national conditions education for international students is purposeful, universal, and necessary. It is essential for promoting their adaptation to academic and daily life in China, improving educational quality and is widely used for international education in the world. To further improve China's national conditions education for international students, it is necessary to strengthen top-level design, improve the curriculum, and pay attention to experiential education.

Key Words：international students, education on national conditions, inward-oriented, outward-oriented

来华留学生又称为国际学生，是指根据《中华人民共和国国籍法》不具有中国国籍且在学校接受教育的外国学生（教育部 2017）。为统一表述，本文将在华接受教育的外国学生统称为国际学生。

---

* 本文系清华大学党的建设和思想政治工作研究项目"来华国际学生中国国情教育的现状及改进策略研究——以清华大学为例"阶段性成果。
** 刘清伶，清华大学国际处教育职员，研究方向为高等教育、国际教育。

习近平总书记在2020年和2021年连续两年分别给北京科技大学和北京大学的国际学生回信，表达了对国际学生深入了解中国、讲述中国故事、加强中外交流和推动构建人类命运共同体的期待。2023年11月，习近平总书记在访美期间宣布，为扩大中美两国人民特别是青少年一代的交流，中方未来5年愿邀请5万名美国青少年来华交流学习（习近平2023）。这体现了党和国家领导人对国际青年学子深入了解现实中国的高度重视和深切期望。

在国际形势日益复杂的全球化背景下，面向国际学生开展中国国情教育显得尤为重要。来华留学生中国国情教育有助于深化国际学生对中国文化的理解，有效促进他们对中国政治、经济、社会的全面认识，消除可能存在的误解与偏见，是培养真正知华、友华、爱华的国际人才的重要途径。

一、以何国情教育

（一）国情教育的定义

国情教育是指"中国使学生了解本国政治、经济、自然生态等方面基本情况，从而激发起爱国热情的教育"（顾明远1998）。来华留学生中国国情教育是指"以我国的政治制度、经济发展、历史文化和自然生态等实际情况为内容，结合留学生群体的特点，依托课堂、校园文化和社会实践等方式，引导和传授他们客观认知中国国情知识、内容及学习方法的教育活动"（陈秀琼，袁媛2020）。

国际学生是中国在校大学生的组成部分，以适当的方式对他们开展中国国情教育（以下简称"国情教育"），引导他们全面、深入地了解中国，进而引发他们友华、爱华的情感，是完全必要且可行的。

（二）现有的国情教育内容分类

国情可分为自然国情（如资源、地理、环境、人口）和人文国情（如历史传统、文化背景、政治制度、经济制度等）。诸多学者对国情教育的内容作了明确的阐释。顾明远（1998）认为，国情教育主要包括近百年来中国历史的教育，社会主义必然性的教育，经济文化发展现状的教育，经济资源和人口问题的教育，中华民族优秀传统的教育等。胡清国和张雪（2020）在研究中提出，"中国国情涵盖的内容十分广泛，但中国概况是其最集中、最简要的概括……中国国情教育的核心内容是当代中国人的生活方式与价值系统"。王晓岚（2021）认为，国情教育应包括自然、历史、现实国情等方面的教育。根据陈秀琼和袁媛（2020）的研究，来华留学生中国国情教育的内容包括我国的政治制度、经济发展、历史文化和自然生态等实际情况。（国际学生）应当熟悉中国历史、地理、社会、经济等中国国情和文化基本知识，了解中国政治制度和外交政策，理解中国社会主流价值观和公共道德观念，形成良好的法治观念和道德意识（雷世富2023）。

上述观点的共同点在于，从中国自身的实际情况出发来说明国情教育内容。无论以自然国情和人文国情划分，还是以政治、经济、文化、社会、历史等维度划分，这些分类中的内容都可称为内在或内向型国情。内向型国情是国情教育的基础和主体内容。但中国国情不仅限于此，也有外在或外向型情况。

（三）国情教育内容分类新探

从系统论的角度来看，国家可以被视为一个庞大而复杂的系统。从关注系统内在因素的理性系统观来看，上述国情教育内容的分类是合理的。而从开放系统观的角度来看，国家有其生存发展的外部环境，也与环境中其他子系统和要素交流互动，并对其产生影响。因此，在当今全球化背景下，国情教育的内容除了以上自然、人文等内向型国情外，还应包括外向型国情内容。

内向型与外向型原本用于描述个体的两种性格特点。外向型性格也被称为外倾型性格，是指一个人的心理能量、兴趣和注意一般指向外部。与之相对，内向型性格或内倾型性格主要关注内在的情况。借用这一概念，内向型国情内容是指关注中国自身的、内在的情况，如自然国情和人文国情，而外向型国情内容是关注中国对外的、国际的情况，如中国对外政策、世界贡献以及全球地位与影响等。

1. 内向型国情教育内容

内向型国情教育主要关注国家的内在情况。在高等教育出版社 2011 年出版的《中国概况》中，地理环境与中国文化、中国历史与社会、中国传统思想、古代中国人的生活、移民与中国社会变迁、当代中国人的生活、当代中国的政治制度及基本国策等章节主要介绍内向型国情的内容。内向型国情是当前国情教育的主体和基础，内容可分为自然国情和人文国情，具体可根据需要进一步细分。

2. 外向型国情教育内容

外向型国情教育是指中国对外的情况，包括对外政策、国际贡献以及全球地位等。习近平新时代中国特色社会主义思想强调系统全面地看问题，强调在世界大局下看中国、向世界讲好中国故事，并期望国际学生客观深入地认识中国。在这一思想的指导下，本研究发现，外向型国情可分为思想类、行动类和效果类三方面内容，基本概括为政策与主张、行动与贡献、地位与影响。

（1）政策与主张

当今世界是个开放系统，中国的发展离不开世界，世界的发展同样需要中国。中国对外的政策与主张是了解与认识中国的重要内容。习近平总书记提出了推动文明交流互鉴的正确的态度和原则。他强调，"中国高举和平、发展、合作、共赢的旗帜，恪守维护世界和平、促进共同发展的外交政策宗旨，坚定不移在和平共处五项原则基础上发展同各国的友好合作，推动建设相互尊重、公平正义、合作共赢的新型国际关系。"习近平总书记还指出,中国将坚定不移走和平发展道路,在和平共处五项原则基础上发展同世界各国的友好合作、奉行互利共赢的开放战略。在第七十届联合国大会一般性辩论时的讲话中,习近平总书记提出了打造人类命运共同体的主张。此后,"人类命运共同体"理念多次被写入联合国等国际组织的决议中,成为中国对外政策的重要指导思想。通过这些政策与主张,国际学生可以更全面地了解中国在国际事务中的立场和愿景,认识到中国作为一个负责任大国的担当和贡献。

（2）行动与贡献

中国对全球社会及人类福祉所作的贡献是中国国情的重要内容,强化此方面的教育,有助于促进国际学生对中国国情的理解和认同。习近平总书记高度重视中国在全球舞台上的行动和贡献。习近平总书记在中国共产党第十九次全国代表大会上提到:"中国特色社会主义道路、理论、制度、文化不断发展,拓展了发展中国家走向现代化的途径,给世界上那些既希望加快发展又希望保持自身独立性的国家和民族提供了全新选择,为解决人类问题贡献了中国智慧和中国方案。"2020年9月3日,习近平总书记在纪念中国人民抗日战争暨世界反法西斯战争胜利75周年座谈会上的讲话中强调,"中国人民同世界人民一道,以顽强的意志和英勇的斗争,彻底打败了法西斯主义,取得了正义战胜邪恶、光明战胜黑暗、进步战胜反动的伟大胜利!"

（3）地位与影响

中国的世界地位和国际影响是中国国情不可或缺的部分。作为世界和平的缔造者和维护者,中国的国际地位和影响力已得到了国际社会的广泛认可和支持。中国是联合国创始成员国之一,也是安理会五大常任理事国之一,同时还是世界第二大经济体。中国已建成世界规模最大的高等教育体系,并进入"双一流"建设新时代（教育部 2020）。"过去20年,西方企业为了降低生产成本和开拓新市场而大规模进军中国,中国逐渐成为全球供应链的核心。"（新华社 2020）

综上,国情教育内容包括内向型国情和外向型国情（见图1）。

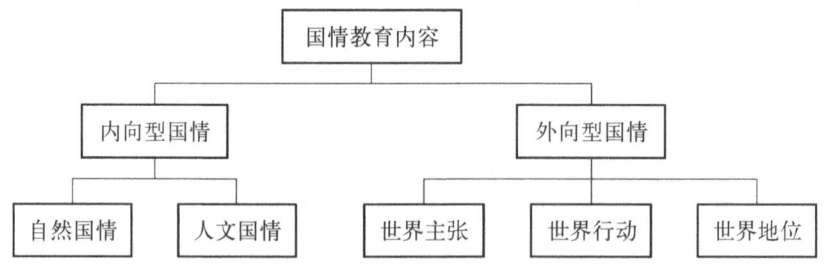

图1　国情教育内容分类

二、为何国情教育

（一）国情教育的目的

正如怀特海（2012）所言："教育是为了激发和引导学生的自我发展之路。"国情教育旨在激发起学生热爱中国的情感，使学生在考虑和处理问题时都能从中国的基本国情出发（顾明远 1998）。来华留学教育目的是培养知华友华的专门人才，而中国国情教育是让国际学生知华友华的实际举措与必要步骤（胡清国，张雪 2020）。来华留学生中国国情教育"是知华、友华国际人才培养的基础工程，可以为建构国家形象、消除刻板印象、减少文明冲突、建设人类命运共同体作出贡献"（程爱民 2023）。

综合以上观点，对来华留学生中国国情教育的目的可总结为：通过增进国际学生对中国政治、历史、文化、社会、经济等多方面的了解与认识、激发其知华友华爱华的情感，促进其考虑和处理中国问题时从中国实际出发，从而达到促进其个人全面发展的目的。实践表明，那些深入了解中国的国际学生，在思考和处理相关问题时，更能把握中国实际情况，这不仅使他们在华学习生活更为顺利，也为他们的未来发展奠定了坚实的基础。

（二）国情教育的必要性

对国际学生开展中国国情教育的必要性体现在提高在华学习生活适应性的需要、培养知华友华爱华情感的需要、推动人类命运共同体建设的需要、落实立德树人根本任务的需要等方面。《学校招收和培养国际学生管理办法》中要求："应当对国际学生开展中国法律法规、校纪校规、国情校情、中华优秀传统文化和风俗习惯等方面内容的教育，帮助其尽快熟悉和适应学习、生活环境。"（教育部 2017）中国国情教育就是让国际学生知华的实际举措，是友华的基础动作与必要步骤（胡清国，张雪 2020）。习近平总书记希望国际学生多向世界讲讲他们所看到的中国，多同中国青年交流，同世界各国青年一道，携手为促进民心相通、推动构建人类命运共同体贡献力量（央视新闻 2020）。

立德树人的根本任务，落实在国际学生培养中，体现在培养国际学生知华友华爱华的基本情感以及建设人类命运共同体的价值认同上。国情教育是培养国际学生中国情感和世界情怀的必要条件。

（三）国情教育的普遍性

美国、日本等国家同样重视对留学生开展国情教育。在美国，教育合作被视为外交政策的一种形式，接收国外有能力的人到美国学习，使他们回国后处于有影响力的地位，把从美国学到的文化、政治、价值观运用到自己的国家中，既可以促进美国与他国间的关系，又为美国国家战略服务（安亚伦，段世飞 2020）。黄福涛教授称，日本将更加重视在东南亚地区的招生以吸引优秀人才，更为重视促进国际学生在学习过程中加深对于日本社会和企业了解，从而推动优秀人才在日本的居留和就业（Huang 2022）。日本在对留学生开展的国情教育呈现出内向型的特点，而美国对留学生开展的国情教育则展现出外向型的特质。虽然二者侧重点不同，但都反映了其他国家同样重视对国际学生开展本国国情教育。

三、 如何国情教育

（一） 国情教育实施方法

关于国情教育的具体实施已有众多学者提出了丰富的见解与策略。周茜（2010）提出，国情教育中教师与学生应形成"学习共同体"，运用课程由教材、教师与学生、教学情景、教学环境构成一种生态系统的新理念。孙望舟与王倩（2016）强调，中国国情教育应坚持"共生"，以促进相关方利益最大化理念为引导，把握文化认同的取向性、教育内容的真实性、教育活动的互动性、教育方式的多样性、教育目标的持久性和教育效果的存异性六条基本原则，提出重视课堂教学、积极开展实践活动、加强情感纽带联系三条实施建议。胡清国和张雪（2020）提倡运用情境式教学、对话性互动式教学、合作性任务式教学、应用现代多媒体技术进行教学的国情教育方式。国情教育中应该遵循文化自信、层次性、情境性、需求性、语言与文化结合以及跨文化交际等基本原则。陈秀琼和袁媛（2020）认为，来华留学生中国国情教育依托课堂、校园文化和社会实践等方式，引导和传授他们客观认知中国国情知识、内容及学习方法。徐蓓佳（2022）提出应结合国际学生来华关注的饮食文化开展国情教育。

综上所述，国情教育应在系统理念和共生理念的指导下，通过课堂教学、校园浸润、实践活动、情感建设等多种形式，采取情境式教学、互动式教学、任务式教学、多媒体教学等多样化的方法，按照文化自信性、内容层次性、情境关联性、应对需求性、语言文化融合性和跨文化交际性等原则开展。我们需要将国情教育视为一个系统的整体，进行全面的统筹和实施。

（二） 如何进一步开展好国情教育

1. 加强顶层设计

我国高校普遍重视中国学生的思政教育，将其与学生的思想引领和价值观塑造紧密结合，视为培养建设者和接班人的重要途径，从而有较为完备和成熟的顶层设计。相比而言，针对国际学生的中国国情教育在研究和规划设计方面较为薄弱，需要加强顶层设计。

可将《来华留学生高等教育质量规范（试行）》作为基本依据，针对不同层次和类别的国际学生，贯通不同学段，建立系统化、分层次、一体化的课程体系，建设丰富的教育平台，打造专业化的教学队伍，形成系统完备、各有侧重，有机衔接、科学规范的国情教育顶层设计（贾兆义，赵宝永 2022），实施方案并根据实际不断完善。

同时，对国际学生的国情教育需要避免只注重介绍内向型国情知识，而要注重内向型与外向型知识并重。通过这种内外融合的方式，引领国际学生从中国视角看世界、从世界视角看中国，引导他们正确认识中国的世界贡献和世界地位。这不仅有助于国际学生从外向型视角全面了解中国，还能更好地实现来华国际人才培养的目的，培养出一批知华、友华、爱华的专业人才，为构建人类命运共同体贡献力量。

2. 建设科学的课程体系

国际学生群体人数多，国别多，各个阶段和各个国家的学生群体特点不同。以中国概况为主要课程的国情教育，应当根据不同学习阶段、不同背景的学生群体特点，实行分层分类教学。针对不同国际学生群体对中国国情了解程度的不同，课程设计和教学方法应进行相应的分类，以提升学生的收获感，保证国情教育的效果。

对于已经熟悉中国国情的学生，可以进一步推动他们对中国国情、价值观和思想体系等深层次的了解和理解。在课程设置时，可考量内向型与外向型两类国情教育内容的侧重。除了自然、历史、人文等基本知识型国情教育之外，针对国际学生普遍关心的中国对外政策、大国地位等予以介绍，结合国内和国外两个视角给国际学生提供全方位了解中国国情的体验。

此外，可结合国际时事热点问题与中国政策主张进行专题教育，不仅能及时补充《中国概况》教材的内容，还能通过更强的代入感让国际学生切身领会中国外向型国情的要义，引发共鸣。

在研究生阶段，清华大学的中国概况课程组使用英文授课，受到了广泛欢迎和关注，这与国际学生群体中研究生比例较高有关。来华留学研究生群体是我国来华留学工作发展的重要增长点，尤其是一流大学的研究生群体较大。因此，加强用英文开设国情教育的课程建设，不仅能满足来华留学研究生的需求，还能提高课程的国际影响力和吸引力。

3. 加强开展社会实践育人

2021 年 6 月，习近平总书记在给北京大学国际学生的回信中，再次鼓励他们："欢迎你们多到中国各地走走看看，更加深入地了解真实的中国。"可见国际学生了解中国国情的方式不应局限于课堂和校园。在学校的教育管理工作中，要坚持"三全育人"的理念，将国际学生的国情教育工作贯穿于整个教育管理过程。无论是学校管理服务工作，还是教育教学工作，都是国际学生认识中国、了解中国国情的途径，应把国情教育和思想引领工作融入国际学生教育管理的每一个环节。

社会实践活动是开展中国国情教育的有效方式。国际学生来华留学的一个重要目的就是深入了解中国、融入中国社会。高校在开展来华留学生中国国情教育的过程中，要善于利用适合国际学生的实践方式,利用贴近国际学生的案例,引导和组织国际学生亲身体验中国文化,走进中国社会,情景化、直观式领会中国国情的内涵和精髓(叶荔辉 2020)。为国际学生深度参与社会实践创造条件,不仅能有效地增进他们对中国国情的了解,还能促进他们全面、深入地认识并理解中国。

参考文献

[1] Futao Huang. Will Japan be able to lure international students back?［EB/OL］.(2022-10-08)[2024-06-12]. https://www.universityworldnews.com/post.php?story=20221005150040828.

[2] 安亚伦,段世飞.美国高校接收国际学生政策的历史演进及其内在逻辑[J].江苏高教,2020(1):111-119.

[3] 陈秀琼,袁媛.教育国际化背景下来华留学生中国国情教育的路径探索——以福建省5所高校调查为例[J].高校辅导员学刊,2020,12(3):87-91.

[4] 程爱民.主持人语:来华留学国情教育理论研究与实践路径[C]//程爱民主编.国际学生教育管理研究5.上海:上海外语教育出版社,2023:1-3.

[5] 顾明远.教育大辞典(增订合编本)[M].上海:上海教育出版社,1998.

[6] 胡清国,张雪.对话理论视域下留学生中国国情教育教学探析[J].海外华文教育,2020(3):11-19.

[7] 胡清国,张雪.来华留学生中国国情教育的基本原则[J].纺织服装教育,2020,35(04):283-287.

[8] 怀特海.教育的目的[M].上海:文汇出版社,2012.

[9] 贾兆义,赵宝永.来华留学生中国国情教育路径研究[J].世界教育信息.2022,35(7):36-41.

[10] 教育部.学校招收和培养国际学生管理办法[EB/OL].(2017-06-02)[2024-06-12]. https://www.moe.gov.cn/srcsite/A02/s5911/moe_621/201705/t20170516_304735.html.

[11] 教育部.我国已建成世界规模最大高等教育体系[EB/OL].(2020-12-03)[2024-06-12]. https://www.moe.gov.cn/fbh/live/2020/52717/mtbd/202012/t20201203_503281.html.

[12] 雷世富.以新思维推进来华留学生中国国情教育的实施[C]//程爱民主编.国际学生教育管理研究6.上海:上海外语教育出版社,2023:11-16.

[13] 孙望舟,王倩."中国国情教育"课程在留学生培养教育中的作用[J].重庆广播电视大学学报,2016,28(4):57-61.

[14] 王晓岚.来华留学生中国国情教育的探索与实践[J].黄河水利职业技术学院学报,2021,33(1):78-81.

[15] 习近平.弘扬和平共处五项原则 建设合作共赢美好世界——在和平共处五项原则发表60周年纪念大会上的讲话[EB/OL].(2014-06-28)[2024-06-12]. https://www.xuexi.cn/2b980a8d704e3822619ce7b1fb8eb23c/e43e220633a65f9b6d8b53712cba9caa.html.

[16] 习近平.汇聚两国人民力量 推进中美友好事业——在美国友好团体联合欢迎宴会上的演讲[EB/OL].(2023-11-15)[2024-06-12]. https://www.gov.cn/gongbao/2023/issue_10846/202311/content_6917325.html.

[17] 习近平.决胜全面建成小康社会 夺取新时代中国特色社会主义伟大胜利——在中国共产党第十九次全国代表大会上的报告[EB/OL].(2017-10-18)[2024-06-12]. https://www.xuexi.cn/02882008f2aa5c55411a8ca74cbeff8c/e43e220633a65f9b6d8b53712cba9caa.html.

[18] 习近平.携手构建合作共赢新伙伴 同心打造人类命运共同体——在第七十届联合国大会一般性辩论时的讲话[EB/OL].(2015-09-28)[2024-06-12]. https://www.xuexi.cn/6309c37dfcf8f72fa0da3321b1726d86/e43e220633a65f9b6d8b53712cba9caa.html.

[19] 习近平.在纪念中国人民抗日战争暨世界反法西斯战争胜利75周年座谈会上的讲话[EB/OL].(2020-09-03)[2024-06-12]. https://www.xuexi.cn/lgpage/detail/index.html?id=3924154348849327376&item_id=3924154348849327376.

[20] 习近平.在联合国教科文组织总部的演讲[EB/OL].(2014-03-27)[2024-06-12]. https://www.xuexi.cn/b5762cc524dcffb2951659a765122dfe/e43e220633a65f9b6d8b53712cba9caa.html.

[21] 新华社.德媒：中国"世界工厂"地位不会因疫情发生改变[EB/OL].(2020-05-03)[2024-06-12]. https://www.xuexi.cn/lgpage/detail/index.html?id=741168854892904955&item_id=741168854892904955.

[22] 新华社.习近平给北京大学的留学生们回信[EB/OL].(2021-06-22)[2024-06-12].https://www.gov.cn/xinwen/2021/06/22/content_5620089.htm.

[23] 徐蓓佳.来华留学生饮食文化与国情教育融合探索[J].核农学报,2022,36(05)：1086.

[24] 央视新闻.习近平给北京科技大学全体巴基斯坦留学生回信[EB/OL].(2020-05-18)[2024-06-12]. https://baijiahao.baidu.com/s?id=1666996719180446379&wfr=spider&for=pc.

[25] 叶荔辉.隐性教育中的群际融合路径研究——基于545名来华留学生的质性访谈和实证研究[J].思想教育研究.2020(7)：14-19.

[26] 周茜.运用新课程理念为留学生中国国情课程备课[J].教科导刊(中旬刊).2010(22)：18-19.

来华留学生中国国情教育与中国文化国际传播的互动模式研究
——基于跨文化交流与新媒体的双重视角[*]

刘 亮[**]

摘要：随着全球化的推进和中国国际地位的提升，来华留学生中国国情教育与中国文化国际传播的互动模式研究就显得越发重要。本文通过跨文化交流理论和新媒体传播理论，探讨如何有效结合来华留学生中国国情教育与中国文化国际传播，设计出创新的互动模式。尽管现有的国情教育和文化传播在政策和实施方面取得了一定成效，但仍存在语言障碍、内容同质化、文化差异理解困难等问题。通过整合跨文化交流和新媒体技术，设计出多层次、互动性强的国情教育传播框架，可以提升国际学生对中国文化的理解和认同，同时增强中国文化在国际上的传播效果。在实际应用中，本文提出了优化课程设计，利用新媒体多样化传播形式，以及定期举办跨文化交流活动等具体措施，并通过数据分析评估了新媒体传播的效果。研究表明，双向互动的沟通机制和多语言、多形式的内容创作在提升文化传播效果方面具有显著优势。

关键词：来华留学 国情教育 中国文化国际传播 跨文化交流 新媒体

Abstract: With the advancement of globalization and the growth of China's international status, the research on the interactive model between education on China's national conditions for international students and the international dissemination of Chinese culture becomes increasingly important. This paper explores how to effectively combine education on China's national conditions for international students with the international dissemination of Chinese culture by leveraging cross-cultural communication theory and new media communication theory, in order to design an innovative interactive model. Although existing education on national conditions and cultural dissemination have achieved certain results in policy and implementation, they still face challenges such as language barriers, content homogenization, and difficulties in understanding cultural differences. By integrating cross-cultural communication and

---

[*] 本文系2022年度高等教育科学研究规划课题"国际学生跨文化课程建设与中国形象构建研究"（项目编号：22LH0405）、2023年度上海政法学院校级科研项目"中国国家形象对外传播的创新性话语体系建构研究"（项目编号：2023XJ11）阶段性研究成果。

[**] 刘亮，上海政法学院讲师，研究方向为教育语言学、社会语言学。

new media technologies, a multi-layered and highly interactive framework for disseminating education on national conditions can be designed, which can enhance international students' understanding and identification with Chinese culture while strengthening the dissemination effect of Chinese culture internationally. In practical applications, specific measures such as optimizing curriculum design, utilizing diverse new media communication formats, and regularly holding cross-cultural communication activities are proposed, and the effectiveness of new media dissemination is evaluated through data analysis. Research indicates that bidirectional interactive communication mechanisms and multilingual, multiform content creation have significant advantages in enhancing the effectiveness of cultural dissemination.

Key Words：studying in China, education on national conditions, international dissemination of Chinese culture, cross-cultural communication, new media

一、引言

中国作为世界上历史最悠久、文化最多样的国家之一，通过推动文化国际传播来提升全球影响力显得尤为重要。因此，中国文化的国际传播就成为国家战略的重要组成部分。近年来，越来越多的国际学生选择来华留学，据统计，2018年之后来华留学人数已超过50万（教育部2019），涵盖了世界各地的学生群体。他们不仅是中国教育国际化的受益者，也是中国文化的重要传播者。文化是国家软实力的核心，对国际学生开展中国国情教育，不仅能够提升中国的国家形象，还能借助国际学生在全球范围内的传播力量，提升中国文化的国际认知度。

来华留学生中国国情教育是通过系统的教育和实践活动，使国际学生深入了解中国的经济、政治、社会和文化，从而增强他们对中国的认同感和归属感。与此同时，中国文化的国际传播则是通过各种渠道和形式，尤其是在跨文化情境下的新媒体，以其互动性和广泛的覆盖面，为中国文化的国际传播提供新的平台和手段，使得文化传播的方式和效果发生深刻变化，将中国的历史、文化和价值观传递给来自世界各地的国际学生。这两者之间存在着紧密的联系：来华留学生中国国情教育为中国文化的国际传播奠定了坚实的基础，而中国文化的国际传播又反过来促进了国际学生对中国的认同和理解。

二、来华留学生中国国情教育与中国文化国际传播的现状分析

来华留学生中国国情教育和中国文化国际传播都面临着机遇和挑战。在国情教育方面，课程内容和教学方法的单一化，以及国际学生教育评估机制不完善是主要问题；在文化传播方面，文化内容的选择和呈现、语言障碍和文化差异、传播效果评估等都是亟待解决的问题，在文化传播过程中应更加注重策略和方法的选择。

（一）来华留学生中国国情教育现状

中国政府对来华留学生中国国情教育高度重视，并出台了一系列相关政策，旨在加深国际学生对中国经济、政治、社会和文化的理解，促进中外文化交流。2018年教育部印发的《来华留学生高等教育质量规范（试行）》明确指出，要将国情教育纳入来华留学教育体系，以促进国际学生对中国的认识和理解，同时培养他们的跨文化能力和全球胜任力。这些政策的核心目标是通过系统的教育，使国际学生不仅在学术上有所成就，更在文化和社会认知上有所提升，从而成为中外文化交流和传播的桥梁。

来华留学生中国国情教育的研究已经取得了一定的成果。学者们普遍认为，国情教育对于提升国际学生的跨文化适应能力和增进对中国文化的理解具有重要意义（刘继红 2020；刘猛 2024）。然而，现有研究也指出了国情教育面临的一些挑战，如教育内容的同质化、教学方式的单一化、课程设置不合理以及评估机制的不完善等（徐翔 2019；魏建华，赵芳 2023；许正林 2023）。针对这些问题，一些研究提出了优化课程设计、丰富教学内容和改进评估机制等建议（杨国藏，马瑞贤 2023；刘少雪 2023）。还有研究从中国国情教育社会实践体系入手，分成必修课程、研习活动、实践活动三个方面使国际学生循序渐进地了解、理解和感知中国国情（纪婷，靳霏霏 2023）。

目前，大多数高校已经设立了专门的国情教育课程，旨在帮助国际学生全面了解中国的历史、经济、政治、社会和文化。国情教育通常包括课堂讲授、实地考察和文化体验等多种形式。我们以上海市的4所高校为例，调查了这些高校的国际学生对不同类型的国情教育课程的满意度（见表1）。这几所高校都吸引了来自不同国家、不同文化背景的国际学生。与政治、经济等理论课程相比，学生对文化体验和实地考察的满意度往往更高。实地考察提供身临其境的学习体验，受到学生的广泛欢迎，这反映在高满意度得分上。文化活动也得到了积极的反馈，因为这促进了学生更深层次的文化理解。

表1 上海市4所高校国情教育课程满意度调查

学 校 名 称	课程类型	满意度（百分比）	参与人数	满意度差异（百分比）
上海外国语大学	历史	75.2	130	6.1
	文化	72.8	120	8.2
	政治	70.5	115	10.3
	经济	68.9	110	12.5
	实地考察	85.8	140	2.5
	文化体验	82.6	135	4.2

(续表)

学校名称	课程类型	满意度（百分比）	参与人数	满意度差异（百分比）
上海交通大学	历史	80.3	125	5.8
	文化	76.7	118	8.1
	政治	74.2	110	10.6
	经济	72.5	105	12.8
	实地考察	86.5	135	1.5
	文化体验	83.2	128	3.6
华东师范大学	历史	78.1	120	7.3
	文化	74.8	112	9.5
	政治	72.6	108	11.2
	经济	70.3	100	13.7
	实地考察	84.6	125	2.4
	文化体验	81.5	118	4.1
上海政法学院	历史	83.5	148	4.7
	文化	78.9	132	9.3
	政治	76.4	128	11.8
	经济	74.7	123	13.5
	实地考察	88.2	157	0
	文化体验	85.1	149	3.1

注：数据来源于各高校官网及上海教育网站公布的2022—2023年度来华留学生国情教育课程满意度调查，利用数据采集器（bazhuayu.com）抓取和分析相关数据。

尽管来华留学生中国国情教育在政策和内容上都有较为完备的设计，但在实际执行中仍存在一些问题。首先，教育效果的评估机制尚不完善，难以准确衡量国际学生对国情教育内容的掌握程度和认同感（黄慧 2017）。其次，部分课程内容过于理论化，缺乏与实际生活的联系（蒋璜 2022），导致国际学生难以将所学知识应用于实际生活中。第三，语言障碍是影响国情教育效果的一个重要因素（曾汇萍 2022），特别是对于初学中文的国际学生来说，理解和掌握课程内容存在较大困难。

（二）中国文化国际传播现状

中国文化的国际传播是一个多元且复杂的体系，目前主要有政府主导的文化外交和民间自发的文化交流这两大途径。在政府层面，通过设立孔子学院、举办国际文化交流活动及资助国际文化项目等方式，积极推动中国文化在全球范围内的传播。截至2023年12月，全球已建立了496所孔子学院和757个孔子课堂，覆盖160多个国家和地区（中国国际中文教育基金会 2024），这一数据彰显了孔子学院在全球文化传播中的广泛影响力（逄增玉 2018）。孔子学院不仅在语言教学方面取得了显著成绩，也在文化交流中扮演了重要角色，通过学术交流、文化节等活动提升了国际受众对中国文化的认知。

体验式文化传播逐渐受到重视。有目的地组织各类中国国情、民情、地情考察实践，社区服务和优秀地域文化体验等活动，不仅丰富了文化传播的形式，更在潜移默化中增强了外国受众对中国文化的认同感，尤其是激发了国际学生的主动学习热情（刘少雪 2023）。这些活动使文化传播更加生动具体，有效克服了文化差异带来的理解障碍。

此外，新媒体在国际文化传播中的作用日益突出，特别是微博、微信、抖音和快手等社交媒体，已成为中国文化国际传播的新兴渠道，以其独特的互动性和广泛的覆盖面，显著提升了文化传播的效果（郑迟 2018）。

尽管中国文化国际传播取得了显著成效，但仍面临诸多挑战。首先，文化差异导致的理解障碍依然存在，部分外国受众对中国文化存在误解和偏见（申莉 2019），这要求我们在文化传播中更加注重文化背景的解读和跨文化交流能力的培养。其次，传播内容的同质化问题日益凸显（徐晓娟 2024），缺乏创新和多样性，难以满足受众的多元化需求，降低了文化传播的吸引力和影响力。第三，文化认同与文化冲突并存（陈丽 2022），尽管中国文化在国际上的认同度不断提升，但文化冲突和矛盾依然存在，需要通过更加深入、全面的文化传播来增进相互理解和尊重。

针对上述问题，已有研究提出了多种应对策略。例如，加强跨文化交流能力的培养，提高文化传播的针对性和有效性；注重文化传播内容的创新和多样性，以满足不同受众的需求；以及通过深化文化交流活动，增进不同文化之间的理解和尊重。这些策略为我们进一步优化中国文化国际传播提供了有益的参考和借鉴。

三、跨文化交流与新媒体在互动模式中的应用

在全球化信息技术纵深发展的当下，跨文化交流和新媒体在来华留学生中国国情教育与中国文化国际传播中的作用日益显著。跨文化交流不仅仅是简单的信息传递，更是不同文化之间的深度互动和理解。而新媒体作为现代信息传播的重要载体，其互动性和广泛覆盖面使其在文化传播中占据了重要的位置。

（一）跨文化交流在国情教育中的应用

跨文化交流理论主要探讨不同文化背景的人们在交流过程中所面临的挑战和解决方法。美国人类学家爱德华·特威切尔·霍尔（Edward Twitchell Hall）提出的高低语境文化（High-low Context Culture）理论（1976）指出，不同文化背景下的信息传递方式存在显著差异，高语境文化（如中国、日本）倾向于通过间接的方式传递信息，而低语境文化（如美国、澳大利亚）则更倾向于直接和明确的信息传递（霍尔 2010）。因此，国际学生需要理解并适应中国文化的沟通方式。

在来华留学生中国国情教育中，跨文化教育方法的应用非常广泛。通过人物设定、角色扮演等互动性强的教学方法，可以帮助国际学生更好地理解和体验中国文化。大多数国际学生在初期会经历文化冲击，但随着时间的推移，他们逐渐适应并理解中国的文化和社会规范。此外，还可以通过组织跨文化交流活动，如文化沙龙、主题讲座等，促进国际学生与中国学生之间的互动，从而增强他们对中国文化的理解和认同。

（二）新媒体在文化传播中的应用

传播学理论为理解文化传播提供了坚实的框架，美国政治学家哈罗德·拉斯维尔（Harold Lasswell）在《社会传播的结构与功能》（*The Structure and Function of Communication in Society*）（1948）中最早以建立模式的方法对人类社会的传播活动进行了分析，这便是著名的5W模式（拉斯韦尔2017）。该模式界定了传播学的研究范围和基本内容，影响极为深远。传播模式指出：谁（Who）→说什么（Says what）→通过什么渠道（In which channel）→对谁（To whom）→取得什么效果（With what effects）。另外，加拿大著名传播学者马歇尔·麦克卢汉（Marshall McLuhan）的媒介理论（1958）强调"媒介即信息"（Medium is message.），指出不同媒介形式对信息传递和接受的影响（麦克卢汉2019）。这些理论为设计有效的文化传播策略提供了理论基础，帮助理解如何通过新媒体平台实现更广泛的文化传播。

新媒体的发展为中国文化的国际传播开辟了全新的机遇和途径。基于哈罗德·拉斯维尔的5W模式，可以明确文化传播的各个环节，通过马歇尔·麦克卢汉的媒介理论，强调媒介选择和创新的重要性。

1. 新媒体内容创作与传播策略。在拉斯维尔的5W框架指导下，可以明确内容创作是文化传播的核心。新媒体内容的创作需紧密结合目标受众（To whom）的需求，注重多样性和创新性，以跨越文化差异的障碍。利用微信、微博和抖音等社交媒体平台（In which channel），通过制作具有中国特色的短视频、图文并茂的文章及互动性强的直播节目（Says what），有效吸引并留住国际受众。例如，一些国外创作者和国际学生（Who）利用抖音平台发布中国传统美食的制作过程，成功吸引了大量海外用户的关注。此外，借助这些平台的互动功能，如评论区、直播互动等，还能够实时收集受众反馈（With what effects），进而调整和优化内容策略，确保信息的精准传递和高效接收。

2. 新媒体传播效果评估。依据5W模式中的效果评估环节，采用数据分析的方法，对新媒体传播效果进行客观评价。评估指标包括点击率、分享率和评论数等，这些数据能够直观反映受众的参与度和内容的受欢迎程度。通过分析一段时间内的用户数据，可以深入了解哪些类型的内容更受国际受众欢迎，从而指导未来的传播策略优化。这就正好印证了媒介理论的核心（媒介即信息）。同时，结合问卷调查和用户访谈等定性研究方法，可以获取更深入的受众反馈，进一步评估新媒体传播的实际效果，为持续改进传播策略提供有力依据。有效运用5W模式和媒介理论，能够指导新媒体在中国文化国际传播中的实践应用，实现文化传播效果的最大化。

四、来华留学生中国国情教育与中国文化国际传播互动模式的创新设计

在全球化日益加深的今天，来华留学生中国国情教育与中国文化国际传播的互动模式创新显得尤为重要。这一创新设计不仅基于跨文化交流理论，还充分利用了新媒体平台的技术优势，旨在提升国际学生的文化认知与适应能力，同时扩大中国文化的国际影响力。理论与实践的结合为新媒体平台的应用提供了理论支撑和内容基础，确保新媒体传播的内容既有深度又易于被国际学生接受和理解。而相对应地，新媒体平台的应用则是理论与实践结合的具体实现方式，通过新媒体平台的高效传播，使得理论与实践的结合更加紧密，互动效果更加显著。两者相辅相成，共同构成了来华留学生中国国情教育与中国文化国际传播互动模式的创新设计。

（一）理论引领：跨文化适应与互动模式的构建

跨文化交流理论强调在不同文化背景下的有效交流与互动，这为来华留学生中国国情教育与中国文化国际传播的互动模式提供了坚实的理论基础。新西兰学者科琳·沃德（Colleen Ward）等提出的跨文化适应模型，将适应过程细分为社会文化适应和心理适应两个维度（Ward et al. 2001）。通过这一模型的启示，在设计国情教育课程时，应注重帮助国际学生适应中国的社会文化环境，并关注他们的心理调适过程。进一步地，泽内普·艾坎（Zeynep Aycan）等在《跨文化背景下的组织与管理》（*Organizations and Management in Cross-Cultural Context*）一书中增加了职业适应这一维度（Aycan et al. 2014），这为来华留学生中国国情教育提供了更全面的视角，不仅要关注国际学生的文化适应，还要帮助他们在职业领域实现有效融入，从而成为连接中外文化的桥梁。基于这些理论可以构建一个多层次、多维度的互动模式。该模式通过整合国情教育内容，结合新媒体平台的互动特性，为国际学生提供一个全方位、沉浸式的文化学习体验。同时，通过定期举办跨文化交流活动，促进国际学生与中国学生及社会的深度互动，进一步提升他们的文化适应能力和传播中国文化的积极性。

（二）新媒体赋能：互动模式的创新与实践

新媒体平台以其高互动性和广泛覆盖面，成为推动来华留学生中国国情教育与中国文化国际传播互动模式创新的重要力量。要充分利用微信、微博和抖音等新媒体平台，通过多样化的内容创作和传播策略，提升文化传播的效果和影响力。

具体而言，创建一个真实、活跃的虚拟文化交流社区，为国际学生提供一个线上交流的平台。这个虚拟社区不仅是一个信息分享的空间，更是一个促进文化理解和尊重的桥梁。为了确保社区的可操作性和可持续性，应采取一系列措施包括定期更新内容、举办线上活动、引入专家讲座等，以提高国际学生的参与度。同时，鼓励国际学生分享他们在中国真实的学习和生活体验，与来自不同文化背景的同学进行深入的交

流互动,从而增进彼此之间的理解和尊重。

此外,还应利用新媒体平台的数据分析功能,对文化传播效果进行实时评估和优化。例如,可以通过数说聚合(DataStory)的微博平台有效数据,以及抖音生活服务官方数据平台(https://life.douyin.com)细分行业报告和数据,利用数据采集器(bazhuayu.com)可以抓取和分析提供的相关数据、文章、图片、视频等内容信息(包括帖子内容、作者、网址、发表时间、更新时间、总互动量、点赞数、阅读数、文章等不同的数据字段和内容信息)。分析用户的互动数据,可以了解哪些类型的内容更受欢迎,哪些活动更能吸引国际学生的参与,从而及时调整传播策略,提升文化传播的针对性和有效性。

在全球化和数字化背景下,来华留学生中国国情教育与中国文化国际传播的互动模式需要不断创新,以适应新时代的要求。基于跨文化交流与新媒体的双重视角,互动模式创新设计不仅注重提升教育效果,还着眼于促进文化传播的深度和广度,同时确保虚拟文化交流社区的真实性和可持续性,为国际学生提供一个长期、稳定的交流平台。

五、结语

通过对现状的分析,本文发现来华留学生中国国情教育和中国文化国际传播在政策、内容和实施方面都取得了一定的成效,但也存在一些问题和挑战。国情教育的政策和课程设计较为完善,但在实际执行中存在语言障碍、内容理论化等问题,影响了教育效果。跨文化传播中,新媒体的应用为文化传播提供了新的途径,但传播内容的同质化和文化差异带来的理解障碍仍需克服。将国情教育和文化传播有机结合,利用新媒体技术和跨文化交流活动进行互动,可以显著提高教育和传播的效果。为了进一步提升教育和传播的质量,必须提出切实可行的建议,并对其效果进行系统评估。

第一,优化国情教育课程设计。这是提升国际学生文化适应能力的重要手段。课程设计应注重理论与实践相结合,通过实地考察、文化体验和互动性强的课堂活动,增强学生的学习兴趣和参与度。

第二,合理配置教育资源。这是确保国情教育和文化传播效果的重要方法。政府和高校应加大对国际教育项目的投入,尤其是对教育资源相对匮乏的高校提供更多的资金和支持。

第三,广泛应用新媒体平台。新媒体平台因其高互动性和广泛覆盖面,已成为文化传播的重要渠道。高校应积极利用微信、微博、抖音等平台,发布丰富多彩的文化内容,吸引国际学生的关注和参与。

第四,丰富跨文化交流活动。多样化的跨文化交流活动是提升学生文化认同感的重要手段。高校应定期举办文化节、语言伙伴计划等活动,促进中外学生的互动和文化交流。

当然,未来的研究和实践应继续探索更多创新的互动模式,充分利用跨文化交流和新媒体的优势,为来华留学生中国国情教育和中国文化传播提供新的思路和方法。这将有助于提升中国在全球范围内的文化影响力,推动中国国家正面形象建设。

参考文献

［1］Aycan Z, Kanungo R N, Mendonca M. Organizations and Management in Cross-cultural Context[M]. London: SAGE Publications Ltd, 2014.

［2］Ward C, Bochner S, Furnham A. The Psychology of Culture Shock[M]. New York: Routledge, 2001.

［3］爱德华·霍尔.超越文化[M].北京:北京大学出版社,2010.

［4］陈丽.中国文化国际传播的创新策略——评《文化强国视域下中国文化的国际化传播》[J].传媒,2022(18):99.

［5］哈罗德·拉斯韦尔.社会传播的结构与功能[M].北京:中国传媒大学出版社,2017.

［6］黄慧.来华留学生中国文化认同感研究[J].教育评论,2017(12):40-43.

［7］纪婷,靳霏霏.论构建国际学生中国国情教育的社会实践体系[C]//程爱民主编.国际学生教育管理研究5.上海:上海外语教育出版社,2023:4-13.

［8］蒋璜.来华留学博士生学术身份认同发展研究——解释现象学分析[D].上海:上海外国语大学,2022.

［9］刘继红.汉语国际教育视域下的跨文化传播[M].上海:中西书局,2020.

［10］刘猛."三全育人"视域下来华留学生中国国情教育新探索[M].重庆:西南大学出版社,2024.

［11］刘少雪.教育与中国文化国际传播[J].上海交通大学学报(哲学社会科学版),2023,31(4):93-107.

［12］马歇尔·麦克卢汉.理解媒介:论人的延伸[M].南京:译林出版社,2019:40.

［13］逄增玉.当代中国文化国际传播的现状与路径述论[J].现代传播(中国传媒大学学报),2018,40(05):14-20.

［14］申莉.汉语国际传播与中国文化认同[J].人民论坛,2019(1):140-141.

［15］魏建华,赵芳.以培养"中国能力"为导向的国际学生中国国情教育育人体系构建与实践[C]//程爱民主编.国际学生教育管理研究5.上海:上海外语教育出版社,2023:24-30.

［16］徐翔.中国文化国际社交媒体传播研究[M].上海:同济大学出版社,2019.

［17］徐晓娟.中国文化国际传播的安全问题与应对策略——评《新时代中国文化安全问题研究》[J].安全与环境学报,2024,24(06):2469-2470.

［18］许正林.全球视野下的中国文化传播[M].上海:上海交通大学出版社,2023.

［19］杨国藏,马瑞贤.数字语言服务视角下中国文化的国际传播研究[J].传媒,2023(22):46-48.

［20］曾汇萍."四史"教育融入港澳台大学生国情教育研究[D].南昌:南昌大学,2022.

［21］郑迟.互联网背景下中国文化国际传播策略研究[D].上海:上海交通大学,2018.

［22］中国国际中文教育基金会.孔子学院年度发展报告2023[R/OL].(2024-01-31)[2024-06-20].https://www.ci.cn/gywm/nb/15ac77fe-0c40-4c32-8f5a-4b3a3f0f149c.

［23］中华人民共和国教育部.2018年来华留学统计[EB/OL].(2019-04-12)[2024-06-14].https://www.moe.gov.cn/jyb_xwfb/gzdt_gzdt/s5987/201904/t20190412_377692.html.

在"重构时间"中标记身份：
海外华裔青少年参与中国寻根之旅摭论[*]

苏旭东[**]

摘要： 在中华文化传承创新与国际传播日益重要的背景下，以及海外华裔青少年"留学中国"热潮兴起的情况下，如何对海外华裔青少年开展寻根式深度教育，成为一个重要的研究议题。本文基于哲学透视和田野调查，描述和阐释海外华裔青少年参与中国寻根之旅的经历，以及由此被赋予的"身份识别"。在线中国寻根之旅并非过去的重现或是线下的复制，而是帮助海外华裔青少年从"身份识别"进阶为"身份标记"，高频率唤醒华裔青少年寻根求源的身份意识，鼓励他们起而行之，保持沉浸式心流状态，自觉迈向中华文化的意象世界，展现开放多元的生命格局。

关键词： 海外华裔青少年　中国寻根之旅　重构时间　身份标记

Abstract： Under the broad background of the inheritance, innovation and international dissemination of Chinese culture, and the upsurge of overseas Chinese teenagers studying in China, carrying out root-seeking education for overseas Chinese teenagers has become an important research topic. Based on philosophical perspective and fieldwork, this paper describes and explains the experience and the "identity" of overseas Chinese teenagers' participation in their root-seeking journey in China. The online Chinese root-seeking journey is not a reappearance of the past or offline replication, but should help the overseas Chinese teenagers change from "recognizing identity" to "marking identity", and awaken the identity consciousness of root-seeking with high frequency, encourage them to take action, maintain an immersive mindset, and consciously move towards the world of Chinese culture, and show an open and diverse life pattern.

Key Words： overseas Chinese teenagers, root-seeking journey in China, reconstructing time, marking identity

---

[*] 本文系广东省2024年教育科学规划课题（高等教育专项）（项目编号：2024GXJK18）、广州市哲学社会科学发展"十四五"规划2024年度常规课题（项目编号：2024GZGJ30）研究成果。

[**] 苏旭东，华南师范大学国际文化学院副研究员，研究方向为国际学生教育管理。

一、引言：时间、生命、身份的互嵌视角

作为人类日常生活中的高频词语之一，"时间"拥有着丰富词性和广泛用途。作为名词，往往表达着"钟点""时期""事件""节奏"等概念；而与及物动词连用，通常传递着"为……安排时间""选择……的时机"的含义，两者组合大致意指事物（如某些行动、过程或情况）存在或继续的期间。《现代汉语词典》（2016）将时间解释为"物质运动中的一种存在方式，由过去、现在、将来构成的连绵不断的系统。它是物质的运动、变化的持续性、顺序性的表现"。在中国，时间常常与教育寓意紧密相连，"一寸光阴一寸金""光阴似箭""咄嗟之间""只争朝夕"等老少皆知、经久不衰的话语，其背后莫不都是蕴含着爱时、惜时的观点。再者，当我们放眼西方哲学史的发展进程，时间同样是一个经久不衰的课题。无论是古典哲学所持有的容器式时间的观点，即从经验科学的、客观的角度来理解时间［例如，亚里士多德将时间看作是"运动和运动存在的尺度，客观存在于自然世界"（张竹明 1997）；胡塞尔后来发展为关于内时间结构中"滞留—原印象—前摄"（倪梁康 2009）的现象学观点］，还是康德哲学所理解的绝对主观化时间的看法，即认为时间起源于人的主观心理体验［例如，奥古斯丁给出了"时间是心灵的伸展"（周士良 2015）的答案；休谟指出"时间观念是由我们各种知觉的接续而来的"（关文运 1980）；康德认为"时间并不依赖于对象本身，而只依赖于直观它的那个主体"（李秋零 2004）］，这些几乎代表了西方哲学史中关于时间研究的主线。综上，中外各界都对"时间"赋予极大的研究热情和丰富的实践切关，普遍认为时间可用来度量事件的发生顺序、事件的持续长度，以及事件之间的间隔。更进一步，正如塔可夫斯基认为"时间不会不留下痕迹地消失，因为它是一种主观、精神的类属；我们所曾生活的时间仵留于我们的灵魂，恰似安置于时间之内的一段经验"（陈丽贵，李冰泉 2003），时间作为一个衡量系统，还可用来量化客体的改变率，它能够很好地诠释人们生活的变迁，静态或动态、浅层或深度地反映生命发展的种种历程。简言之，时间作为社会的"产物"，反映着"生命的状态"。在时间框架下，我们得以从"指针移动"喻意角度，考察社会发展进程中，发生在某个（些）人身上某件（些）事的特殊意义。

由上，个体的生命状态将由富有动态意义的时间来反映，反过来亦是如此，时间的动态意义塑造了个体的生命状态。当我们再以时间长线为线索，从生命的抒叙引至身份的表达时，就不难发现，个体对身份的感知同样需要时间的塑造。一般而言，人，在他们作为人的生命范围内，都有一个构建在自我与他者的关系之中的独特的"自我身份"，从而在"成为一个与众不同的人的权力的共性中，得到识别和确认的一种独一无二的个性"（周宪 2007）。在整个生命旅程中，个体身份的生成与演变，体现着个体与其他的个体、群体或社会机构的生命关系，这些多重关系包含着对"我是谁"的认同，以及对自己有"相同性""一致性"的事物认同等概念内涵，这也反映了优化个体生命状况的时间向度。即随着自我生命的生成与发展，个体身份内容将愈加丰富，反

之，愈加丰富的个体身份内容，不断优化自我生命的存在形式。无论是平淡如水的身份"素描"，还是活色生香的身份"油画"，它们不仅仅是自我身份发展的生命确证，或是自我生命旅程中人生观、价值观和世界观的有效性选择，更是意味着自我对特定时间里的责任、承诺和义务的担当。基于此，在"时间—生命—身份"一体化互动进程中（见图1），三者之间相辅相成、动态呼应、衔接互嵌，联动反映个体参与某些项目学习的互嵌效果。在这里，时间既是分析青少年生命成长过程的有效维度，也是分析反思性身份教育实践的有效维度，这种合乎某种"生命观""时间观"的身份想象，便映现在海外华裔青少年参与中国寻根之旅，形成对寻根者身份的识别乃至标记之中。而这一过程又贯穿于海外华裔青少年对中国寻根之旅的制度认同与行动选择，中国寻根之旅行动者或机构对华裔青少年身份图像的勾画等等。

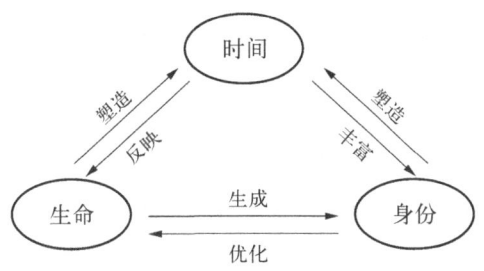

图1 时间、生命、身份的互嵌关系

二、寻根者身份识别：传统上中国寻根之旅对海外华裔青少年的时间塑造

"中国寻根之旅"夏（冬）令营是为帮助广大海外华裔青少年学习中文、了解中国国情和中华文化、促进海内外华裔青少年的交流而在寒暑假期间举办的活动，主要内容有学习中国民族舞蹈和中华武术、学习汉语和中华文化常识、与中国青少年交流、参观历史文化名胜等（中国华文教育网 2021）。海外华裔青少年通过丰富多彩的"寻根之旅"，探寻中华血脉之根、中华文化之根、中华精神之根。参加"寻根之旅"活动的海外华裔青少年，沿着祖辈的足迹触碰中华文脉，感受中国的发展变化，成为中华优秀传统文化的继承者和传播者、中国和世界友好交流的促进者（孙少锋，李笑然 2019）。"中国寻根之旅"夏（冬）令营自 1999 年开启以来，掀起了一波又一波海外华裔青少年来中国寻根的热潮。该活动一直践行着察侨情、聚侨心、集侨力，建构海外华裔青少年的寻根意识的价值旨归。本文通过哲学透视和田野调查，力求在描述和阐释中国寻根之旅与参与其中的海外华裔青少年两者在时间上的"纵贯线"，指出线下中国寻根之旅的"时间印记"，以及海外华裔青少年被赋予寻根者意义上的"身份识别"。

（一）研究设计与方法：描述海外华裔青少年中国寻根之旅"时间样态"

由于地理和时间的"隔离"，海外华裔青少年对中华民族五千多年文明历史的认知，包括所孕育的中华优秀传统文化、所积淀的精神追求以及所展现的独特精神识别，往往是模糊的。中国寻根之旅秉持"以空间换时间"的精神理念，组织海外华裔青少年近距离实地考察与参观有关中国书画、饮食、民俗、体育、服饰等文化内容，组织他们沿着祖辈的足迹触碰中华文脉，了解中华民族悠久灿烂的历史，感受当今中国的发展变化等，帮助其切身领悟"根"文化内涵及其时代价值。这一过程大致描绘了海外华裔青少年中国寻根之旅的"时间样态"。而海外华裔青少年参与其中，受到行政管理人员及教师因素的动态影响，在多维度信息交流的复杂过程中，形成了认知层面和情绪层面上的寻根者身份识别。2023年6月至8月间，研究者到某省属华侨中职学校、某市属公办华侨中学、某私立英语实验学校，并与这三所学校的"中国寻根之旅"夏令营营员、行政管理人员与教师进行了多次访谈。首先进行访谈的对象包括分管国际交流合作负责人（如副校长）、职能管理部门管理者（如招生与推广办公室主任）、班主任、任课教师等（见表1）。主要调查内容包括"中国寻根之旅"夏令营基本概况（寻根教育的现状、体会、问题及对策）；寻根教育教学情况（关键环节及质量保障，内外部影响因素，管理规范的制定、实施及效果）；以及增强寻根者身份识别效果的意见建议（管理规律、育人规律、语言习得规律）。

表1 "中国寻根之旅"夏令营访谈信息表1

序号	单位类别	职务/职称	访谈地点	访谈时间
A1	省属华侨中职学校	副校长	办公室	2023年6月7日
A2	市属公办华侨中学	行政科室负责人	校园休憩点	2023年6月12日
A3	市属公办华侨中学	招生部门负责人	会议室	2023年6月17日
A4	省属华侨中职学校	学生事务办主任	会议室	2023年7月19日
A5	私立英语实验学校	留学生管理办主任	校园休憩点	2023年6月18日
A6	市属公办华侨中学	带队班主任	教室	2023年7月9日
A7	省属华侨中职学校	学生事务主管	教室	2023年8月12日
A8	私立英语实验学校	带队班主任	办公室	2023年7月24日
A9	省属华侨中职学校	教学系主任	办公室	2023年8月16日
B1	省属华侨中职学校	中华才艺课任课教师	教室	2023年8月14日
B2	市属公办华侨中学	语言课任课教师	办公室	2023年7月12日
B3	私立英语实验学校	语言课任课教师	教室	2023年7月22日
B4	市属公办华侨中学	武术课任课教师	办公室	2023年7月8日

其次，对"中国寻根之旅"夏令营营员（见表2）进行访谈。研究者着重关注他们在"抽象认知"进入到"具象认知"的心理渐变过程中，在情绪体验、情感认知、意

志转变等方面的情况具体而言，访谈旨在了解夏令营对海外华裔青少年成长产生的影响，他们真实的学习需求，以及评价夏令营对营员寻根者身份识别的影响。

表 2 "中国寻根之旅"夏令营访谈信息表 2①

序号	国籍	性别	夏令营所在学校	居留时间	访谈地点	访谈时间
C1	巴拿马	男	省属华侨中职学校	1周	才艺室	2023年8月16日
C2	泰国	女	市属公办华侨中学	2周	普通教室	2023年7月9日
C3	泰国	男	市属公办华侨中学	2周	普通教室	2023年7月8日
C4	巴拿马	女	省属华侨中职学校	1周	才艺室	2023年8月16日
C5	菲律宾	女	私立英语实验学校	2周	普通教室	2023年7月23日
C6	印尼	男	市属公办华侨中学	2周	练功房	2023年7月8日
C7	德国	男	省属华侨中职学校	2周	游览点	2023年8月12日
C8	菲律宾	男	私立英语实验学校	2周	普通教室	2023年7月23日
C9	德国	女	省属华侨中职学校	2周	练功房	2023年8月13日
C10	印尼	男	市属公办华侨中学	2周	普通教室	2023年7月9日
C11	德国	女	省属华侨中职学校	2周	练功房	2023年8月13日
C12	菲律宾	女	私立英语实验学校	1周	普通教室	2023年7月23日

目前已有的关于海外华裔青少年参与中国寻根之旅情况的研究，主要集中在华裔青少年的寻根教育问题及各种影响因素的探讨。如林逢春（2015）探明侨务公共外交所开发的文化项目的评估效果，发现"中国寻根之旅"夏令营的课程设置、教学安排、教材使用、授课方式、教学内容、目标管理等方面对海外华裔青少年的文化认同有诸多影响。李嘉郁（2020）指出，寻根夏令营本质上是一种教学活动，因而目标明确、内容充实、过程规范，教师、教学和教材的科学配置，是满足海外华裔青少年的寻根要求的必然条件。张小倩（2017）指出海外华裔青少年参加祖籍国所举办的夏令营活

---

① 在这里，根据"动态抽样"和"信息饱和"的抽样策略选择相应的抽样方法。依照动态抽样准则，定性研究者能一边收集总结分析材料，一边选择受访对象；当研究者对下一个受访对象的调查，不再为其对研究现象的理解呈现其他的信息时，所遵照的就是饱和原则。因此，研究者在筛选访谈对象时，既考虑营员受访意愿，夏令营工作安排等因素，也兼顾自身经济和精力的限制，从而抽取沟通能力较好的营员。另外，为最大限度地消除营员在受访时的陌生感和距离感，保证调查取证的配合度和调查结果的真实性，研究者先参与完成互动活动（如开班典礼、参观华侨博物馆、中华传统文化工艺课的"暖场""破冰"环节），活动结束后，再安排访谈环节。

动，可在客观上对其祖籍文化认同起到正面影响。杨宏伟（2020）认为大同小异的"中国寻根之旅"模式，影响海外华裔青少年寻根活动体验感，需要在课程设置、活动安排、文化考察等方面进一步升级，实现创新。结合文献研究与实地访谈，研究者首先对访谈数据进行逐一梳理和概念化编码，再进行归纳整合，即将存在多个交叉概念以及相同概念的编码进行初步概念化。研究者将8个开放式编码（管理机构性能、管理制度水平、管理人员素质、活动环境、师生关系、学习辅导、教育方式、教育期许）所呈现的不同范畴间的联系进行梳理，通过主轴分析，将开放式编码集结成为夏令营环境性因素与夏令营教育性因素2个主范畴。其中，夏令营环境性因素指间接作用于海外华裔青少年的各种因素，包括管理机构性能、管理人员素质、管理制度水平、活动环境等；夏令营教育性因素指直接作用于海外华裔青少年的因素，包括师生关系、学习辅导、教育方式和教育期许等（见表3）。

表3 "中国寻根之旅"夏令营教育环境编码表

主轴编码	开放性编码	初 始 编 码
夏令营环境性因素	管理机构性能	省侨办分指标、给经费，也把时间流程都排好了，学校只需要派专业对口老师跟队、给出学习课程表；在开营典礼和闭营典礼，省侨办都会派领导来，其他阶段就学校的操办了。（受访者A8） 营员的阶段性、总结性培养目标是什么？这是来华学习质量保障和寻根管理工作的出发点和落脚点。（受访者A7） 办营过程控制主体的适时转移，有助于强化组织育人与个体寻根的黏合度。（受访者A2） 由于我们的政府在办营过程中长期扮演着主导角色，以至于很多本该由学校（中华传统文化传承基地）自己操心的事情，学校层面的管理者和教师缺乏自己的思考和研究。（受访者A5） 多层级的控制机构，其结果容易在各个层级中造成各不相干的做法，习惯地认为其他层级会更负责任。（受访者A1）
	管理制度水平	结营时，我们都做了教学效果调查反馈；营员都是潜在的招生对象，因此，每一期的营员信息我们都记录在案。（受访者A3） 每次课内外活动都由班主任跟班或带队，但是在体验项目选择、学习进度检查、结营成果展示等关键环节上，都是领导、班主任、教师集思广益、集体指导，尽力缩短营员寻根"震荡期"。（受访者A9）
	管理人员素质	对于外方的领队和中方的班主任，要保证双方语言沟通无障碍。我们的班主任和任课教师基本上都有到海外做汉语教师志愿者的经历，有助于（夏令营）期间文化层面更好地沟通。（受访者A6）
	活动环境	位于广州二沙岛的华侨博物馆，是省侨办下属的事业单位，也是（夏令营）必去之地；中草药博物馆、陈家祠、广州博物馆、花城广场、佛山祖庙……都是中华文化（广府文化）体验地板块，如果经费充足、时间充分，去的地方也就相对较多。（受访者A4）

(续表)

主轴编码	开放性编码	初 始 编 码
夏令营教育性因素	师生关系	××告诉我，她的爷爷奶奶是中国人，她的父母在印尼出生，她也在印尼出生长大。后来，她来到××留学，是希望学习中文。我问她，在印尼是否能经常看到中国的新闻，××告诉我印尼的华人还保留着很多中国的传统。感觉××作为一名印尼华人，对悠久的中国文化抱着尊崇之心。（受访者B1）
	学习辅导	大学更加能够把握育人规律，为华裔青少年提供文化体验、语言讲座、实践工作坊、朋辈帮助等机会。（受访者B1） 陈××来中国只有短短的一个星期，也只学了一个星期的中文，已经可以同我进行简单的语言交流，这让我十分惊讶。她自认跟得上老师的讲课进度，也可以适应老师讲课的风格，只是偶尔觉得教材中所讲的内容和实际运用还是会有些差距。她觉得口语不算难，但是汉语的书写算得上是极难的。（受访者B4）
	教育方式	我们学校为每一期夏令营提供个性化、定制化的寻根项目，使学生具备适应中国文化环境所需的知识和技能。（受访者B3）
	教育期许	（夏令营活动过程中的）每一个时段，都要把学生寻根能力提升一下，至少在结营时，他们能够产生一定程度上的知华爱华的感性认识。（受访者B2）

基于以上所述，研究者对主范畴进行更深入的挖掘，建立"中国寻根之旅"夏令营教育环境与海外华裔青少年寻根者身份识别的典型关系结构表（见表4），以简明扼要地解释夏令营环境性因素和教育性因素，对海外华裔青少年寻根者身份识别的影响。

表4 "中国寻根之旅"夏令营教育环境与海外华裔青少年寻根者身份识别的关系表

典型关系结构	关系结构内涵	访 谈 摘 要
夏令营环境性因素→海外华裔青少年身份发展	夏令营环境性因素会对海外华裔青少年寻根价值、活动、方法产生影响。夏令营环境性因素是指各种间接作用于夏令营营员的因素，通过定性分析发现，包括管理机构性能、管理制度水平、管理人员素质、活动环境等因素，都可能潜移默化地影响他们对中国的认知以及学习中华文化的态度，从而影响他们的寻根认知与行动。夏令营的主办方与承办方的权责合理划分，有序的组织管理制度、强	虽然我将要（夏令营）结业了，但我还是愿意继续找机会在中国学习中文，现在开始要不时地浏览一些中国网站、看一些中文报纸等等，通过这样的方式继续学习中文，等到中文水平达到可以与中国人顺利地交流的水平。（受访者C12） 在这里交到了中国朋友，会在球馆内一起打羽毛球。他们都很热情，好相处，有的时候关于汉语的问题还可以问他们，他们会积极回应我。一开始认识的中国朋友第一次在饭堂见

(续表)

典型关系结构	关系结构内涵	访谈摘要
夏令营环境性因素→海外华裔青少年身份发展	有力的管理组织与高素质的文化沟通管理人员，包括熟悉双方文化特色的带班班主任及任课教师，都对海外华裔青少年的寻根价值、活动和方法具有正面影响。	面，带上朋友一起吃饭，相处很好，之后因为时间原因不多见，希望还会在网上聊天。（受访者C1） 我觉得，夏令营要为我们提供评价自己的方法和工具、提供实地游玩机会、确定文化学习目标。（受访者C11） 因为我的爷爷有着中国血统，所以我在参加夏令营之前，对于中国也有一点了解，因此，适应这里的衣食住行，目前对我来说，难度不是很大。（受访者C5）
夏令营教育性因素→海外华裔青少年身份发展	夏令营教育性因素会对海外华裔青少年寻根价值、活动、方法产生影响。夏令营教育性因素是指各种直接作用于夏令营营员的因素，通过定性分析发现，包括师生关系、学习辅导、教育方式和教育期许等。良好的师生关系、合适的学习辅导和教育方式，为海外华裔青少年接受寻根教育提供保障。而且，老师的教育期许和鼓励也是促其努力学习中华文化的源泉，对他们浸入式学习中文语言和体验中华文化产生积极影响。因此，良好的夏令营教育性因素，对海外华裔青少年的寻根价值、活动和方法具有正面影响。	

（二）海外华裔青少年识别寻根者身份：阐释中国寻根之旅"时间印记"的意义

1. 追求中国寻根之旅的"时间印记"，以助力海外华裔青少年识别寻根者身份

中国寻根之旅是由政府主导的，依托法律法规和政策规章，联合学校管理者和教师等行动者，自下而上进行的寻根教育，是反复协商、互动磨合的过程。一个好的机制或制度安排，必须能有效地利用信息，同时能协调各方面的利益，即实现信息效率和激励相容，以达到资源的有效配置。这种基于互相信任的"契约协作"关系，有赖于建立合理有序的"府—学"委托代理的办营体系，促进中国寻根之旅从粗疏的、一般性"时间样态"，深化为精密的、独特的"时间印记"。这从设计框架上可见一斑，"府—学"联动挖掘中华大地上的历史文化建筑、（非）物质文化遗产、文明教育基地、中华文化传统基地（特别是华侨博物馆、中医药博物馆、国学传播中心），以及学校华侨华人文博馆、文献馆、研究中心等等，这些散发着经典人文艺术魅力和伟大民族精神的物质资源，源源不断地滋养着他乡归来的华夏儿女，助其达成身临其境、身心合一（苏旭东 2018）。让"非遗进校园"，以跨文化的交流、展示和体验为内核，可以更好地让他们感受到具有中国特色的民族精神和品质（赵煜，丁茼宇 2023）。从以上

对管理者和教师访谈所反馈的内容（A3、A4、A6、A9、B1、B2、B3）[①] 来看，越是精密的、独特的中国寻根之旅"时间印记"，越能深度构建海外华裔青少年"家"的身份共同体，从而赋予他们识别寻根者身份的温情与力量，令许许多多已深刻植入"我的身份运行"活动程序的营员，结营后仍然怀揣着求根溯源愿望，争取机会返回"乡土"再圆中国梦。

2. 海外华裔青少年对寻根者"身份识别"，源自中国寻根之旅的"时间印记"

哈贝马斯强调，生活世界是人类交往行为的背景和基础，而交往行为则可被理解为对生活世界的表述。在生活世界里，人们在互为主体的基础上进行交往、互动、对话和沟通，他们寻求彼此的互相承认和理解。所以，在中国寻根之旅中，海外华裔青少年的学习和成长，需要身份资源的被承认与被理解的自我建构，也需要在对外交往、互动、对话和沟通中的公共建构。换言之，海外华裔青少年在中国寻根之旅过程中所不断获取的积极学习体验，既是在学习主体的生命活动中生成的，同时又是对其生命活动的内在鼓励。海外华人社会文化群体所赋予的中华文化"脐带"关系和中华文脉传承风尚，对这些青少年来华寻根具有"先赋性"基础作用。他们对寻根活动的意义已经有了不同程度的认识，这源自中国寻根之旅的"时间印记"，且将进一步深化他们作为寻根者的"身份识别"。从以上对营员访谈所反馈的内容来看（C1、C5、C11、C12）[②]，海外华裔青少年身份识别的生成、使用和保护，贯穿于整个办营过程中。所以，海外华裔青少年在什么范围参与"寻根"、以什么方式参与"寻根"、如何发挥"寻根"的长远效应等问题，是我们在办营过程中，经常要面对的时效问题和实效问题。

三、海外华裔青少年寻根者身份标记：在线中国寻根之旅的"重构时间"

2020 年，一场突如其来的国际公共卫生紧急事件让各国交往按下"暂停键"（王毅 2020），全球大多数国家出现大规模的经济衰退。部分西方国家逆全球化、保守主义、单边主义、民粹主义思潮抬头，更是阻挠了教育、科技等领域合作，造成经济联系、信息技术交流、人员往来普遍受到限制，影响了国际学生的生源涵养与跨国流动，重塑了全球"留学市场"（王新瑞，张海军 2021）。这直接或间接影响了海外华裔青少年的中国寻根之旅。因此，亟须探寻新的可行路径，帮助海外华裔青少年尽快走出原先因"物理隔断"而可能产生的文化疏离"灰霾"，克服因"远离实地"而可能造成的身份认同危机。换言之，通过"重构时间"，探寻并期待海外华裔青少年寻根者在在线境

---

① 从表 3 的"中国寻根之旅"夏令营教育环境初始编码的摘录内容来看，在受访的管理者与教师的反馈语句中，研究者共发现 17 个"时间的关系词条"（时间流程、阶段性、总结性、适时、长期、结果、每一期、学习进度、震荡期、经历、期间、时间充分、后来、悠久、一个星期、机会、一个时段）。
② 从表 4 的"中国寻根之旅"夏令营教育环境与海外华裔青少年寻根者身份识别关系表的访谈摘要来看，在受访的海外华裔青少年的反馈语句中，研究者共发现 8 个"时间的关系词条"（继续、现在、等到、一开始、之后、机会、之前、目前）。

遇下身份塑造转型的可能从原先参与线下活动间歇式、短时段识别寻根者身份，到参与在线活动达成高频率、长周期地标①寻根者身份的进阶。这成为当前学界的热点命题之一。2024 年 5 月，研究者基于在线云图生成工具 WordArt，对相关的热门检索词②进行可视化分析（见图 2）。分析结果显示，"寻根""学习适应""线上学习""身份发展"等词，处于词云的中心位置且字体较大，说明研究重点放在寻根式教育改进和寻根者身份塑造的转型上。

图 2　海外华裔青少年相关研究的检索词云图

（一）从互嵌到混融：海外华裔青少年身份塑造转型的时间之维与生命之喻

21 世纪以来，在海外华侨华人文化精粹接续涵养、我国教育软实力不断提升的宏阔背景下，越来越多的海外华裔青少年选择中国作为留学目的地。直到 2020 年，他们转向在线学习，在多维的线上时间实现频繁穿梭，其附着的身份特征又使得居住（国）地文化与祖（籍）国文化，在虚拟空间得以相互渗透、彼此交融，这增强了海外华裔青少年作为跨文化的移民群体、跨域离散群体、跨国教育群体的混融特征，也促进了他们的教育资源、设计、管理和评价等多元要素的深度融合。由此，这一"双线混融"共生共长，寓示着海外华裔青少年的生命体验，将因时空自由、资源丰富和多维评价而交互多元。结合以上，我们可以进一步升级"时间、生命与身份发展"三位一体的混融分析框架（见图 3），即在线中国寻根之旅秉持"育人为本"的混融教

---

① 标记原是图像处理术语，此处意为高密度、多频次、反复感悟。
② 选自广州地区 5 所学校图书馆书目检索 OPAC 系统，以 2023 年 1 月之后为时间轴，根据读者检索馆藏资源时所使用的检索词的检索频次进行统计排名，生成"热门检索词排行"，然后选取其中排前 25 名的热门检索词。

育理念，营建"多元互动"的混融交互方式，创生"图像驱动"的混融治理方式，构建"学评结合"的混融评价模式。这些方面的成功实践，将帮助海外华裔青少年从"身份识别"进阶为"身份标记"，鼓励他们在身份探究之旅中留下深刻印记，体现着身份塑造转型、生命质量优化的时间进程。

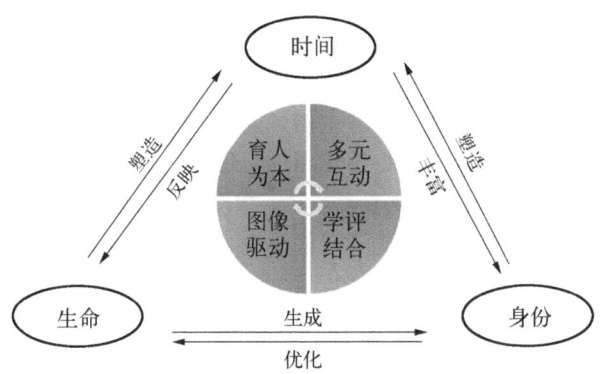

图3 时间、生命、身份的混融关系

（二）以"变"应"势"：在线中国寻根之旅应转变"过去的重现"的时间观念，以唤醒海外华裔青少年寻根求源的身份意识与心流状态

斯图尔特·霍尔曾指出，"应该把身份视作一种'生产'，它永不完结，永远处于过程之中，而且总是在内部而非在外部构成的再现"（邹威华 2000）。无论线下还是线上，中国寻根之旅都发挥着对海外华裔青少年发展的正向的、促进的身份教育功能。这种功能反映了"应该干什么"的教育价值，即在教育实践中实际干了什么，是否实现了预期的理想。基于此，在线中国寻根之旅，尽管变更了海外华裔青少年参与的时间方式，它仍然应该契合他们获取寻根身份之情势，也只有这样，才能满足其优化生命价值的实然要求。约翰·杜威（John Dewey）曾经强调，"历史并非完整的过去的重现，而是基于现在的角度对过去某段历史的重建，一切历史建设必然是有选择性的"（Dewey 1938）。因此，在线中国寻根之旅如若还只是固守"过去的重现"的时间观念，照搬中国传统风土人情、民俗文化、民间工艺、古迹景观等元素，将无法完整地呈现中国新时代建设成就的动态变化效果、深度循证效果，也就无法完全唤醒海外华裔青少年寻根求源的身份意识，更谈不上带动其沉浸式长久保持在线心流状态。事实上，"赴九天、问苍穹"的中国载人航天故事、"奋斗不息、硬核荣耀"的中国深潜探索故事等，在网络空间中与中国历史典故和自然物象交互融合，其教育寓意深长。这些都在增添在线中国寻根之旅的教育成色，增进华裔青少年沉浸式的心流体验效果。

这次中国寻根之旅的在线经验，让我体会到了中国的文化魅力，中华文化既是历史的，也是现实的。"七夕奇妙游""故宫云赏花""启航太空梦"……虽然学得广而浅，也许正是如此才能对我今后的商业发展有所帮助。我决定回到印尼继承家业，并利用这次留学的经验开拓中国的市场。（C10 线上受访）

（三）以"视"观"性"： 在线中国寻根之旅应打破"线下的复制"的时间结构，以集成海外华裔青少年意象式世界和生命格局

文化身份在隐喻的层面上，往往给人一种在家的感觉，给人一种时空的想象，给人一种生存论上的历史感和归属感。在线中国寻根之旅的时间链接与情境转换，不仅为海外华裔青少年学习中华文化、了解中国风貌、寻找家园记忆、增强中华文化认同提供了新的渠道，打开了挖掘文化身份资源的可能性，而且，正是参与者的"生命时间的重构"，用图像数据说话，实现人人互联、数据融合、资源共享，从而达到有效加速其身份认知节拍的教育效果。因此，我们可以"追视"海外华裔青少年参与"重构时间"的学习程度，评判其对自身生命、对民族认同为目标的群己关系的反思"性状"。换言之，在线中国寻根之旅创生"图像驱动"的混融治理方式、构建"学评结合"的混融评价模式，主要在于打破"线下的复制"的时间结构，缩小不同国别、不同区域、不同个体之间的"数字鸿沟"带来的不适应，集成海外华裔青少年意象式世界和生命格局。当海外华裔青少年以感受认知作为寻根线索，反复参与在线中国寻根之旅的时间开端、时间发展、时间记忆和时间期望，这也预示着他们正自觉迈向中华文化的意象世界，展现开放多元的生命格局。

观看了《××城市宣传片》后，我对于这边的饮食和娱乐非常满意，我认为学校周边非常繁华，并且地铁十分方便。学校的校园环境也非常棒，空气十分新鲜，有很多树……学校饭堂的食物种类很多，这很棒！以后，我想来看一看。（C7 线上受访）

尽管如此，在当今文化碰撞和交流日益网络化、数字化和智媒化的趋势下，海外华裔青少年寻根过程将历经更为频繁的时间"冲刷"和岁月"打磨"。"重要的不是永恒的生命，而是永恒的活力"（沈志明 2013），如何"永恒地"保持海外华裔青少年寻根活力值得思考。海外华裔青少年身份发展不仅包括当下的"真实自我"（actual self）和"应然自我"（ought self），还包括未来的"理想自我"（ideal self）。他们参与在线中国寻根之旅的过程中，有时还会出现短暂的"文化排斥""适应休眠"等现象。因此，如何实现海外华裔青少年中国寻根之旅的教育改进，持续塑造他们的寻根者身份，越发催人深思。

上网课时，老师让我背诵《三字经》，但我不明白许多词语的意思，所以也不喜欢背。（C6 线上受访）

四、余论

2021 年 5 月 31 日，习近平总书记在中共中央政治局第三十次集体学习时强调："要更好推动中华文化走出去，以文载道、以文传声、以文化人，向世界阐释推介更多具有中国特色、体现中国精神、蕴藏中国智慧的优秀文化。"促进中华优秀文化海内外

传播，是中国寻根之旅实现教育改进的必由之路，也是海外华裔青少年进行身份选择、维系文化身份的重要支撑。中国寻根之旅是否能创造性转化"时间印记"意义，是否能创新性发展"时间印记"意义，除了在中国寻根之旅的时间流变进程中，对其管理机构性能、管理制度水平、管理人员素质、活动环境、师生关系、学习辅导、教育方式和教育期许等范畴进行衡量，还取决于它对海外华裔青少年跨时域文化差异、长短期语言不通等问题的解决策略和调适效果。面向未来，伴随着新时代海外华裔青少年寻根逻辑生成与境遇跃迁，凭借寻根时间的"容器式"增容或是"波段式"演进，顺势而为，促动他们真正走进中国、亲近乡土，取决于如何展示中国寻根之旅特有的教育目标、教育任务，形成海外华裔青少年"识别—标记—再识别—再标记—……"寻根者身份的螺旋式演进动力机制。换言之，中国寻根之旅应该做到识变应变，追求多元立体式"重构时间"和高质量的时间衡量系统，不断阐释其赋予海外华裔青少年寻根意义上通达知行合一的时间历程，求源意义上学思践悟的生命结构，以指引他们形成永久的寻根者身份记忆。当然，这一共同努力的过程仍然任重道远。

参考文献

[1] Dewey J. Logic: The Theory of Inquiry[M]. New York: Henry Holt and Company, 1938.
[2] 奥古斯丁.忏悔录[M].北京：商务印书馆,2015.
[3] 胡塞尔.内时间意识现象学[M].北京：商务印书馆,2009.
[4] 霍尔.文化身份与族裔散居[M].北京：中国社会科学出版社,2000.
[5] 加缪.西西弗神话[M].上海：上海译文出版社,2013.
[6] 康德.纯粹理性批判[M].北京：中国人民大学出版社,2004.
[7] 李嘉郁."中国寻根之旅"夏令营发展探析[J].八桂侨刊,2020(01)：30-36.
[8] 林逢春.建构主义视野下的侨务公共外交——基于华裔青少年"中国寻根之旅"夏令营的效果评估[J].东南亚研究,2015(06)：72-78+96.
[9] 苏旭东.具身认知视角下华裔新生代青少年寻根之旅[J].集美大学学报(教育科学版),2018,19(05)：59-63.
[10] 孙少锋,李笑然.华裔青少年"寻根之旅"二十年：留住根脉 沟通中外[N].人民日报(海外版),2019-06-12(06).
[11] 塔可夫斯基.雕刻时光[M].北京：人民文学出版社,2003.
[12] 王新瑞,张海军.疫情对来华留学教育的影响及对策研究[C]//程爱民主编.国际学生教育管理研究 2.上海：上海外语教育出版社,2021：42-49.
[13] 王毅.疫情为各国交往按下"暂停键" 但中国外交并未止[EB/OL].(2020-05-24)[2024-07-12]. https://www.chinanews.com/gn/2020/05-24/9193392.shtml.
[14] 习近平.在中共中央政治局第三十次集体学习时强调 加强和改进国际传播工作 展示真实立体全面的中国[N].人民日报,2021-06-02(01).
[15] 休谟.人性论(上册)[M].北京：商务印书馆,1980.
[16] 亚里士多德.物理学[M].北京：商务印书馆,1997.
[17] 杨宏伟."跨代离散"：华裔青少年中国寻根之旅研究[D].厦门：华侨大学,2020.
[18] 张小倩.华裔青少年的祖籍文化认同及其影响因素调查分析——以2016年浙江省"中国寻根之旅"夏令营丽水学校分营青田籍营员为个案[J].丽水学院学报,2017,39(01)：17-22.

[19] 赵煜,丁筒宇.国际学生非遗教育研究现状与展望[C]//程爱民主编.国际学生教育管理研究5.上海：上海外语教育出版社,2023：145-155.
[20] 中国华文教育网.活动介绍[EB/OL].(2021-03-17)[2024-07-12].https://www.hwjyw.com.
[21] 中国社会科学院语言研究所词典编辑室.现代汉语词典(第7版)[M].北京：商务印书馆,2016.
[22] 周宪.文化研究关键词[M].北京：北京师范大学出版社,2007.

国际中文教育背景下中国故事的国际化叙事模式研究

黄雪云

摘要：在经济全球化与文化多元化的大背景下，中国综合国力的增强带动了中文和中国文化快速走向世界。如何面向国际学生讲好中国故事、传播好中国形象，成为国际中文教育的重中之重。然而在实际教学中，文化教学的定位、定性、定量仍然存在诸多问题。现阶段的文化教学局限于文化知识的讲解或单纯的文化体验等教学活动上，没能最大地发挥文化教育其本身的价值。本研究立足于国际中文课堂，提出中国故事的国际化叙事模式。采用这一模式旨在达到语言与文化教学并进，"润物无声"的中国文化融入式教学目的，从而为构建人类命运共同体添砖加瓦。

关键词：国际化叙事模式　中国故事　故事讲述法

Abstract：In the context of economic globalization and cultural diversity, the enhancement of China's comprehensive national strength has led to Chinese language and culture worldwide. How to tell the story of China well and spread the image of China well to international students has become a top priority in international Chinese education. However, in actual teaching, there are still many problems in the positioning, characterization, and quantification of cultural teaching. At present, cultural teaching is limited to the dissemination of cultural knowledge or simple cultural experience activities, failing to fully realize its intrinsic value. Based on the international Chinese classroom, this study proposes an international narrative mode of China's stories. The aim of adopting this model is to achieve a dual advancement in language and culture education, integrating Chinese culture into the learning process in a subtle and natural way, and thereby contributing to the construction of a community with a shared future for mankind.

Key Words：international narrative mode, China's stories, storytelling

---

* 本文系中国高等教育学会 2022 年度来华留学教育管理科学专项规划重点课题"国际学生讲好中国故事的教育策略与实施路径研究"（项目编号：22LH0204）、江苏省教育厅 2019 年高校哲学社会科学研究一般项目"故事讲述法在对外汉语文化教学中的应用研究"（项目编号：2019SJA1906）、2023 江苏大学高等教育教改研究重点课题"'学中文—讲故事—话中国'国际中文课堂教学的国际化叙事模式研究与实践"（项目编号：2023JGZD018）研究成果。

** 黄雪云，江苏大学汉语国际教育系副教授，研究方向为国际中文教材研究、文化教育模型设计、跨文化交际。

一、引言

国际中文教育肩负着中文教学和文化传播的双重使命。该领域的教师和科研人员应立足本职工作，致力于将讲述中国故事做实、做好。吴应辉（2022）分析了国际中文教育发展的新动态、新领域和新方法，提出国际中文教育事业应服务于国家战略，推动中文以及中国文化快速走向世界，从而为构建人类命运共同体砥砺深耕、奋楫笃行。2021年5月31日，习近平总书记在主持中共中央政治局第三十次集体学习时明确指出："讲好中国故事，传播好中国声音，展示真实、立体、全面的中国，是加强我国国际传播能力建设的重要任务。"2024年10月28日，习近平总书记在中共中央政治局第十七次集体学习时强调："更加主动地宣介中国主张、传播中华文化、展示中国形象，广泛开展形式多样的国际人文交流合作。"国际中文教育领域可借助国际学生这一特殊群体在中国的亲身经历，以其独特视角向全世界讲述客观、真实、全面、深入的中国故事。

国际中文教育领域十分重视文化教育，相关内容与方法的研究已较为成熟。赵金铭（2019）指出文化教学在第二语言教学中是重要的、必需的，但不是无限制的、无原则的。文化教学的定位、定性、定量仍然存在诸多问题，可以说目前的文化教育只是在单纯地给国际学生"讲故事"，没能做到"讲好中国故事"（胡晓慧等 2022），亟需探索一种新型的教学模式。陆俭明（2019）提出，汉语教学需要处理好语言文字教学与文化教育的关系，强调文化教学需要浸润于国际中文教材和国际中文课堂教学活动之中，并采取"随风潜入夜，润物细无声"的方式，避免说教和灌输，要达到潜移默化、耳濡目染的文化教育目的。李红印（2022）探讨如何从语言要素出发，精细化、叙事化、资源化地教授汉语知识，进而讲好中国故事。罗宗全（2024）以在滇高校国际学生为例，从理念、管理、意识、传播媒介四个层面分析了"讲好中国故事"的云南实践中需解决的问题。李玉婷（2024）指出从故事选材与文本配置上要精心规划，并从课程设置、教材编写、教学资源与手段的运用以及教师培养等方面提出"讲好中国故事"在国际中文教育中的应用策略。当前国际中文教育领域的文化教学研究多聚焦在理论层面或提出各种策略和路径，结合国际课堂教学构建中国故事的讲述模式并进行教学实践的研究相对匮乏。因此，进一步探索有效的教学模式和实践方法尤为重要。

二、故事讲述法应用于第二语言教学的发展阶段分析

故事讲述（storytelling）是在特定语境下进行的话语表演，由故事（story）和讲述（telling）两个部分组成，即在某种场合声情并茂地将某个故事传达给特定的听众。讲故事作为一种教学方法用于实际教学时，通常被称为"故事法""故事教学法"或"故事讲述法"。本文因考虑在以学生为中心的教学活动中强调的是引导学生去"听故事、读故事、编故事、讲故事"等环节，其中最关键的是"学生讲故事"，所以选择将"故事讲述法"作为本文的核心术语。

国内外有关故事讲述法的研究已经证实了其可行性与高效性。在第二语言的教学领域，以故事为教学内容，以讲述为教学手段，可以使学生在整个学习过程中沉浸在故事里，从而将原本枯燥无味的语言学习变为一种娱乐活动。本研究试从跨文化交际的视角出发，利用故事讲述法典型的叙述方式，在国际中文课堂上探索新型的中国故事的国际化叙事模式及具体实施路径。为此，本研究根据故事讲述法在第二语言教育领域应用前后的特征及其教育目的演变，将其发展历程划分为"原型期""哺育期""成长期"三个阶段。

（一） 故事讲述法的原型期

在第二语言教育领域中常用的故事讲述法的原型是每个民族、每个家庭喜闻乐见的讲故事活动，其目的为娱乐、教诲和传承。故事来源于生活，拥有深厚的文化积淀，蕴含了丰富的民族精神、生活习俗和价值观念等，是用语言讲述的文化。故事听起来引人入胜，读起来欲罢不能，回味起来妙趣横生。因此具有最显著的特征——趣味性。故事讲述蕴含着巨大的传播力量，与说教式、宣传式的传播形式相比，具有更好的传播效果。故事讲述的方式质朴、亲和，使受众更易于接受和理解，既保证传播质量，又可以借助"一传十，十传百"的倍增速度，达到高效传播的目的。故事是最好的信息载体，有助于实现最大化传播，这就是故事讲述法的第二大特征——传播性。故事讲述在长久的文化传承中已发展得相当成熟，传承性即是故事讲述法的第三大特征。民间故事、寓言、传说、神话等都是基于"讲述"的方式，将文化、智慧、技艺从一代传递到下一代。在讲述的过程中让听者引发共鸣，使得故事在劳动中传承、在生活习俗中传承、在教育体制中传承，进而延续和发展了人类文明。

但原型期的故事讲述方式仅在语言与文化共通群体之间进行才具备高效性。由于国际学生群体的文化特殊性，原型期的故事讲述在多元文化之间有其局限性。在新时期、新环境下的国际中文教学中，故事讲述的受众及目的与原型期有所不同，因此需对故事讲述法的运用模式进行迭代升级。

（二） 故事讲述法的哺育期

故事讲述法应用于第二语言课堂教学中，主要服务于目的语知识与技能的教学，也是其最初始的目的。尤其是在提高学生的口语表达能力方面，它是一种行之有效的教学方法。在第二语言课堂教学中，教师将故事文本作为内容，通过生动的叙述方式为学生构建特定的语言环境，从而实现教学目的。相比传统的语言教学法，故事讲述法能更有效地激发学生的学习兴趣、活跃课堂气氛、提高学生的理解力和口语表达能力。本文将这一阶段定义为故事讲述法的"哺育期"。

在国际中文教育领域，故事讲述法已成为一种备受关注的教学手段，并逐渐被应用于课堂教学实践中。在相关研究中，汪雪（2014）通过将中国古代神话故事融入国际中文课堂教学，证实了故事讲述法不仅能够促进语言学习，还能加深学生对中国文化的理解。王丽娟（2016）将《长城汉语·生存交际》第五册中的对话改编成故事进行课堂教学实践，验证了该方法不仅能提高学生的学习兴趣，而且提升学生在听、说、读、写等多方面的能力。孙浩然和鄂宇鹏（2020）论述了在国际中文教育中运用故事讲述法的必要性和可行性，并从故事选择和课堂设计两个维度提出了应用原则。刘敏（2023）结合成语的特点，利用故事讲述法实现了语言与文化教学的有机结合。

尽管如此，目前采用的故事讲述法都是基于中国视角，未能充分考虑到国际学生多样化的文化背景及其接受能力。这种教法更多地满足了教师传授语言和文化知识的需求，而忽视了学生才是跨文化交流的主体。教师要求学生复述中国故事时，往往没有引导他们从自身的角度去解读，而倾向于将国际学生"植入"中国文化故事中，这限制了他们根据自身文化经验进行创造性表达的机会。这种故事讲述模式较为陈旧，不符合国际化叙事的故事讲述观。

在哺育期的故事讲述法注重的是工具性，即将静态的故事文本转化为动态的讲述过程，以增强文本的吸引力和可读性，从而提升国际学生的语言能力。故事讲述法应用于第二语言教育领域的研究，不仅要有"形"的改变，还应有"质"的提升。

（三）故事讲述法的成长期

国际中文教育理念转型与路径创新的目标是培养能用中文讲好中国故事的人才，从而扩大知华友华群体。为此，故事讲述法应超越传统的"自述"或"他述"模式，实现向人类命运共同体视域下的"国际化叙事"模式转型。毕继万（2009）指出，第二语言教学的主要目标是培养学生的跨文化交际能力。学生不仅需要掌握语言知识与表达技巧，还需要在多元文化的环境中完成各种跨文化交际任务，促进个人的成长与发展。国际中文课堂应该提供跨文化交际训练，帮助学生了解规则、增强意识和锻炼技巧。从跨文化交际视角引导学生从"客位"转向"主位"，在理解和阐释中国文化时，实现"他者"讲述向"自我"讲述的转变。这种故事讲述是由表层的语言符号叙事向深层的价值观叙事的过渡，旨在提高国际学生对中国的认知—理解—阐释能力。

本研究基于以往的故事讲述法和国际中文教育研究成果，进一步明确培养国际学生的终极目标，使其成为连接中国与其他国家的"桥梁工程师"。根据故事讲述的目的与受众的不同，故事讲述法经历了从原型期到哺育期再到成长期的迭代升级（见图1）。

综上所述，故事讲述法在跨文化交际视域下向国际化叙事发展的必然性可从三个方面阐释。首先，国际学生兼具中国生活经历和海外背景的"主体间性"特征，拥有独特的"第三只眼"，能够以新视角来解读和讲述中国故事。其次，国际化叙事介于传统的"他塑"和"自塑"范式之间，使国际学生具备了文化解码和编码的双重叙事能力，可为新时代中国在世界上的话语赋权提出新思路。最后，引导国际学生讲好中国故事不仅是"以文强国"的重要组成部分，也是培养各国各领域知华友华高层次人才的关键途径，有助于提升中国的国际影响力。

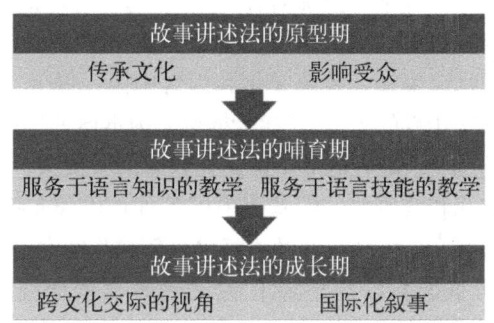

图1 故事讲述法应用于第二语言教学的发展阶段分析

三、中国故事国际化叙事模式的构建

本研究结合叙事理论、传播理论、跨文化交际理论和文化融合理论，深度探讨了国际中文课堂讲好中国故事的教学模式构建所依托的理论基础及具体路径，通过回答"什么样的故事讲述有助于国际学生的跨文化交际能力和国际化意识的提升"这一本质问题来设计跨文化交际视域下的中国故事国际化叙事模式。该模式有别于传统的第二语言课堂教学中的故事讲述模式，也不同于当前面对国际学生的单线讲述型做法，重在利用国际学生的"主体间性""第三只眼"的特点和优势，让国际学生讲述中国故事并带给世界其独特、真实的体验。国际化叙事模式的创新性在教学目标的设定、教学内容的选择、教学方法的设计、教学结果的评测等层面均有体现。以下将从"为何讲""讲什么""如何讲""讲得如何"这四个方面来阐述这一模式的构建。

（一）为何讲好中国故事——教学目标的确立

中国故事的国际化叙事模式旨在通过顶层设计，打造高起点、高标准的国际中文教育，注重与其他课程的有机结合，实现国际学生的国别化、专业化的精准培养。将这一模式融入国际中文课堂教学，选取各行各业的中国故事进行解读，并引导国际学生讲好中国故事，传播好中国形象。具体目标为：（1）知识目标：掌握故事中的词汇及语法点，对中国文化形成整体的认知；（2）技能目标：提升听、说、读、写各项技能，使其读懂或听懂不同形式呈现的中国故事文本，并能够针对某一主题，借助各种工具或平台，有效表达所思所想，重点提升其口述和写作的微技能；（3）情感目标：培养知华、友华、爱华的国际情怀，促进个人的成长与发展。

（二）讲什么中国故事——教学内容的选择

在教学内容的选择上，应遵循"坚守中华文化立场，精心提炼中华文明的精神标识和文化精髓"的原则，选取国际学生易共情的主题，聚焦中国各领域的故事，并增加跨文化的解读。教育部中外语言交流合作中心（2022）发布的《国际中文教育用中国文化和国情教学参考框架》（以下简称《参考框架》）中将中国文化与中国国情分为三个一级文化项目，即社会生活、传统文化和当代中国，每个一级项目下设多个二级文化项目，并提供相关文化点的示例。《参考框架》为本研究中的中国故事选择提供了依据与指导。李泉和孙莹（2023）倡导中国文化教学的新模式，"文化教学的内容当地化和案例化，方法感官化和故事化，即基于中国各种物质和非物质文化及当地文化资源，利用多种形式多种媒介，由师生共同讲好'自创式'的中国文化故事"。

本研究根据《参考框架》以及学界有关文化教学的研究成果，并结合2019—2024年笔者所讲授的高级综合汉语、中国概况的课堂教学实践，将可用于中国故事的国际化叙事模式的教学内容分为日常生活故事、语源故事、成语故事、地域文化故事、诗词故事、民间故事六大板块（见表1）。这些故事反映了中国文化的现实状况，通过一个个小故事的讲述，帮学习者找到解读中国的切入点，逐步展示真实的中国形象。

表1 中国故事的国际化叙事模式教学内容

故事分类	相关教学主题举例	说明
日常生活故事	1) ××大学的校内交通 2) 我更喜欢喝"茶咖" 3) 中国大妈的幸福生活 4) 教室门牌的阴阳哲学 5) 中国大树的白色"体绘"	收集与国际学生日常生活紧密相关的故事，如"我为锅盖面代言""学校的一年四季""中国同学夏天也喝热水"作为教学内容。
语源故事	1) "吃醋"的由来 2) "露马脚"露的是谁的脚 3) 听，是谁走了"桃花运" 4) "知音"是知道音乐的意思吗 5) "闭门羹"是一种好喝的汤吗	可用于教学的语源故事较多，如"铁公鸡""二百五""穿小鞋""两面派"等词语的背后都有妙趣横生的历史故事。这些故事不仅解释了词语的由来，还生动形象地描绘了当时的生活。
成语故事	1) "画龙点睛"与"画蛇添足" 2) 拔苗助长，快速失败 3) 一举两得，何乐而不为 4) 亡羊补牢，还来得及 5) 精诚所至，金石为开	通过成语故事的教学，国际学生不仅能够掌握成语的使用，还可以深入了解成语背后蕴含的中华文化、中华精神。
地域文化故事	1) 甘露寺刘备招亲 2) 米芾的镇江三迁 3) 沈括的"梦溪园" 4) 国际友人赛珍珠的中国故乡 5) 镇江三怪传奇	充分利用国际学生所在地的文化资源，将当地的文化故事作为教学内容，打破传统的静态文本阅读方式，结合实地文化资源考察进行教学。（左侧所列教学主题以镇江为例）

(续表)

故事分类	相关教学主题举例	说　明
诗词故事	1) 人面不知何处去，桃花依旧笑春风。 2) 桃花潭水深千尺，不及汪伦送我情。 3) 洛阳亲友如相问，一片冰心在玉壶。 4) 慈母手中线，游子身上衣。 5) 天生我材必有用，千金散尽还复来。	通过诗词教学可以带领国际学生领悟中国诗词之美，提升他们的语言能力、文化素养和文学修养。国际学生没有学习中国诗词的教育背景，应选取故事性较强、字词较简单的诗词进行教学。
民间故事	1) 南徐士子的华山畿之恋 2) 董永与七仙女的人仙之恋 3) 白蛇传之水漫金山 4) 七星街的传说 5) 困住瑞气而得名的"圌山"	民间故事是中华民族世代相传的精神瑰宝。应选取国际学生所在地流传的民间故事，并根据学生的语言接受能力，对故事文本进行适度改编。（左侧所列教学主题以镇江为例）

（三）如何讲好中国故事——教学方法的设计

国内高校面向国际学生开设的课程大致分为语言类、文化类、专业类3种，其中语言类和文化类课程均可适时嵌入中国故事的国际化叙事模式。吴中伟（2022）探讨了"中国文化教学"与"中文教学"的关联性与独立性，详细阐释了两者相结合的3种途径，即"以中国文化教学为核心目标，兼顾中文教学""以培养中文综合运用能力为核心目标，兼顾中国文化教学""中文教学与中国文化教学两个目标并重"。本研究在教学方法上坚持"学生中心，教师主导"的理念，并结合情境法、任务法、讨论法、交际法、分析法等多种教学方法，形成独特的"讲述模式"。根据课程教学目标和课堂实际情况及时调整教学重心，推动"以语言为主线的语言＋文化教学"和"以文化为主线的文化＋语言教学"的一堂两线的教学设计。

根据国际学生的兴趣与需求，围绕不同的教学主题设计多种讲述方式，不仅让国际学生"想听爱听、想说爱说"中国故事，还让其"听有所思、述其所得"。例如，采用"调查＋汇报"的形式设计"民族志学式中国文化探究活动"；通过"听故事＋编故事＋演故事"的形式设计"中国语言故事编演活动"；指导国际学生采访身边人并呈现"你我他的中国生活趣事"。每个故事讲述活动所涉及的具体环节、具体任务需要师生共同商议后制订精准、周全的计划，以确保活动的顺利进行。

此外，教师可通过微信、钉钉、雨课堂等多种渠道为国际学生提供个性化辅导，并对作业给予及时反馈。充分利用融媒体时代学生的学习行为特点，鼓励国际学生在自媒体平台分享在中国的"所学所思、所见所闻、所悟所得"，以期达到讲好中国故事，传播好中国声音的目的。

（四）中国故事讲得如何——教学结果的评测

在教学评价层面，本研究结合课程制订考核制度以及语言评价标准，设计了涵盖"平时—期中—期末"三阶段以及"知识—技能—情感"三维度的综合评价体系。同时，根据第二语言课堂教学评价原理，制定了"七维、五度、三阶段"的《中国故事课堂学习效果自评表》。在每个主题的授课结束后，国际学生需使用此表进行课堂自评。自评表要求学生从语言能力和文化能力两个层面，分别对听力、会话、阅读、写作、词汇、语法、中国文化知识、中国文化与母文化差异的理解，以及从多种视角分析阐释中国文化9个项目，按5个等级进行自评。此外，为进一步了解国际学生的学习情绪变化及其对中国故事持续学习的兴趣，还设置了课前、课中、课后3个表格来记录其学习过程中的感受，以及继续学习的意愿等。

教师根据学生的自评、课堂表现、作业完成情况对国际化叙事模式应用于课堂教学的效果进行分析，并据此总结每位学生在听力、会话、阅读、写作、词汇、语法、文化等方面的能力提升情况，进而检验授课目标的达成度。通过这种方式，不仅可以让学生清楚地知道自己的课堂收获情况，也能使教师检验教学效能，及时调整教学方法。

四、结语

国际中文教育肩负着中文教学服务于中国文化软实力的战略任务，承担着面向国际学生讲好中国故事的重要使命。通过讲述中国故事，让国际学生从"他者"转变为"同者"，也就是让学生具备从客位到主位的视角转换能力，借助国际中文课堂构建自我，完成个人价值观的塑造（廖芳莹2023）。本研究首先对第二语言教育领域传统的故事讲述法进行了批判性分析。处于哺育期阶段的故事讲述，是基于语言知识和技能的教学观的故事讲述模式，聚焦于故事本身，旨在让学生掌握汉语知识，提高表达技能。该模式尽管在语言知识和技能教学层面取得了显著成效，但面对当前国际中文教育的需求，它不足以胜任讲好中国故事的任务。本研究从跨文化交际的视域出发，将故事讲述法进行了迭代升级，将其推至成长期。成长期故事讲述的重点是汲取故事讲述的叙事化展开方式，搭建一个国际化叙事平台。通过讲述中国故事，培养国际学生的跨文化交际能力和全球化意识，借助中国文化主题的讲述，在国际中文课堂里实现个人的成长。中国故事的国际化叙事模式将有助于中文教学，更好地服务于构建人类命运共同体的伟大愿景。

参考文献

[1] 毕继万.跨文化交际与第二语言教学[M].北京：北京语言大学出版社,2009.

[2] 胡晓慧,过文英,吴剑.外国留学生讲好中国故事的理论探索与实践[C]//程爱民主编.国际学生教育管理研究3.上海：上海外语教育出版社,2022：12-21.

[3] 李红印.讲透汉语知识,讲好中国故事——国际中文教育时代的语言要素教与研问题[J].语言文字应用,2022(S1):46-54+161.

[4] 李泉,孙莹.中国文化教学新思路:内容当地化、方法故事化[J].语言文字应用,2023(1):33-44.

[5] 李玉婷."讲好中国故事"在国际中文教育中的应用研究[J].产业与科技论坛,2024,23(16):180-182.

[6] 廖芳莹."讲好中国故事"的策略与意义——从来华留学角度引发的思考[C]//程爱民主编.国际学生教育管理研究5.上海:上海外语教育出版社,2023:31-37.

[7] 刘敏.故事教学法在对外汉语成语教学中的应用[D].兰州:兰州交通大学,2023.

[8] 陆俭明.汉语二语教学要为构建人类命运共同体出力做贡献[J].国际汉语教学研究,2019(04):34-38.

[9] 罗宗全.在滇高校留学生"讲好中国故事"的关键性问题探究[J].红河学院学报,2024,22(5):87-90.

[10] 孙浩然,鄂宇鹏.文化传播视阈下故事教学法在对外汉语教学中的应用研究[J].豫章师范学院学报,2020,35(2):36-39+84.

[11] 汪雪.故事教学法在对外汉语教学中的应用——以中国古代神话故事为例[D].成都:四川师范大学,2014.

[12] 王丽娟.基于故事教学法的对外汉语教学应用研究——以苏丹喀土穆大学孔子学院中级汉语综合课为例[D].兰州:西北师范大学,2016.

[13] 吴应辉.国际中文教育新动态、新领域与新方法[J].河南大学学报(社会科学版),2022,62(2):103-110+155.

[14] 吴中伟.中国文化教学与中文教学的结合途径[J].国际汉语教学研究,2022(2):8-15.

[15] 赵金铭.对外汉语教学概论[M].北京:商务印书馆,2019.

[16] 中外语言交流合作中心.国际中文教育用中国文化和国情教学参考框架[M].北京:华语教学出版社,2022.

数字教育推动国际教育变革的探索与实践

——以华中科技大学国际学生线上线下融合教育为例*

赵晓峰 徐文波 徐 玮 程云青 刘 威**

摘要：第四次工业革命的浪潮和国际公共卫生紧急事件的突发，给国际教育带来了前所未有的挑战。在这一背景下，数字教育逐渐成为国际教育的重要途径之一。新一代信息技术的发展及其在教育领域中的应用，不仅推动了传统教育形式的变革、师生关系的重塑，还引发了从教育空间、教学资源、教学模式，到教学管理与服务模式的革新。特别是在数字时代背景下，这种变革给国际教育带来了新的机遇与挑战。本文深入分析了数字教育与传统教育在国际教育场景下的差异，基于国际学生跨境在线学习的现实困难，探讨了数字教育系统设计和教育教学过程改进的原则，并以华中科技大学国际学生线上线下融合教育实践为例，展示了数字教育如何为提升国际学生培养质量赋能。

关键词：数字教育　国际教育　新一代信息技术　数字时代

Abstract：The surge of the Fourth Industrial Revolution and the outbreak of public health emergency of international concern have presented unprecedented challenges to international education. Against this backdrop, digital education has gradually become one of the vital pathways in international education. The development of new-generation information technology and its application in the field of education have not only propelled the transformation of traditional educational forms and the reshaping of teacher-student relationships, but also triggered innovations in educational space, teaching resources, teaching models, and teaching management and service models. Particularly in the context of the digital era, these changes have brought new

---
* 本文系中国高等教育学会2023年度高等教育科学研究规划课题"来华留学教育管理科学研究"重大课题（项目编号：23LH0102）阶段性成果。
** 赵晓峰，华中科技大学国际教育学院副研究员、副院长，研究方向为国际学生招生、服务和管理研究。
徐文波，华中科技大学来华留学大工科教学基地执行秘书，研究方向为来华留学教育管理。
徐玮，国家留学基金管理委员会来华招生部项目主管，研究方向为来华留学招生管理。
程云青，华中科技大学电子信息与通信学院国际学生教务员，国际专员，研究方向为来华留学教育管理。
刘威，华中科技大学教授，研究方向为智能感知、教学行为分析、教育大数据等。

opportunities and challenges to international education. This paper conducts an in-depth analysis of the differences between digital and traditional education in the context of international education, explores the principles for the design of digital education systems and the improvement of teaching processes based on the practical difficulties of international students in cross-border online learning, and uses the example of the integration of online and offline education for international students at Huazhong University of Science and Technology to demonstrate how digital education can empower the enhancement of the quality of international education.

Key Words：digital education, international education, new-generation information technology, digital era

一、引言

在过去的二十年中，中国的教育发展取得了巨大成就，中国成为世界最大的国际学生生源国，同时也是亚洲最大的留学目的地国。中国在世界教育体系中，由过去的"跟跑者"向"并跑者"和"领跑者"转变。

随着以数字化、智能化、网络化为核心的第四次工业革命的发展，一个万物互联、人机智联的数字时代开启。在此背景下，越来越多的学生选择境外留学或参与跨国教育项目，数字教育为他们提供了更加丰富的学习机会和资源。数字技术的蓬勃发展为教育领域的变革和教育生态的重构提供了更强大的动力（陈云龙，孔娜 2023；邓绍云等 2023）。在国际教育领域，数字技术和在线学习资源的应用有力地促进了国际学生的学习和发展。2020 年国际公共卫生紧急事件的突发，给国际教育带来了巨大挑战，这一客观形势的影响加速了现代信息技术在高等教育，尤其是国际教育中的应用（聂朝昭 2021）。

目前，中国高等学校现有的国际教育体系基本还是建立在前三次工业革命基础上（陈云龙，孔娜 2023），新培养模式、新技术的发展和新形态的变化，依旧存在诸多需要探索与实践的地方，面对第四次工业革命的浪潮，国际教育必须要进行相应的变革，从而进一步提升中国教育的国际化水平。

二、数字教育引发国际教育的机遇与挑战

数字教育对国际教育有显著的促进作用。首先，数字教育区别于传统教育最直接的表现在于教育空间与场景的变化。数字空间的出现打破了时间和空间对生产生活的行为限制（陈云龙，孔娜 2023），使学生可以在全球范围内获取高质量的教育资源和学习机会，实现真正的教育无国界。其次，数字教育提供了个性化学习的机会，根据学生的需求和兴趣定制教学内容和学习路径。此外，数字教育的出现将引入创新的评估和反馈机制，不仅能够评估学生的知识掌握程度，还可以依托信息技术手段，全程跟

踪学生的学习过程，更加多元地评估学生的实践能力、创新能力和问题解决能力。

然而，数字教育也给国际教育带来了一些挑战。目前，数字教育大多数是"技术本位"，尚未探索到教育教学对新一代信息及技术的现实需求与未来需求（王树国 2023；王新瑞，张海军 2021；杨宗凯 2023）。新一代信息技术在教育领域的扩展不应是单纯的技术过程，更要从"技术本位"的教育信息化转型到"教育本位"的信息化教育。针对国际学生这一特殊群体，需要从新型教学环境、新型教育资源、新型教学模式和新型教学管理等方面（见图1）进行"深度融合""创新引领"，对相关的教育科学研究理论进行探索。

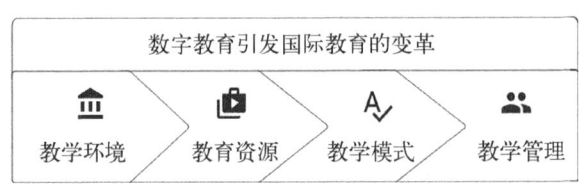

图 1　数字教育引发国际教育变革的四个方面

（一）新型教学环境

教学离不开教学环境的支持，尤其当传统学习环境融入新的技术和理念，且教与学越发强调学习的适应性和服务性，这对学习环境提出了更高的要求。国际公共卫生紧急事件的暴发，使教育从线下全面转为线上，加速了数字教育在国际教育中的变革。传统教育的教学空间设计无法满足数字教育空间中出现的师生物理距离隔阂、实践教学受限等教学差异。目前，新型学习环境构建理论主要以物理空间、网络空间（数字空间）等空间构建理论为主，对于国际学生常态化线上线下融合的学习环境，尤其是理工科教学，其基本特征、运行机制、应对策略等还有待进一步研究与验证。

（二）新型教育资源

智能技术为扩展数字教育资源的实现形式、监测数字教育资源使用过程、智能治理数字教育资源提供了技术支持。然而，目前关于新型数字教育资源的研究还缺乏足够的关注，数字教育空间中的教育资源形式、课程资源效果如何评估，尚缺少体系化研究。而针对国际学生的新型数字化资源，特别是虚拟仿真实验、协同学习资源等十分缺乏，无法满足国际教育人才在线培养，尤其是学历学位教育的需求。

（三）新型教学模式

教育空间的转化、教育资源的升级革新，必然带来教学模式的变革，以发挥新型教育资源的最大优势，提升虚拟空间下的教学水平。虽然信息技术支持下的教学模式正在迈向新的阶段，如何在现实的课堂教学中应用新型教学模式、利用人工智能等技术实现个性化教学以及如何评价教学效果等问题——特别是针对国际学生的全英文授课过程——仍需要深入研究和解决，从而促进教学形态创新发展。

（四）新型教学管理

虚拟学习空间的引入，为传统物理空间内的教学管理、学生管理等提出了新的挑战（张忠华 2023；邹佳静等 2022）。如何认定国际学生在虚拟学习空间内的学习行为和学业成绩，如何确保参与在线学习和考试的学生的数字身份等，是开展线上教学管理的难点，要结合具体的教学实践，探索在当前技术条件下行之有效的教学组织与管理的实现路径。

如何立足于国际学生跨境在线学习的客观技术困难，通过数字教育系统流程设计和教育教学过程的改进适配，探索一条数字教育革新的有效路径，是未来进一步提升国际教育质量、提升我国教育国际化的重要方向。

三、华中科技大学国际教育中数字教育革新路径探索与实践

华中科技大学作为中国国际教育的创新者与践行者之一，自 20 世纪 60 年代开始接收国际学生。随着国家国际教育事业的发展，学校国际教育工作从 2005 年快速发展，2017 年国际学生总人数达到 4 049 人，其中国际研究生规模在全国位居前列。在此基础上，学校国际教育开始从规模增长的外延式发展模式向以质量为本的内涵式发展模式转变。面对国际公共卫生紧急事件突发，全国国际教育工作受到巨大冲击，从招生到培养面临全面挑战。学校从资源整合、制度创新、技术赋能等多方面调整工作思路，成立华中科技大学来华留学大工科教学基地（以下简称"大工科基地"），以学科大类进行招生与培养，缓解国际学生招生与培养压力。学校利用先期积累优势，在实现数字化招录的基础上，全面推动国际教育数字化转型，率先开展国际线上教学平台、线上线下融合学习平台等系列系统和设施的建设，在数字教育空间打造、教学资源建设、教学模式变革及管理模式创新等方面积极探索。

（一）线上线下融合的数字化教学环境构建

面向国际学生线上线下融合教学环境的需求，华中科技大学依托大工科基地，调研各类课堂教学活动的组织开展需求，充分融合教师与学生的需求差异，开展软硬件一体化、定制化教学环境设计（见图 2）。

数字化教学环境的建设最重要的原则是需要充分考虑客观基础条件，保障基本教学（张丽媛 2022）。根据近年来招录学生的情况统计，大部分生源国是发展中国家，信息化基础设施水平参差不齐、联网速度与稳定性难以保证，而且生源国不稳定的网络接入条件短期内也难有改变。当前数字教育理论研究的诸多热门技术，如虚拟现实、数字孪生、元宇宙等都需要昂贵的接入终端和高速网络带宽作保障，难以在生源国落

地。因此，立足于生源国现状，考量接收端/学生端的信息技术现实条件，考虑低延迟、低带宽条件下的实时教学与互动挑战，学校开展不同网络接入条件下的直播/录播授课、点名问答、小组讨论、现场与线上协作学习、屏幕分享等基础教学交互应用，结合教学实际开展广泛教学应用测试。

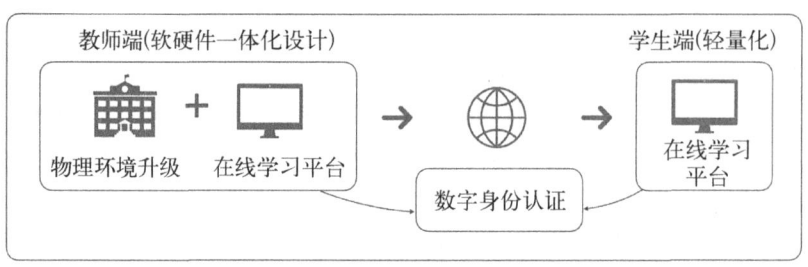

图 2 线上线下融合教育空间/系统构架图

自 2020 年来，学校率先建设与完善了线上线下融合教学软硬件环境。在教师端，完成了多间立体式智慧教室建设改造，现场硬件设施能够满足教师授课实景的全程、全方位跟踪拍摄与音效收集，确保教学过程的完整性；配合专门针对国际学生定制化开发的线上教学系统，实现了现场授课的实时在线直播。然而这不可避免地将产生巨大的数据流量。考虑到不同国家网络基础设施的差异，在学生端着重进行了轻量化的设计。学生作为接收端，可根据自己的网络条件和实际需求，选择不同的清晰度以及不同类型的教学资源进行学习。同时，充分考虑到国际学生时差，线上教学系统设有回看点播功能，在每次课程结束后，系统将自动生成完整版高清授课视频，为所有在籍学生提供教学资源支持。无论是直播课程还是点播课程，所有在籍学生每次的登录时间、学习开始时间、学习时长都被自动记录，作为教学过程化管理的数据支撑。

除课程教学外，学校将考勤签到、作业完成、考试考核、学生评教、数据分析等线下培养与跟踪手段全部转移到线上，实现对线上教学质量的监督与把控，初步形成了适应跨境在线教育的教学管理体系、质量监测体系，为数字教育的深度研究奠定了基础。自智慧教室开放使用以及远程教学系统上线以来，每年度累计完成超过 2 000 学时的课程与讲座直播、录播，超过 27 个国家近 300 名学生完成同步直播学习，受到了国际学生的一致好评。

（二）虚实融合的数字化课程和资源建设

数字教育环境的建设为数字化教育的开展提供了硬件资源保障，但区别于传统教学方法，数字教育中课程与教学资源的形态发生了转变。优秀的教学资源是保证教学质量、实现人才培养目标、提高人才培养质量的重要保障。高校需考虑国际学生的背景、文化等差异，从通识课程到专业课程，进行系统性、有规划的建设，以期取得优质的培养效果。

为了发挥数字教育环境的优势，大工科基地调研了理论课堂、实验课堂在课程组织交互方面的需求，开展不同类型课程数字资源的建设，尝试将实体教学与虚拟教学相结合。首先，对数字时代的教学所需教学资源进行了深入的需求分析，包括对信息技术支持的展示性资源、交互式数字资源的需求评估，以及对支持教师备授课、在线教学、学生个性化学习的学科教学软件资源的需求调研，形成了数字化课程和资源建设的路径。其次，数字化课程和资源与传统教学资源不同，数字教学资源的更新速度更快，需要定期更新课程内容，以反映最新的研究和行业实践，同时还需要不断维护和升级技术平台，数字教育资源与数字教育空间是相辅相成，循环迭代共生的。

大工科基地重点建设了与国际学生密切相关的课程的数字资源与系统，如国际学生学科通识课程数字中国、公共必修课程汉语等。结合工科类信息技术通识教育和中国国情教育的需求，大工科基地编写了《数字中国》（双语版）教材及电子教材。该书填补了国内数字信息类来华留学生中国国情教育的教材空白，并获批2024年湖北省公益学术著作出版专项资金资助，该书英文版也将面向海外发行。授课过程中，课程组收集了大量图片及视频资源，通过案例式教学，加强国际学生对中国数字化建设的体制与成果的理解。针对国际学生必修课程汉语课，课程组发现在教学中汉字书写过程记录缺乏、教师无暇指导书写，提出了通过数字化手段实时采集学生书写数据并进行技术评价的解决方案。课题组安排来华留学研究生从事专项研究，在汉语课堂配备蓝牙连接的智能笔，采集学生汉字书写笔迹并进行书写质量辅助评测，该技术系统在小班课堂中进行测试，获得了授课教师及学生的好评。

此外，为保障教学资源的建设质量，学校采用实验研究法，将高质量教育资源应用于课堂教学实践，面向教师和学生设计不同的教育资源应用效果调查问卷，对数字教学资源应用于课堂教学的效果进行了评估，并根据反馈结果不断优化教育资源的设计、开发与应用。

（三） 基于数字教育的国际学生个性化培养模式变革

数字技术在教学中的引入，触发了教学模式的变化，通过智能数据分析方法、灵活的学习方法以及多元的教学资源，数字教育能够实现个性化培养。

首先，国际学生培养目标受生源国的发展现状影响较大。根据统计，学校招收的国际学生大部分来自"一带一路"共建国家，其中大部分为农业国和资源国，其工程类教育的基础较为薄弱，需要有针对性地调整教学重点。收集到国际学生背景信息、学习习惯、能力水平和兴趣点等信息后，通过学习分析和行为分析来识别学生的学习模式和潜在的学习障碍。根据分析结果，为每位学生定制个性化的学习计划和目标，提供灵活的学习路径，允许学生根据自己的进度和兴趣选择课程和活动。部署多类型的学习行为记录和分析技术工具，评估学生的参与情况和学习兴趣，为教师改进课堂活动提供参考意见。

大工科基地高度重视信息化教学手段在课堂教学中的应用，采用学校统一的课程门户网站平台发布讲义，还在课堂上引入了"微助教"等移动学习工具。该工具是基于微信平台研发的课堂活动组织工具，可以在手机端实现现场签到、随机点名、手机抢答、分组讨论与评价等操作。很多亚非国家的国际学生初次使用微信进行课堂互动，均感觉将线下课堂活动与线上信息提交相结合的教学方式比较新奇，切实体会到了移动端数字化学习的优势。

（四）数字教育条件下国际教育管理与服务模式创新

学校、学院共同组建了网格化管理团队，形成了覆盖招生、教学培养与日常管理的全方位管理模式（见图3）。在数字时代，国际教育的管理与服务模式研究需要关注如何利用数字技术提升国际学生的教育体验和管理效率。

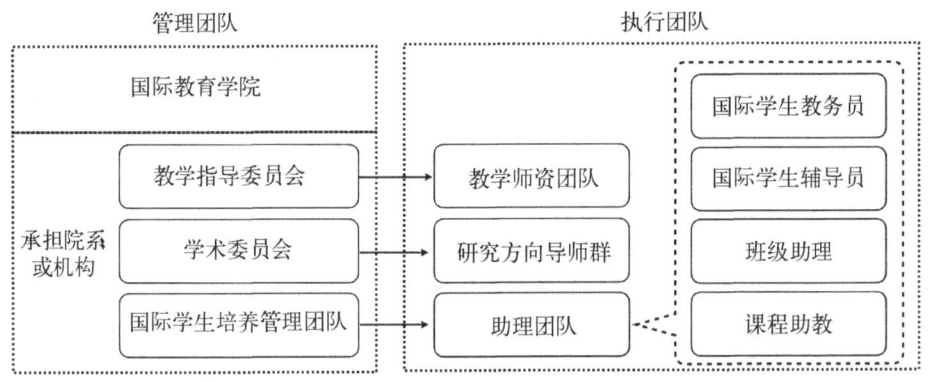

图3　国际学生网格化管理模式

在前期实践中，大工科基地将调研结果和来华留学的教学管理实际相结合，根据数字教育条件，积极探索各类举措，总结了信息技术手段在国际学生管理方面的措施和成就，提出了只有走内涵式发展道路，提高质量、调整结构、优化要素、增强实力才能做到来华留学的可持续发展。结合来华留学招生工作中碰到的问题，探索搭建基于在线信息平台的国际学生预科培养和招生系列平台，提出了要创新工作思路，把好国际教育市场及国际学生双重需求的脉门，促进国际学生招生工作从教育交流向教育推广转变。

此外，大工科基地开展数字教育条件下的教学管理、教务管理、学生服务等方面的系列改进和措施，充分利用信息技术的优势，基于在线信息系统、教学行为大数据等提高管理和决策水平及质量。通过教学的过程化管理、教师教学与学生学习行为分析等，可以对教学效果进行智能评估，为教师回顾教学过程，调整教学策略，提升教学质量提供参考，也能发现学生学习难点，为学习效果差寻找原因，提供技术支撑。

四、结语

国际教育作为高等教育的重要组成部分,是中国深化教育改革、实现高等教育国际化的重要战略方针。在第四次工业革命的时代背景下,国际教育呈现出线上与线下空间融合的新生态。我们要开展数字教育,推动国际教育的改革和创新研究,探索信息化条件下国际教育的发展道路和规律;要立足于现实的信息化基础设施和条件,让新一代信息技术为教育赋能,从教育空间、教育资源、教育模式、管理模式四个方面系统打造国际教育新形态。我们要在数字空间中探索一条高质量、高效的国际教育实施路径,迎接新形势下高等教育面临的挑战,打造数字空间中的"留学强国"。

参考文献

[1] 陈云龙,孔娜.我国教育数字化转型的基础、挑战与建议[J].中国教育学刊,2023(04):25-31.

[2] 邓绍云,邱清华,韦春晓,宋丰轩,王树伟,李红.后疫情时代来华留学教育与管理质量保障研究探讨[J].科学咨询(教育科研),2023(02):36-38.

[3] 樊俊聪,黄彦纾,王晨,毛星宁,邓玲,何慧敏,张海英."互联网+"视域下高校来华留学教育的探索与实践[J].中国高等医学教育,2021(02):13-14.

[4] 聂朝昭.人类命运共同体视域下来华留学教育的路径选择[J].教育观察,2021,10(45):17-20.

[5] 王树国.第四次工业革命背景下世界高等教育的变革与发展[J].教育国际交流,2023(3):16-19.

[6] 王新瑞,张海军.疫情对来华留学教育的影响及对策研究[C]//程爱民主编.国际学生教育管理研究2.上海:上海外语教育出版社,2021:42-49.

[7] 杨宗凯.高等教育数字化转型的路径探析[J].中国高教研究,2023(03):1-4.

[8] 张丽媛.线上预科教学模式探析[C]//程爱民主编.国际学生教育管理研究4.上海:上海外语教育出版社,2022:49-57.

[9] 张忠华.数字中国战略与中国式教育数字化研究[J].中国教育信息化,2023,29(02):3-14.

[10] 邹佳静,薛云霞,王宇鑫.基于现代信息技术的来华留学生教育教学创新融合路径研究[J].国际公关,2022(22):154-156.

关于国际中文教育本质的探讨*

王 靓 魏 晖**

摘要：本文在梳理"国际中文教育"概念内涵与外延的基础上，对国际中文教育三个历史时期的实践从语言学习、文化交流两个维度进行了历史考察。研究发现，国际中文教育的发展历史不仅是中文学习的历史，更是文化交流的历史。理论分析表明，国际中文教育是一种以语言理解为基础、以文化理解为关键的国际理解教育。从实践与理论可以得出"国际中文教育的本质是语言文化交流"这一结论。国际理解教育离不开价值观理解。为更好实现国际理解教育的目标，在新发展时期国际中文教育应增加弘扬全人类共同价值这一新使命。

关 键 词：国际中文教育　全球中文教育　国际理解　本质

Abstract: This paper, after clarifying the connotation and scope of "international Chinese language education", conducts a historical examination of the practices of international Chinese language education in three periods from the perspectives of language learning and cultural exchange. It is found that the history of international Chinese language education is not only the history of Chinese language learning, but also the history of cultural exchange. From a theoretical perspective, international Chinese language education is an education of international understanding that is based on language understanding and to cultural understanding. From the perspective of practice and theory, it can be basically concluded that "the essence of international Chinese language education is language and cultural exchange". The education of international understanding cannot be separated from value understanding. In order to better achieve the objectives of international understanding, international Chinese language education in the new period of development should embrace the new mission of advocating universal human values.

Key Words: international Chinese language education, global Chinese language

---

* 本文系国家社科基金重大项目"中国与世界主要国家的国家语言能力比较研究"（项目编号：19ZDA299）、国家社科基金项目"新时代国家语言能力建设研究"（项目编号：18BYY062）、国家语委重点项目"以俄罗斯为代表的'一带一路'沿线俄语地区区域国别国际中文教育研究"（项目编号：ZDI145-62）阶段性研究成果。

** 王靓，北京语言大学副教授，研究方向为国际中文教育、汉学。
　　魏晖，北京语言大学党委副书记，研究员，研究方向为国际中文教育、语言政策研究、汉学。

education, international understanding, essence

一、国际中文教育实践的历史考察

（一）"国际中文教育"概念的内涵及外延

2019年12月9日，国际中文教育大会于长沙举办，吸引了来自160多个国家和地区的1 000多名孔子学院和中文教育机构代表，时任中共中央政治局委员、国务院副总理孙春兰出席会议并发表主旨演讲。从此"国际中文教育"概念正式出现在中国官方话语中，并逐渐替代"汉语国际教育"一词。

"国际中文教育"概念到底如何定义，学界目前主要有两种观点。一种观点认为国际中文教育包括原对外汉语教学、本土汉语教学以及华侨华文教育（王辉，冯伟娟 2021；郭熙，林瑀欢 2021；吴应辉 2022）。另一种观点认为，国际中文教育就是将汉语作为第二语言教给母语为非汉语的外国人，如赵金铭（2022）。此外，一些学者提出"全球中文教育"概念。笔者认为在新时代背景下，应明确全球中文教育与国际中文教育两个概念。全球中文教育包括世界上所有的中文教育类型、模式、方式，其历史更长、范围更广、外延更大。国际中文教育特指中国（包含政府和民间）开展的、面向国内外教授外国人中文（包括华文）知识、技能及相关专业能力，传播中华文化，弘扬全人类共同价值的教育。国际中文教育应该能够引领、主导、服务全球中文教育。

由上可知，国际中文教育是指中国政府开展的面向中文作为第二语言的学习者的教育，内容涵盖语言知识、语言技能，以及依托语言和语言技能承载的人文知识。魏晖等（2022）指出国际中文教育大致经历了"探索期"（1950—1977年）、"系统性发展时期"（1978—2003年）以及"海外规模化发展时期"（2004—2019年）。2020年以来，国际中文教育为应对前所未有的挑战经历了一系列变革，2020年也被认为是国际中文教育的转型元年。近几年，国际中文教育经历了复杂的国际形势演变和人工智能技术的挑战与冲击，向线上线下协同发展的方向进军。下文将分别从语言学习、文化交流两个维度出发，对国际中文教育几个历史时期的实践进行考察。

（二）探索期（1950—1977年）

20世纪50年代初，为服务国家外交需要和促进国际文化交流，中国政府开始在社会主义国家间开启推广中文教育的早期探索。1950年9月，清华大学受教育部委托成立"东欧交换生中国语文专修班"，并由时任清华大学教务长周培源先生担任首任班主任。1962年，在周恩来总理的密切关注与指导下，在北京外国语学院外国留学生办公室与出国留学生部的基础上，成立了"外国留学生高等预备学校"。该校于1964年更名为"北京语言学院"，并于2002年最终定名为"北京语言大学"。在这一时期，国际中文教育领域的主要实践方向以提升面向国际学生的汉语教育水平和培养赴外汉语教师为主。这些早期实践都带着"探索"的艰辛和不易。

1. 语言学习维度

1962 年,外国留学生高等预备学校制定了《一年级现代汉语教学大纲要点(试行)》,旨在通过速成课程,在一年内(文史哲专业两年)让国际学生掌握汉语基础,达到可以进入我国高等学校学习专业课程的水平。1950 年至 1977 年的 27 年间,我国接收国际学生不足万人(1950—1965 年共接收留学生 3 312 人,1966 年接收 3 736 人,1973—1977 年接收 2 066 人)。其中包括埃塞俄比亚前总统穆拉图、法国汉学家白乐桑等知名人士。这些国际学生在推进当时的世界了解中国方面发挥了不可替代的重要作用。

2. 文化交流维度

这一时期的文化交流主要靠赴外的汉语教师完成。高教部于 1964 年提出要培养派往海外的汉语教师。1965 年,首次举办全国性质的对外汉语教师培训班,参训学员来自 23 所高等学校。最早一批出国任教的汉语教师胡书经教授回忆,他在接到外派任务后,为躲避飞机轰炸,晚上摸黑赶路,500 公里足足走了九天九夜。一路辗转,到达老挝后,在只有半人高的篱笆、中间空着的大棚教室中教授汉语。他曾见过越南同事在自己眼前饮弹去世,却仍然选择了坚守。在那个战乱时期,老挝学生通过这位中国老师了解了中国人的风骨,也感受到了中国人的友谊。

探索期的国际中文教育打开了事业的良好开端,虽然存在着教学法单一、教学资源匮乏等问题,但在摸索中完成了初步的中外语言沟通、文化理解的目标,为后续的汉语教学和国际交流奠定了重要基础。

(三)系统性发展时期(1978—2003 年)

1978 年起,中国经济的崛起为国际中文教育提供了良好的条件。1984 年,时任教育部部长何东昌明确指出:"对外汉语教学已发展成为一门新的学科。"在"走进来"方面,中国的国际学生政策由政治援助、履行国际主义义务转向服务经济发展。1989 年,国家教委正式发文,规定高校可以自主招收自费国际学生。中国的国际教育交流开始真正步入办学自主化、生源多样化、管理规范化、规模扩大化的轨道。在"走出去"方面,2003 年 1 月,《亚洲周刊》指出,随着中国综合国力急升,中文正逐渐成为全球范围内仅次于英文的语言。在这一时期,"对外汉语教学"开始向"汉语国际教育"转化。

1. 语言学习维度

国内方面,1978 年,现代汉语本科专业正式获批,对外汉语教学体系基本形成。1990 年,北京语言大学研制的汉语水平考试(HSK)通过鉴定,并于同年成功在北京、天津、上海等地推行,391 名国际学生参加。2003 年,我国接收了来自 175 个国家的近 7.8 万名国际学生。其中 6 153 人享受中国政府奖学金，来华留学专业几乎涉及我国高等教育的全部学科领域（教育部 2004）。据不完全统计，此期间在我国学成归国的国际学生中，有 30 余人在本国担任了副部长以上的职务，例如哈萨克斯坦总统托卡耶夫、泰国诗琳通公主等。他们在跨文化交流和国际合作方面发挥了巨大、积极的作用。

国际方面，严美华（2003）指出，截至 2003 年，全世界有 85 个国家的 2 100 多所大学在教授中文，大量中小学、社会办学机构也在开展中文教学，学习中文的人数达到了 3 000 万人。从国别来看，在日本，95% 以上的大学将中文设为最主要的第二外语，法国各地的大学和中小学里学习中文的人数超过 2 万人，美国的 700 多所高校以及 300 多所中小学开设了中文课程。

2. 文化交流维度

20 世纪七八十年代的中外交流多存在于政府、高校、医院之间，普通民众之间的有组织的中外交流较为少见。中国政府派专家学者赴海外访问，或邀请海外专家学者来华研讨交流是该时期中外人文交流的主流趋势，涉及领域有工业、商业、农业、经济、教育和医药等。90 年代后，围绕教育、艺术、文化的交流随之增加，以语言为载体的人文交流活动增多。进入 21 世纪，中外语言文化交流从专家学者层面扩展到普通民众以及青少年，呈现丰富化、泛在化的趋势。2002 年 8 月 15 日，首届"汉语桥世界大学生中文比赛"在北京举行，来自 21 个国家的 49 名选手参赛。汉语桥决赛在中央电视台的多个频道多次重播，引发积极而广泛的影响。

（四）海外大发展时期（2004—2019 年）

2004 年，为加强中外教育文化交流与合作，中国政府借鉴歌德学院、法语联盟等语言推广机构，在韩国首尔设立了第一家孔子学院，自此国际中文教育迎来了海外大发展时期。该时期的国际中文教育在"走进来"方面稳步前进，在海外"走出去"方面实现了历史性的蓬勃发展。

1. 语言学习维度

国际中文教育专业化、通识性培养更加明晰。一是专业汉语人才培养。国内层面，根据《中国教育年鉴》相关数据，2019 年国际学生总数达到 51.3 万人，截至 2019 年 9 月，全国开设汉语国际教育本科专业的高校有 409 所，这些高校开展国际学生的本、硕、博学历教育，短期强化教育和高级研修教育。二是通识汉语人才培养。孔子学院和孔子课堂是全球中文爱好者学习中文的重要渠道。截至 2019 年底，162 个国家和地区设立了 541 所孔子学院以及 1 170 个孔子课堂，为所在高校和社区提供中文学习课程。师资方面，截至 2021 年底，中国已有 6 万多名中文志愿者被派往 151 个国家和地区，在全球 4 000 多所学校任教，让当地学生能够在本土学习中文的同时了解中国（赵晓霞 2022）。另一个学习渠道是中文资源平台。海外大发展时期，中国为全球提供了种类丰富的通用型中文教材、具有国别区域特色的本土化中文教材以及正在构建的慕课、微课等各类新兴数字资源，以满足海外汉语学习者的需求。

2. 文化交流维度

近年来，文化交流和文明互鉴受到高度重视。2016 年，习近平总书记在致首届清华大学苏世民书院开学典礼贺信中呼吁学习中文的国际青年成为中外友好的"维护者、传承者、促进者"。海外以世界各地举办的"中文日"活动、联合国设立的"联合国中文日"等为代表，国内以"汉语桥"为代表的交流活动不断增多，参与人数不断增多，影响力不断增大。近年来，国内 218 家高校承办了主题囊括双向交流、当代中国、文化特色、汉语＋职业等的 490 个线上交流营，参加人数达 5 万余人，从经济、社会、政治和文化等方面全面展示了真实立体的中国；同时，海内外各高校、社团机构等也同样重视中外语言文化交流和文明互鉴，如德国波恩大学举办的"中德青年翻译比赛"、中国对外文化交流协会自 2004—2019 年举办的 300 余场语言文化交流活动等，都极大增进了中外青年的相互了解与友谊。

（五）特殊发展时期

1. 语言学习纬度

2020 年国际公共卫生紧急事件的暴发对国际中文教育的线下教学造成了一定程度的冲击。以北京语言大学应用中文学院为例，虽经学校招生部门和学院的大力宣传，第一期线上课程新生（国际学生）人数仍不到原报名线下学习人数的五分之一（李宇明等 2020）。为应对这一挑战，远程线上语言教学成为该时期的主要实践形式。例如，2020 年，海外华裔青少年"魅力北京·多彩华夏"线上夏令营举办，师生隔屏相望，取得了高于预期的效果。线上中文资源获取、线上远程中文授课在 2 至 3 年内成为国际中文教育的重要范式，并在后续阶段，成为海外国际中文教育的有益补充。当前来华学习的国际学生人数已出现稳步上升态势，中外语言交流活动逐渐恢复。以北京语言大学为例，2024 年秋季学期国际学生的报到人数在已有基础上增长了数百人。

2. 文化交流纬度

2020 年，传统的线下中外文化交流活动转移到了线上。由于突破了时空的阻隔，线上会议容纳了更多的参会者，并没有阻挡中外文化交流的进程，反而一定程度上推进了中外文化交流的速度。例如《光明日报》(2020) 记录了"在世界之中：中华文明的主体性"国际论坛的活动，引起了广泛影响（李蕾 2020）。2024 年 6 月 7 日，中国提出的设立"文明对话国际日"决议，在第 78 届联合国大会上获得协商一致通过。这证实了中国在人文交流、文明互鉴领域的全球认可。

从国际中文教育四个阶段的实践可以看出，不同时期国际中文教育服务的国家目标不同，但其实践结果在本质上都是既培养了国际中文人才，又达成了最重要的结果，即借助中文桥梁，推动中外人文交流、文化交融、民心相通。

二、国际中文教育的理论分析

要探讨国际中文教育的本质，就需要从理论上厘清国际中文教育的概念。学术界大致有以下几种观点。

第一，语言钥匙论。于全有（2022）通过概括近年来习近平总书记提出的"掌握一种语言就是掌握了通往一国文化的钥匙"等语句的有关语言功能、语言本质认识新理念提出"语言钥匙论之语言观"。该语言观念继承了传统语言工具论为代表的语言哲学思想，深化了对语言本质、语言功能的认知。

第二，语言理解论。学者胡范铸等（2014）提出，汉语国际教育不只是单纯的语言教学，也不仅是一种文化传播，在本质上是一种基于语言能力训练而展开的"国际理解教育"，是一种可以影响"情感地缘政治"的过程。只强调"中文国际教育"容易引发某种紧张，而如果明确"以全球语言教育促进国际理解"，则我们的理念和举措更容易获得全球的认同。

第三，语言交流论。高皇伟（2022）指出国际中文教育的宗旨和初心是中外人文交流，国际中文教育既不单是中文教学，也不单是文化传播，而是推进中外人文交流的载体和手段。吴应辉（2022）指出国际中文教育在宏观视角下可以通过为世界各国培养与中国开展各领域合作所需本土中文人才的方式，促进中外沟通交流。

语言钥匙论是目前国际中文教育聚焦教育主业，重视语言教学的有力指导；语言理解论基于语言能力训练对国际理解教育进行了阐释，关注重点从语言、文化传播等转为达成双向理解；语言交流论在上文梳理的不同时期的国际中文教育实践中得到了验证，并从培养双向人文交流人才的角度指导国际中文教育实践。新时代背景下，归根到底，国际中文教育是中国政府开展的面向中文作为第二语言学习者的教育，通过中文的学习、文化的交流，促使将中文作为第二语言学习者对中国式现代化、中华文化和中国价值观等产生理解认同，是一种基于语言理解、文化理解和价值观理解的国际理解教育。

三、国际中文教育的本质及新发展时期的使命

通过对不同历史时期国际中文教育实践的考察和理论的分析可以看出，国际中文教育的本质是语言文化交流，它不仅涵盖了语言知识的传授，更强调语言文化交流能力的培养和文化交流、文明互鉴的责任，从而促进全球范围内对中文、中华文化和中国价值观的理解和尊重，加强国际交流与合作，达成价值观层面的共鸣。通过国际中文教育，学习者不仅能够掌握中文这一沟通工具，还能深入了解中国的历史、文化和社会习俗，从而在文化交流、文明互鉴中发挥积极作用，推动构建人类命运共同体。

国际中文教育是一种国际理解教育，既需要语言理解，还需要文化理解，更需要

价值观理解。新发展时期为更好推进国际中文教育，在继续做好语言学习和文化交流的基础上，需要进一步做好价值观沟通，也就是在教授中文、传播中华文化两项使命基础上增加弘扬全人类共同价值这一新使命。

为更好地推进价值观理解，在国际中文教育的实施过程中需要注意以下几点。

一是要树立平等交流的理念。习近平总书记（2019）指出："文明是平等的，人类文明因平等才有交流互鉴的前提；文明是包容的，人类文明因包容才有交流互鉴的动力。"这种交往交流的平等观来源于我们东方文化内涵的"王道"，讲究"以德服人"。而在西方文化中崇尚以帝国逻辑为支撑点的"霸道"，采用"以力服人"（靳凤林2020）。在明确这一理念的基础上，我们在推进国际中文教育、开展语言文化交流的过程中要慎用"小语种"等概念，要少大国心态，少从中国国情去判断他国国情，要平等交往，用开放包容的心态相互学习、相互借鉴。

二是要讲究润物细无声的教学策略。中文教师在自觉加强教学能力的同时，要不断丰富自身的国学素养和语言文化交流能力。要会讲中国故事、讲好中国故事，用润物细无声的方式适时弘扬全人类共同价值。如《习近平谈治国理政》多语种版本"进高校、进教材、进课堂"工作是有力抓手，要依据培养目标全面修订培养方案和课程大纲，积极尝试将相关思想和成就融入国际中文教育课程，制定示范课程建设标准，遴选金课，汇聚共享优质资源，开展相关国际中文教研交流活动。

随着"一带一路"的高质量发展，学习中文的需求、具有"中文＋"职业与专业能力的人才需求将不断增加，渴望了解中国、理解中国，建立与中国的广泛交流合作将成为一种趋势，国际中文教育教授中文、传播中华文化、弘扬全人类共同价值的使命显得愈发重要。应深刻把握国际中文教育的本质，推动国际中文教育高质量发展，发挥国际中文教育在培养文明交流互鉴的推动者、人类命运共同体的建设者、增强中华文化传播力影响力方面的积极效用。

参考文献

[1] 戴军明.国际中文教育转型期中文教材研发出版的思考[J].出版广角,2022(08)：81-84.
[2] 方小兵.从文明语言到语言文明：论"语言文明"概念的层次性[J].云南师范大学学报(哲学社会科学版),2021,53(06)：35-41.
[3] 高皇伟.国际中文教育要坚守人文交流初心[N].中国教育报,2022-09-15(6).
[4] 郭熙,林瑀欢.明确"国际中文教育"的内涵和外延[N].中国社会科学报,2021-03-16.
[5] 郭熙.让更多的人了解中华语言文明[J].语言战略研究,2022,7(05)：11.
[6] 胡范铸,刘毓民,胡玉华.汉语国际教育的根本目标与核心理念——基于"情感地缘政治"和"国际理解教育"的重新分析[J].华东师范大学学报(哲学社会科学版),2014,46(02)：145-150+156.
[7] 教育部.教育部举办中国首届留华毕业生新年招待会[EB/OL].(2004-12-09)[2024-06-17].https://www.moe.gov.cn/jyb_xwfb/gzdt_gzdt/moe_1485/tnull_4786.html.
[8] 靳凤林.西方霸道政治的历史由来及实践逻辑[J].南昌大学学报(人文社会科学版),2020,51(03)：5-16.
[9] 李蕾.疫情阻挡不了中外文化思想交流的脚步[EB/OL].(2020-12-07)[2024-06-17].https://news.gmw.cn/2020-12/07/content_34435386.htm.

[10] 李宇明,李秉震,宋晖,等."新冠疫情下的汉语国际教育:挑战与对策"大家谈(上)[J].语言教学与研究,2020,(04):1-11.

[11] 联合国新闻.联大通过中国提出的决议设立文明对话国际日[EB/OL].(2024-06-07)[2024-06-17]. https://news.un.org/zh/story/2024/06/1129206.

[12] 王辉,冯伟娟.何为"国际中文教育"[EB/OL].(2021-03-15)[2024-06-20].https://www.gmw.cn/xueshu/2021/03/15/content_34688036.htm.

[13] 魏晖,施春宏,饶高琦,等."国际中文教育工程化问题"大家谈[J].语言教学与研究,2022(01):1-14.

[14] 吴应辉,梁宇,郭晶,等.全球中文教学资源现状与展望[J].云南师范大学学报(对外汉语教学与研究版),2021,19(05):1-6.

[15] 吴应辉.国际中文教育新动态、新领域与新方法[J].河南大学学报(社会科学版),2022,62(02):103-110+155.

[16] 严美华.世界汉语教学的新形势与新举措[J].世界汉语教学,2003,(03):5-8.

[17] 于全有.语言钥匙论之语言观论析[J].沈阳师范大学学报(社会科学版),2022,46(05):43-51.

[18] 赵金铭.国际中文教育资源体系的特点与构建[J].汉语教学学刊,2022(01):1-8+148.

[19] 赵晓霞.致敬国际中文教师和志愿者:三尺讲台 桃李天下[N].人民日报海外版,2022-05-06(11).

智慧教学环境下国情教育与汉语教学融合初探
——"语言＋文化＋国情"融合课程教学设计与案例分析

宗 圆*

摘要：汉语是国际学生日常生活和学习的必备工具，也是中国文化和中国国情直观、生动的体现。因此，有必要将语言学习需求和国情教育融合起来，构建"语言＋文化＋国情"的融合型课程。智慧教学作为教育现代化发展的必然趋势，理应成为来华留学教育的重要发展方向。本文基于融合课程的教学设计视角，对教学设计案例进行分析，探索在智慧教学环境中国情教育与汉语教学相融合的教学策略与方法。

关键词：智慧教学环境　国情教育　汉语教学　教学设计　案例分析

Abstract: Chinese is an essential tool for international students in their daily life and study in China. It also vividly and directly reflects Chinese culture and China's national conditions. Therefore, it is necessary to integrate the language learning needs with national conditions education by offering integrated courses that combine "language, culture, and national conditions." As smart learning represents an inevitable trend towards the modernization of education, they should also become a significant direction of development for international student education in China. This paper analyzes teaching design cases from the perspective of integrated course design, exploring teaching strategies and methods for integrating national conditions education with Chinese language teaching in a smart learning environment.

Key Words: smart learning environment, national conditions education, Chinese language teaching, teaching design, case analysis

　　推进来华留学教育是建设教育强国的重要组成部分，针对国际学生的国情教育则是培养知华、友华国际人才的基础工程。通过展现中国形象和传播中国声音，国情教育在培养国际学生的中国情结、多元文化包容力以及国际视野方面具有重要的作用。

---

* 宗圆，吉林大学国际语言学院讲师，研究方向为国际中文教育、国情教育。

这对于中国加快建设世界重要人才中心、推进中国式教育现代化以及服务"一带一路"倡议都有着重要意义。同时，国情教育也是推动中华文化更好走向世界的重要途径之一。让国际学生了解中国、理解中国，对于促进各国民心相通，深化不同文明交流互鉴，推动构建人类命运共同体有着不可替代的作用。

一、来华留学生中国国情教育课程类型与智慧教学环境

近年来，教育部多次发文，明确将汉语能力水平要求和中国概况类课程的必修要求纳入国际学生专业培养方案之中（教育部 2018）。由此可见，以汉语和中国概况为主要课程的中国国情教育既是国际学生管理的现实需求，也是来华留学高等教育提质增效的必然要求，受到了国家的高度重视。然而，目前国情教育的课程类型不够丰富，不成体系，对于教学策略与方法的研究尚不充分。探索国情教育课程类型以及相关的教学研究对于加强国情教育及课程体系建设有着重要的意义。本研究从国情教育课程创新的角度出发，讨论在智慧教学环境中如何利用现代信息技术，结合任务驱动、情境创设等教学方法，进行"语言＋文化＋国情"融合课程的教学设计与实践。

（一）来华留学生中国国情教育课程类型

目前，各高校针对国际学生开设的国情教育类课程以中国概况和中国文化为主，前者以中国概况课程为代表，后者既包括中国文化课程，也包括许多院校根据当地特色开设的地方文化课程，如上海城市文化等（华霄颖 2023）。这两类课程与国际中文教育都有着密切的关系。以国情为教学内容的中国概况课最初是随着 20 世纪 80 年代国际中文教育事业的全面恢复而发展起来的（刘元满 2023），而国情教育课程体系下的中国文化课程实际上就是国际中文教育中的文化类课程。因此，国情教育与国际中文教育，特别是与国际中文教育中的来华留学生教育[①]（王春辉 2024）密不可分，二者在教学内容、教学对象、教学方法等方面都有许多一致性。2022 年，《国际中文教育用中国文化和国情教学参考框架》出版，将中国"国情教学"与中国"文化教学"并列提出，凸显了国际中文教育学科对国情的重视。

应当注意的是，中国概况和中国文化课程都属于国际中文教育中的文化类课程，教学内容以国情知识和文化知识为主，因此二者自然而然地成为当前国情教育课程中的主干课程。而以语言交际能力训练为主的汉语语言课，虽然在教学实践中也会加入反映当代中国社会发展的内容，但课程本身对于国情教育没有具体要求，内容上也不成体系，随机性较强。因此汉语语言类课程较少纳入国情教育的课程体系当中。实际上，汉语是国际学生日常生活和学习的必备工具，并且语言文字本身就是中国文化和中国国情直观生动的体现，许多当代的语言现象直接反映着中国当下的社会生活与价

---

① 为了更精确适用于本文的概念范畴，采用王春辉教授将国际中文教育中"对外汉语"的部分称为"来华留学生教育"的做法。

值观念。另外，学习汉语也是大多数国际学生的一个显要的学习目的，是在中国生活必备的生存技能。因此将语言学习需求和国情教育融合起来，开设以语言学习为显在目的、以国情教育为潜在目的的融合性课程，既能够提高国际学生的汉语水平、文化理解力，为他们的在华生活、学习带来便利，帮助他们更好地融入中国，也有助于他们深刻地理解中国文化和中国国情，实现对中国价值的认同（郑阳，刘莉 2022）。这类融合性课程与单纯的语言课程的区别在于，国情教育内容在语言教学中的呈现是有设计、成体系的。课程从国情教育的目标出发，选取学生感兴趣的中国主题作为语言教学的话题，结合语言教学规律及《国际中文教育中文水平等级标准》制订语言教学内容。课程以语言教学和文化教学为显性教学目标，可以将国情教育潜移默化地融入其中。融合型课程既可以满足国际学生对于中国语言、文化的学习需求，同时又避免他们将国情教育理解为意识形态输出。只有从学生需求出发，才能使他们乐于接受中国国情教育。

（二）国情教育课程与智慧教学环境

智慧教学环境是信息技术与教育教学的深度融合，也是教育信息化的更高形式。构建智慧教学环境，推进信息技术和智能技术深度融入教育教学全过程，是我国教育现代化的必然要求，也是来华留学生教育的发展趋势（于晓婷，程爱民 2020）。智慧教室是智慧教学环境的物化形式，即"优化教学内容呈现、便利学习资源获取、促进课堂交互开展，具有情境感知和环境管理功能的新型教室"（黄荣怀等 2012）。智慧教室的出现"是学校信息化发展到一定程度的内在诉求，是新时代智慧教学的必然趋势"（王安琪等 2021）。黄荣怀等（2007）认为，信息时代的学习本质表现出三个方面的转变：一是学习者在学习过程中的地位由被动转变为主动；二是学习过程由记忆为主的知识掌握转变为发现为主的知识建构；三是知识的习得由个人的、机械的记忆转变为社会的、互动的、体验的过程。来华留学生中国国情教育处在信息时代的大背景下，应该把握学生学习的新特点，充分利用高校智慧教室的硬件优势，将信息技术与现代化教学理念相结合，在课程和教学模式方面进行创新，这样才能够抓住信息时代的学习本质。

本研究尝试将智慧教室作为教师组织教学活动的技术支撑，从"以学生为中心"的教学理念出发进行教学设计，通过在线教学平台实现教学资源的共享与课堂翻转，打通课前、课中、课后的时空局限，通过多端屏幕实时互通来增强教学交互性，并借助智慧黑板及教室网络互联实现教学活动在情境设置、任务布置、参与式学习、评价反馈等多方面的整合与协同。教师与学生、学生与学生之间的教学活动以国情教育为主题统摄，以语言教学和文化教学为基本脉络，在任务式课堂活动中形成学生学习的自驱力、创造力以及对中国的情感认同。

二、"语言+文化+国情"融合课程教学设计

(一) 课程设计说明

本课程的教学对象为具有中级汉语水平的国际学生。课程共12课,每课用6课时完成。课程内容围绕12个国际学生感兴趣的中国当代话题,包括经济、科技、旅行、娱乐等内容。现以第六课《跟着手机去旅行》为例介绍教学设计。本课课文介绍了如何使用手机规划旅行,以及常用的中文旅行手机软件。教学目标从语言、文化、国情三个角度进行设定。在语言教学方面,使学生掌握与旅行信息搜索相关的词汇、句型以及课文的语言点,并且能够使用中文与朋友商讨旅行计划、查找旅行信息、规划出游行程。在文化方面,通过布置"制订旅行计划"的任务,让学生了解中国各地的人文风情、旅游特色资源。在国情教学方面,介绍如何使用中文手机软件,让学生体验中国移动互联网的发展,感受科技给人们生活带来的便利,以及增进对中国的自然与人文风光的热爱。

本课程的课时安排借鉴了输入假说理论、体验式学习理论以及文化适应理论进行设计。

美国语言教育家斯蒂芬·克拉申(Stephen D. Krashen)的输入假说理论认为,语言习得的关键是要有足够的可理解性输入(comprehensible input)。只有当学习者接触到略高于其现有语言水平(i+1)的语言输入时,语言习得才有可能发生。"i"代表学习者现有的语言水平,"1"表示略高于现有水平的部分。因此,第一课时采用线上录播形式,用视频介绍与中国旅行及中国移动互联网发展相关的文化背景知识,同时讲解课文中的词语读音、汉字书写,讲解词义。这一设计为学生提供了丰富的可理解性输入(i+1),有助于激发学生的学习兴趣和语言习得。视频形式的多模态输入以及教师准确的讲解示范,确保了学生能够有效接收和理解新知识,为后续的学习奠定基础。第二课时着重对词语掌握进行检测和巩固。通过检测,教师可以了解学生对第一课时输入内容的掌握情况,为学生提供更有针对性的补充输入,进一步强化语言学习,符合输入假说理论中语言习得需要不断巩固和积累的原则。第三课时结合输入假说理论中语言能力需逐步提升的要求,讲解课文中的语法句型并进行操练。帮助学生将所学词汇融入句子结构,提高语言表达的准确性和流利性,使学生能够更好地理解和运用更复杂的语言形式。第四课时在梳理课文的基础上,初步介绍中国人常用的手机软件及其特别条款,对中国各地的风土人情,风俗及文化习惯进行简单了解。这一课时结合输入假说理论中对多样化输入的需求,继续为学生提供丰富的语言和文化输入。这可以拓宽学生的知识面,使他们接触到更多实际应用中的语言和文化情境,有助于学生在不同情境中灵活运用所学语言知识。

第五、第六课时则以体验式学习理论为基础进行设计。这一理论强调学习是一个通过体验、反思、总结和应用来获取知识和技能的过程。学习者通过亲身参与实践活

动,在具体的情境中感受和理解知识,通过反思和总结,将所学知识内化为自身能力,并能够应用于实际生活中。因此,第五课时设计为实操课。在完成前四课时生词、句型、课文及相关文化背景知识学习的基础上,以语言操练和动手操作的形式全面复习巩固所学语言知识与国情内容,将所学通过实操和体验内化为自身技能。学生以学过的词语为工具,用手机软件查找旅行信息,教师在以学生为主体的操作过程中,解决他们遇到的语言问题,并补充相关文化知识。这一课时充分发挥体验式学习的优势,让学生通过亲身参与具体活动,将抽象的语言知识和文化概念转化为实际的操作技能和情感认知。学生在实际操作中不仅巩固了语言知识,还能直接感受中国科技给生活带来的便利,实现了知识的内化和能力的提升。通过让学生在实践中体验中国文化,可以促进他们对中国文化的认知和理解,提高文化适应能力,帮助学生更好地融入中国社会和文化环境。第六课时旨在通过学生作业成果展示及教师评价、生生互评,检验本课教学效果。这一环节可以看作是体验式学习的延伸和总结,符合体验式学习理论中强调的学习反思和知识总结过程。学生通过展示和评价,对整个学习过程进行回顾和反思,将自己的体验和学习成果进行抽象概念化,形成更系统的知识体系,同时从同伴和教师的反馈中获取更多启示,进一步丰富学习体验,提高学习效果。

(二) 实操课的教学设计

下面着重介绍第五课时实操课在智慧教学环境下的创新设计。

1. 教学时长:45分钟
2. 教学对象:中级汉语水平(HSK3—4级)的国际学生
3. 教学目标

1) 知识目标:
- 会读、会认网络搜索的系列工具词并能正确理解词义,会使用这些词语查询信息。
- 会读、会认并能正确理解和使用"攻略""单程""往返""转机""直达"等旅行词汇。
- 能说出长白山地区的地理位置、气候特点、及主要的少数民族。(本课以长白山为例)

2) 技能目标:
- 会使用常用的中文手机旅行软件,查询旅行信息及订票。
- 会用中文制订具体的旅行计划。
- 能够流利使用中文与他人分享旅行信息,说明心中最佳事物,给出充分理由说服对方。

3) 情感价值目标(国情教育目标):
- 感受中国之美,了解中国东北地区的气候特点、自然风光与人文风情。
- 了解冬奥会、冰雪运动,认识到中国高铁的速度对出行便利性的提升。

- 了解中国网络科技的发展，及其给生活带来的便利。

4．教学流程

1）课前以部分翻转课堂方式布置学习任务。

学生在网络教学平台观看教师发布的三个中国旅行地的视频并完成海报作业，票选最喜欢的旅行地，写出 3 个理由。教师通过网络平台批改作业，在课前即可了解到学生票选结果，并以此旅行地为实操课的话题中心进行教学准备。

2）课中以 BOOOPS 教学模式进行教学。

- 导入：讲评学生课前海报作业，引入本课主题——最想去长白山旅行。
- 目标：学习用中文手机制订去长白山的旅行计划。
- 前测：了解学生对中文手机软件的使用情况。
- 参与式学习：

　　在复习本课生词（同时也是本课时要使用的网络搜索工具词）基础上，进行任务驱动式教学。

　　① 任务准备（示范＋表达练习）

　　教师播放视频，展示在"马蜂窝"软件上搜索长白山旅行攻略的步骤。让学生以刚刚复习过的工具词汇串联成句，说出搜索步骤。

　　② 任务导向的参与式学习

　　教师将旅行攻略分为出行、住宿、游玩、美食四个方面，以完成任务的方式让学生分别使用"去哪儿""小红书""大众点评"等手机软件查找这四方面的旅行信息。在介绍旅行信息时完成对长白山人文风情的展示。这一过程是本课时的教学核心，教师利用智慧教室帮助学生动手操作并且逐级完成任务。

- 后测与小结：以游戏"拍盲盒"的方式邀请学生在智慧屏幕上分别"拍"出吃住行玩四方面的知识框架，并要求回答出相关的学习内容。回答正确有奖励，回答错误或者拍出"炸弹"会有小惩罚。"拍"出所有知识点后，智慧屏幕上呈现出本课的思维导图，教师进行总结。

3）课后以个性化作业的方式完成任务。

教师将旅行预算分为高、中、低三档，学生抽签完成作业。根据抽到的预算，使用中文手机软件制订一个去长白山三天两夜的旅行计划。以计划性价比的高低作为评价标准。在教学平台上发布作业，下一课时学生在课堂上口头展示自己的旅行计划。

三、智慧教学环境下的国情教学策略与方法

"语言＋文化＋国情"融合课程既要满足语言交际训练的教学要求，又要实现国情内容的教学目标。基于以上的教学设计，在智慧教学环境的软、硬件资源条件下，上述实操课采取了下列教学策略与方法。

（一）贯通课前、课中、课后，突破课堂时空局限——基于网络教学平台的任务布置、反馈与共享

1. 理论依据

建构主义学习理论强调学习者的主动性和情境性，认为学习是在一定的社会文化环境中，学习者主动对新信息进行加工处理，建构知识意义的过程。通过网络教学平台突破课堂时空局限，可以为学生提供一个自主学习和互动交流的环境，符合建构主义的学习理念。

2. 实践操作

课前：教师通过在线教学平台布置、批改、评价部分翻转课堂任务。将文字、图片、视频等学习资料上传，学生在课前观看三个旅行地的视频后，投票选出心中最想去的地方，用中文完成海报作业（书面）。将作业通过网络教学平台上传，由教师在平台批改，并依照学生的票选结果准备课上教学内容。

课中：部分翻转课堂——总结作业票选情况，引出课中教学主题。学生作业票选结果决定了课中制订旅行计划的目的地。课上教师让学生口头表达选择该目的地的理由，实现由书面到口头的语言训练，同时加深对旅行目的地的认知。

课后：学生在教学平台认领任务式作业，完成后分享、互评。学生在教学平台抽取不同预算金额，用中文软件制订一个同一时段、同一目的地的旅行计划，作业评价标准同时发布。完成后分享到平台，由同学和教师共同作出评价。

网络平台打通了课上课下的时空局限，使学生与教师充分互动，教师备课与学生学习都更为高效。

（二）情境学习理论下的语言训练与国情教学——基于智慧教室与网络平台的真实情境创设

1. 理论依据

现代心理学和脑科学的研究为情境教学提供了主要的理论依据。情境学习理论认为，知识具有个体与情境联系的属性。它产生于真实情境中，并且如同工具一样，只有在应用中才可以被理解和发展。唯有将学习镶嵌于它所维系的情境之中，学习才会被赋予真正的意义（贾义敏等 2011）。无论是从语言技能训练的角度还是从国情教学的角度来说，在教学中创设真实情境都可以使学习者在有意义的学习中将所学内容内化为自己的认知与能力。另外，多元智能理论强调人类智能的多元化，教育应关注学生多种智能的发展，为学生提供多样化的学习情境。智慧教室与网络平台的结合为创设真实情境提供了条件，也有利于学生在情境中综合发展多种智能。

2. 实践操作

实操课在智慧教室与网络平台的软硬件条件下,创设了一个制订长白山旅行计划的真实情境,教师将旅行计划细分为"吃玩住行"四个子任务,通过引导学生完成任务,实现语言技能的操练以及国情教育内容的内化。

1) 导入主题情境:通过网络平台上的课前作业以及课堂导入环节,引入使用中文手机软件制订旅行计划的主题。用动态图片、短视频展示长白山特色风光,使学生产生对旅行地的向往之情。

2) 基于智慧教室环境的情境创设:教师利用智慧投屏,展示在"马蜂窝"手机软件上搜索长白山旅行攻略的过程,引导学生注意使用哪些汉语词汇进行搜索,向学生解释搜索结果中不理解的语言问题。教师对搜索出来的攻略进行总结,将接下来的信息查询任务细化为"出行""住宿""游玩""美食"四方面。在每一任务完成过程中,教师先将手机界面投屏到班级大屏幕,由全体同学共同协作完成,然后让学生各自使用自己手机查询,并将查询结果的截图或视频发在班级群里。通过智慧教室的教学环境在课堂上形成一个真实情境下的交互式协作与竞争的学习关系。同时通过多媒体网络资源的应用,课程从四个子任务的角度,在旅游情境中展示以长白山为代表的,地域特色鲜明的中国自然风光与风土人情。如长白山开通高铁为游客出行带来的便利;长白山与中国冰雪运动;冬季民俗乐趣;朝鲜族风情与东北特色美食等。在这个过程中,学生了解了长白山地区民族文化、当代发展等知识,同时也感受到了中国的自然之美与人文风光。这些都为营造一个查询旅行信息、制订旅行计划的真实情境创造了条件,也在这一情境创设中将语言、文化、国情等教学内容融为了一体。

(三)"做中学、用中学"——基于智慧屏幕情境的任务型学习

1. 理论依据

约翰·杜威(John Dewey)把教学过程看成是"做的过程",他认为"制作"的冲动或兴趣是人的主要本能之一,知识经验均是在主客体的相互作用,即生活过程中得到的(刘广利等 2008)。从活动中和经验中学习,能使学生成为学习中积极主动的参与者而不是被动的信息接收者。在语言教学中,任务型教学法早已广泛应用,它能把语言能力目标与工作能力目标紧密联系起来。学生在任务过程中发展了认知潜力,形成一种有明确目的的生成、转换、应用语言知识和交际知识和技能的潜力(夏纪梅等1998)。在国情与文化教学中,实践操作带来的感受和体会则更有利于学生形成正向的情感价值。在本课教学过程中,智慧教学环境实现了学生通过逐级递进的操作任务来进行参与式学习。另外,信息加工理论把学习看作是信息的输入、编码、存储、检索和提取的过程,任务型学习能够让学生在实际操作中更好地完成信息加工,提高学习效率和质量。智慧屏幕情境为任务型学习提供了直观的展示和互动平台,有助于学生

更好地理解和完成任务。

2. 实践操作

任务一：学生在投屏上观看教师手机的攻略搜索示范后，使用教师手机，用中文软件完成对"出行"信息的搜索。在这一环节中，由一名学生到讲台前使用教师手机操作"去哪儿"软件查询机票或高铁信息。由于软件使用过程投屏在智慧屏幕上，其他同学可以使用学过的词语和句型提醒、纠正、评价该同学的操作，在语言交际练习的过程中协助前面的同学完成对机票或火车票信息的搜索。通过智慧投屏，全班同学可以共同参与完成这项任务。

任务二：在教师介绍完两种酒店类型及中文表达后，学生使用自己的手机，在"去哪儿"软件上用中文搜索同一日期同一酒店的房间价格，把搜索的价格截图发在班级群，看谁查得快。班级群中的查询结果可以在教师手机上通过投屏查看，教师引导学生对群内的查询结果进行评价。该任务促进学生中文认读能力的提升，特别是增强利用中文细节信息进行筛选的能力以及对中文软件的熟悉程度。

任务三：在教师通过动画、视频等方式讲解完长白山旅行地其他特色游玩项目后，要求学生使用自己的手机在"小红书"软件上查找长白山的特色"雾凇漂流"的视频，并发到班级群里，看谁发得快。教师利用投屏方式，播放并评价第一名学生搜索到的视频。该任务使学生在深入了解长白山风光奇景的同时，熟悉更多类型的中文软件的功能。

任务四：介绍长白山地区特色美食种类后，教师布置课后任务，让学生课后用"大众点评"软件查询最想去的长白山地区餐厅，把结果写进课后作业的行程规划中。教师提前讲解查询过程中可能遇到的网页页面及生词。

课堂任务从布置到实施是一个层层递进的过程。先由学生观看教师操作，其次由多数学生指导、协助一名学生操作，然后学生各自查询后分享截图或视频，最后学生自主完成课后任务。学生在任务过程中由模仿到尝试再到自主操作，符合学习规律和认知规律。同时，在任务的布置和完成过程中，语言教学、文化教学、国情教学的内容融会贯通，学生潜移默化地提升了汉语的阅读、表达能力，感受到了中国山川之美和中国移动科技发展给人们旅行、生活带来的便利。

四、结语

国际学生要了解中国、认识中国，就必须学习中国的语言、文化和国情。而语言的学习是打开文化与国情之门的钥匙，将国情教育与汉语语言教学相结合，符合学生的学习需求，符合教学规律，也符合国情教育润物无声的理念。智慧教学环境是教育现代化发展的必然趋势，探索智慧教学环境下以语言教学为主要形式，国情教育为终极目标的新型融合课程的教学策略与方法，对信息时代下的国情教育课程体系建设有着重要的意义。

参考文献

[1] 华霄颖.国际学生中国国情教育的在地化探索——以上海城市文化课程为例[J].现代语文,2023(9):24-31.

[2] 黄荣怀,胡永斌,杨俊锋,肖广德.智慧教室的概念及特征[J].开放教育研究,2012,18(2):22-27.

[3] 黄荣怀,张振虹,陈庚,徐峥.网上学习:学习真的发生了吗?——跨文化背景下中英网上学习的比较研究[J].开放教育研究,2007(6):12-24.

[4] 贾义敏,詹春青.情境学习:一种新的学习范式[J].开放教育研究,2011,17(5):29-39.

[5] 刘广利,汤慧丽.杜威的"从做中学"教学理论及对我国基础教育的启示[J].继续教育研究,2008(5):84-86.

[6] 刘元满.中国概况与国情、话题、知识点的共核与边界[J].云南师范大学学报(对外汉语教学与研究版),2023,21(6):35-42.

[7] 人民日报.三部门联合制定办法汉语和中国概况应成国际学生必修课[EB/OL].(2017-06-06)[2024-06-20].https://www.gov.cn/xinwen/2017/06/06/content_5200116.htm.

[8] 王安琪,隗雪燕,张庆华.智慧教室环境下的大学英语课堂教学活动——基于7名大学英语教师的个案研究[J].现代教育技术,2021,31(10):68-76.

[9] 王春辉.国际中文教育助力教育强国建设的相关思考[J].云南师范大学学报(对外汉语教学与研究版),2024,22(2):1-9.

[10] 夏纪梅,孔宪辉."难题教学法"与"任务教学法"的理论依据及其模式比较[J].外语界,1998(4):34-40.

[11] 于晓婷,程爱民.中国概况课程混合式学习情况调查研究[C]//程爱民主编.国际学生教育管理研究1.上海:上海外语教育出版社,2020:109-130.

[12] 郑阳,刘莉.论开展国际学生中国国情教育的必要性、适用性和操作性[C]//程爱民主编.国际学生教育管理研究3.上海:上海外语教育出版社,2022:36-44.

[13] 中华人民共和国教育部,中华人民共和国外交部,中华人民共和国公安部.高等学校接受外国留学生管理规定[EB/OL].(2000-01-31)[2024-06-27].https://www.gov.cn/gongbao/content/2000/content_60182.htm.

[14] 中华人民共和国教育部.关于印发《来华留学生高等教育质量规范(试行)》的通知[EB/OL].(2018-10-09)[2024-06-27].http://www.moe.gov.cn/srcsite/A20/moe_850/201810/t20181012_351302.html.

数字化赋能国际学生讲好中国故事的三维探赜*

王展鹏　王安东　林　秀　李世杰**

摘要：数字技术的快速发展及其应用为新时代国际学生讲好中国故事提供了新的载体。数字化深度介入的现实趋势形塑了国际学生讲好中国故事的全新面貌，使其在技术、主体、空间等多个维度发生变革。但是，这一过程中亦面临着一系列亟待识别与解决的现实问题，如数字生态环境缺失、数字文化产品匮乏、数字叙事能力不足、数字交流渠道缺乏。为了有效应对这些挑战，应从打造数字平台、创新数字内容、培训数字技能、促进数字交往等多维度进行综合性的协同管理，以期能最大化地发挥数字化赋能国际学生讲好中国故事的增效潜力。

关　键　词：数字化　讲好中国故事　国际学生　实践路径

Abstract：The rapid development and application of digital technology have provided new platforms for international students studying in China to tell China's stories well in the new era. The trend of deep digital involvement has shaped the comprehensive outlook of international students studying in China, and has in turn led to changes in technology, subjectivity, space and other dimensions. However, in the process of digital empowerment for international students studying in China to tell China's stories well, there are also a series of practical problems that need to be identified and solved urgently, such as the lack of digital ecological environment, the scarcity of digital cultural products, the insufficient ability of digital narratives, and the lack of digital communication channels. To effectively address these challenges, we should implement comprehensive collaborative management from multiple dimensions such as building digital platforms, innovating digital content, training digital skills, and promoting

---

* 本文系2023年度国际教育合作与传播专项课题"'一带一路'沿线国家来华留学生讲好中国故事的实践与探索——以新疆高校为例"（项目编号：2023GJCB23）、2023年度"一带一路"教育国际交流专项课题"'一带一路'背景下新疆高校国际学生中国国情教育策略和路径选择"（项目编号：BREC2023-015）研究成果。

** 王展鹏，石河子大学马克思主义学院硕士研究生，研究方向为马克思主义基本原理研究。
王安东，石河子大学团委文体部（社团管理部）部长，研究方向为大学生思想政治教育与创新创业教育。
林秀，石河子大学团委副书记，研究方向为大学生思想政治教育研究。
李世杰，石河子大学马克思主义学院硕士研究生，研究方向为马克思主义中国化研究。

digital communication, in order to maximize the potential of digital empowerment for international students studying in China to tell China's stories well.

Key Words：digitization, tell China's stories well, international students in China, practical path

一、文献回顾与问题提出

中国共产党历来高度重视对外宣传工作，始终将其视为党的宣传工作中的重要内容。党的十八大以来，以习近平同志为核心的党中央高度重视构建中国话语和中国叙事体系，以及传播中国声音。2013年8月，习近平总书记在全国宣传思想工作会议上指出，"要精心做好对外宣传工作，创新对外宣传方式，着力打造融通中外的新概念、新范畴、新表述，讲好中国故事，传播好中国声音"（蔡名照2013）。2014年10月，习近平总书记在《当前工作中需要注意的几个问题》中进一步指出："中国为什么能？中国共产党为什么能？国内外不少人都在思考这个问题。我们现在有底气、也有必要讲好中国故事，这对激励广大干部群众继续沿着中国道路前进的信心和勇气、对加深国际社会对中国道路的认识至为重要。"（中共中央文献研究室2017）2017年10月，在党的十九大报告中，习近平总书记强调要"推进国际传播能力建设，讲好中国故事，展现真实、立体、全面的中国，提高国家文化软实力"。在党的二十大报告中，习近平总书记再次强调要"加快构建中国话语和中国叙事体系，讲好中国故事、传播好中国声音，展现可信、可爱、可敬的中国形象"。习近平总书记关于"讲好中国故事"的重要论述，为学界提供了丰富的理论素材，促进了相关研究成果的不断丰富和深化。

近年来，学界在多元框架下对"讲好中国故事"这一议题进行了深度剖析，系统探究了其内涵特质、生成逻辑及其社会文化价值。其中，围绕如何有效讲好中国故事的叙事策略与传播机制，学者们在理论建构、实证分析以及跨学科融合等维度展开了广泛而深入的探索，推动了讲好中国故事研究领域的学术边界的向外延伸与理论体系的持续深化。综而观之，学界探讨讲好中国故事的路径主要集中于文化、教育、技术等维度（陈宏等2023）。其一，通过文化路径讲好中国故事。从文化的传播视域来看，通过挖掘文化资源、培育主体文化素养、打造文化平台、营造文化氛围等文化路径讲好中国故事，可以起到润物无声、潜移默化的传播效果，进而从文化层面建构起讲好中国故事的新常态（邹霞，何攀文2024）；从文化的符号形式来看，中国故事内容的丰富性一定程度上决定了符号的多样性，不仅可以通过文字符号、视觉符号进行叙述，还可以与影视作品、音乐戏剧等载体结合，将多元符号进行融合，多方位展示中国故事中丰富的文化元素（唐润华，叶元琪2023）。其二，通过教育路径讲好中国故事。从国际教育的内容来看，在国际中文教育中要讲好"中国历史与文化"的故事、"中国革命、建设、改革"的故事和"人类命运共同体"的故事，来提升讲好中国故事的实效（符好丰2024）；从高等教育的使命来看，通过发挥知识原创力、培养国际传播人才、延展传播空间等措施，增强高等教育讲好中国故事的系统性与适切性，积极探索高等教育讲好中国故事、推动国际传播工作提升质量的有效路径（袁梅，原子茜 2023）。其三，通过技术路径讲好中国故事。从数字传播变革来看，以数字技术赋能，呈现生动、精彩的中国故事，更好地展现真实、立体、全面的中国（张靖 2023）；从数字媒介样态来看，自媒体短视频在讲好中国故事上具有原生动力、鲜活素材、现实可能的三重优势，应通过加强价值引领、提升媒介素养、推进平台治理等手段，使之成为讲好中国故事的重要载体，实现舆论引导和思想宣传的路径优化（周本红，邱天 2023）。

通过对现有文献的系统性梳理，国内学界已从多元维度对"讲好中国故事"这一议题进行了全面而深入的研究。尤为值得注意的是，随着数字科技和人工智能领域的迅猛发展，众多学者对其赋能讲好中国故事的运行逻辑、实施策略等问题进行了探讨，不断深化这一议题的理解与研究。然而，数字化赋能讲好中国故事的研究尚处于初步探索的阶段，还未积淀形成广泛认可且被频繁引用的标志性研究成果。国际学生既是中国故事的"听讲者"，也是中国故事的"讲述者"，是向世界讲好中国故事的重要力量（卢鹏 2022）。党的十八大以来，习近平总书记高度关注国际学生在讲述中国故事、推广中华文化中的重要作用。他强调，国际学生不仅是中外文化交流的使者，也是中国故事的生动讲述者，对于增进世界对中国文化的理解和认知具有不可替代的作用。有鉴于此，本文在厘清数字化赋能讲好中国故事的驱动机理的基础上，剖析讲好中国故事数字化过程中面临的现实问题，并探寻数字化赋能讲好中国故事的可行路径。

二、数字化赋能国际学生讲好中国故事的驱动机理

数字化转型作为推动社会变革的重要引擎，在教育与文化交流领域展现出日益显著的影响。数字化深度介入的现实趋势形塑了国际学生讲好中国故事的全新面貌，使其在技术、主体和空间等多个维度发生变革。

（一）技术逻辑：以技术设计的前置实现国际学生跨文化数字叙事的精准智能

数字技术的设计与应用，为国际学生跨文化叙事提供了精准智能的支撑。首先，技术设计的前置意味着在数字叙事的初始阶段就融入技术元素，确保国际学生在讲述中国故事时能够无缝对接各种数字工具与平台。例如，通过智能推荐算法，国际学生可以"利用人工智能提供相应的热点预测以及监测舆情，进行动态追踪、科学研判，让中国故事紧贴实时动态与受众的喜好，打造符合海外受众口味的中国故事"（周静，汪正一 2024）；利用数据分析，他们可以监测故事的传播效果，及时调整叙事策略，以期达到最佳传播效果。其次，虚拟现实（VR）、增强现实（AR）等沉浸式技术的集成使用，使国际学生能够跨越文化差异，以更加个性化和富有创意的方式讲述中国故事，实现情感共鸣与文化认同。例如，VR技术可以让国际学生仿佛置身于古代丝绸之路的繁华市场，或是见证中国改革开放的历史瞬间，这种直观的体验有助于国际学生更深刻地理解中国故事的文化内涵，进而成为更加自信的中国故事讲述者。最后，技术

逻辑下的智能推荐系统能够根据用户的历史行为和兴趣标签，精准推送与中国故事相关的高质量内容，比如文化纪录片、历史短片或传统艺术表演等。这不仅丰富了故事的展现形式，也拓展了国际学生讲述中国故事的素材库，使其叙事更具多样性和创意。

（二）主体逻辑：以"自我"赋权实现国际学生视角下中国故事的个性化诠释

作为讲述中国故事的重要角色，国际学生不仅是中国文化的传播者，更是个性化诠释中国故事的创作者。首先，国际学生讲述中国故事有其内在动因。"对于异质文化的国际用户来说"，他们更多是出于"对异质文明的好奇"（张秀丽，李开渝 2024）；正是这种对人类共有的基本情感的需要和满足，驱使着他们主动探索中国的文化、历史和社会现象。数字化技术的应用直接地激发并满足了这种好奇心，通过在线资源和 VR 等技术，国际学生可以更加直观和深入地了解中国的历史和文化，从而更好地讲述中国故事。其次，国际学生凭借其跨文化视角，能够从非传统的角度解读中国故事。他们不仅仅是文化的接收者，更是文化的再创造者。通过将自身经历与中国的历史、文化和社会现实相结合，国际学生能为传统叙事增添新的视角。这种个性化理解不仅展现了中国故事的丰富性和复杂性，也为全球观众提供了多元化的解读视角，增强了故事的共鸣力和吸引力。最后，数字技术的普及和社交媒体的介入，为国际学生提供了展示中国故事的全新场域。国际学生能够借助短视频平台、博客、播客等数字媒介，融入个人的情感色彩和创意元素，以生动直观的方式讲述中国故事。这种数字叙事方式，使"参与者和叙事者在故事的交互中实现融合，故事交流模式从话语实践转向情感实践及身份建构实践，人的主体性被唤醒，持续性的交互进一步提高接受者的情感归属"（张秀丽，李开渝 2024）。

（三）空间逻辑：以数字空间的"在场"实现国际学生全球范围内的互动共享

数字空间的无界特质，为国际学生构筑了一个超越物理局限的场域，使其能以"在场"的姿态，与世界各地的听众建立起突破时空限制的连接。首先，数字空间所赋予的互联互通属性与即时通讯能力，构建了一个无边界的话语平台，使国际学生能有效地向全球受众传达中国的故事，进而促进中国叙事在多元文化语境中的交流与传播。国际学生作为全球化叙事网络中活跃的成员，借助互联网平台，如社交媒体、在线论坛和视频分享网站，实时发布和更新关于中国的故事，与全球受众进行互动，这种即时的互动性极大地增强了中国故事的传播力和影响力。其次，在数字空间内，虚拟社群作为跨文化交流的孵化器，显著地推动了国际学生间横向沟通与合作的深化。国际学生群体通过在线平台，不仅能够共享各自在创作中国故事方面的独特洞见与实践技巧，还能够与来自全球不同文化背景的创作者、教育专家以及媒体从业者建立联系，共同开展跨国界的合作项目，形成一种共创共享的文化生态。最后，数字空间为国际学生提供了一个自我表达和文化融合的平台。他们可以将个人的经历、情感和思考融入中国故事的讲述中，形成独特的叙事风格，让全球听众感受到中国故事的温度和深度。这种个性化、情感化的叙事方式将个体视角"置于中国叙事语境下，有机融入中国元素和中国内涵，诉说中国故事，不仅有助于完成多主体叙事，而且还能增强中华文明在全球文化价值的影响力"（刘一瑾 2023）。

三、数字化赋能国际学生讲好中国故事的现实问题

数字化赋能国际学生讲好中国故事是数字时代的必然趋势。但是，这一过程亦面临着一系列亟待识别与解决的问题。

（一）数字生态环境缺失

随着数字化、网络化、智能化进程不断深化，人类开始步入数字文明时代。传播与社会深度互构，基于数据的媒介化成为社会运行的重要机制，虚实共生的数字生态正在形成（李继东，项雨杉 2023）。对于国际学生而言，一个成熟且健全的数字生态环境是其能够充分运用数字技术讲好中国故事、进行跨文化交流不可或缺的支撑体系。当前，虽有海量数字资源散布于网络，却鲜有专门为国际学生设计的讲述中国故事的平台与资源库。数字生态环境的缺失，直接削弱了国际学生作为中国故事讲述者的效能。在数字化进程中，不同国家和地区间的数字鸿沟依然显著，加之文化差异带来的理解障碍，部分国际学生即便拥有一定的技术基础，也难以跨越文化隔阂，精准捕捉和表达中国故事的核心价值与魅力。一方面，资源的匮乏与获取渠道的狭窄，限制了国际学生对故事素材的选择与挖掘，难以呈现中国故事的多样性和深度；另一方面，技术应用能力的不足，降低了内容创作的质量与效率，影响了故事的传播力与感染力。长此以往，不仅国际学生自身讲述中国故事的热情与能力受到抑制，更可能错失通过数字平台放大中国声音、增进国际理解与友谊的宝贵机会。

（二）数字文化产品匮乏

现有的数字内容不足以满足国际学生讲好中国故事的需求，缺乏具有吸引力和创新性的影视、音乐、电子书籍、网络游戏等数字文化产品（潘金刚，李苏 2024），使他们在讲述中国故事时难以找到合适的素材和表现形式，无法最大程度上激发他们的情感共鸣与创作灵感。当前市场上的数字文化产品，尤其是那些旨在展示中国文化的数字文化产品，往往存在显著的同质化现象，缺乏新颖视角与深度解读，或难以满足多元文化背景下的国际学生群体对新颖、有深度的中国故事素材的迫切需求。一方面，现有数字文化产品的表现形式多局限于文字、图片等传统媒介，缺乏多媒体融合与交互式体验，未能充分利用 VR 或 AR 等新兴技术提升内容的沉浸感与互动性。这对于习惯于数字化生活方式的年轻一代国际学生而言，无疑弱化了故事讲述的生动性和感染力。另一方面，高质量的数字文化产品应涵盖中国历史、艺术、哲学、民俗等多个领域，以全面展现中华文明的博大精深。然而，当前的产品往往侧重于表面现象的描述，忽视了对文化内核的挖掘与阐释，导致国际学生在讲述中国故事时难以触及文化的深层含义，限制了故事的深度与广度。

（三）数字叙事能力不足

数字叙事能力作为信息时代文化表达与传播的重要技能，主要是指"运用数字技术工具、数字叙事资源等讲述并传播主流意识形态叙事的技能"（项敬尧 2023），涵盖了视频编辑、音频处理、图文设计、社交媒体运营等多个方面。在数字化转型的背景下，这一能力不仅关乎内容的制作质量，更关系到故事能否有效触达目标受众，实现跨文化沟通的目标。在数字化时代，掌握必要的数字技能对于有效讲述中国故事至关重要。一方面，国际学生可能缺乏必要的数字技能培训和实践经验，如视频编辑、社交媒体运营等，这直接影响了他们利用数字化手段讲述中国故事的能力。许多国际学生在面对复杂的技术要求时显得力不从心，无法熟练运用视频编辑软件、社交媒体分析工具等关键技能，从而限制了中国故事的表现形式和传播范围。另一方面，跨文化差异使国际学生在内容创作时难以准确把握中国故事的精髓与受众偏好，进而影响了故事的吸引力与传播效果。同时，语言障碍与技术接入的不平等，进一步加剧了数字叙事能力的分化，使部分国际学生在讲述中国故事时处于不利地位。

（四）数字交流渠道缺乏

在全球化与数字化双轨并行的时代背景下，国际学生作为跨文化交流的使者，在中国的学习与生活经历承载着独特的文化传递与融合使命。然而，语言文化、技术习惯等多重差异构筑的无形壁垒，使得国际学生难以接触到最地道、最具代表性的中国故事。一方面，数字技术本身是跨文化交流的有力工具，但如果缺乏精心设计的数字交流平台，技术的应用就可能仅停留在表面，无法真正融入文化的土壤，成为促进深层文化交流与互鉴的实质动力。由于语言、文化等方面的差异，国际学生在讲述中国故事时，往往面临着如何将故事的精髓与情感细腻地传递给不同文化背景受众的挑战。在此过程中，有效的数字交流渠道的缺失，无疑成为横亘在国际学生与中国故事之间的一道难以逾越的鸿沟，严重影响了他们讲好中国故事的效果。另一方面，国际学生往往难以无缝接入中国本土的数字生态系统，无论是官方发布的政策信息、文化活动通知，还是日常生活中的公共服务信息，都可能因为语言障碍或文化认知差异，导致信息接收的延迟或误解，从而限制了国际学生讲述中国故事时的视野与素材来源。

四、数字化赋能国际学生讲好中国故事的实践进路

探求数字化赋能国际学生讲好中国故事的恰切之道，应从打造数字平台、创新数字内容、培训数字技能、促进数字交往等多维度实施综合性的协同管理，以最大化发挥数字化赋能国际学生讲好中国故事的增效潜力。

（一）打造数字平台，构建数字生态环境

数字平台作为获取资源、创作内容、提升技能和交流互通的综合性数字生态系统，"可以汇集全球市场和用户群体，能够实现内容和用户的高度契合"（戚德祥，王佳康 2024），为国际学生与全球受众互动提供了跨文化沟通与故事传播的基石。缺乏共同的数字交流平台，意味着双方在互动频率、议题深度、情感联结等方面难以达到理想状态，从而影响国际学生讲述中国故事时的共鸣度与影响力。鉴于此，应构建一个集资源、技能、交流与创新为一体的全方位数字生态系统，为国际学生提供稳固的技术与文化支持架构，以期有效放大中国故事的全球回响，深化跨文化交流与理解。

构建数字平台以赋能国际学生讲述中国故事，首要之举乃是打造一个集多功能于一体的综合性数字故事创作平台。首先，该数字平台需集成故事素材检索、内容编辑、技能学习、互动交流等功能，确保操作界面友好与技术兼容，以满足不同国家国际学生的需求；平台的架构应包含资源中心，收集并分类中国历史、文化、社会等多维度的数字资源，涵盖文本、图像、音频、视频等多媒体素材，为国际学生提供丰富的创作素材库。其次，平台需设立包括在线论坛、社交媒体小组等多元虚拟社群的交流社区，鼓励国际学生深入了解全球受众的关切焦点，包括但不限于故事议题的偏好、内容选择的倾向、传播渠道的习性及其行为模式，"以此为依据来实现从内容制作到传递的智能化建构，获取广泛的价值认同和心理认可，从而打牢中国故事被认同的'他者'基础"（丁秋玲，张劲松 2020）。同时，平台应定期组织跨文化交流项目，利用 VR 或 AR 等技术，设计数字文化体验活动，如虚拟博物馆游览、历史场景重现等，以增强国际学生对中国文化的直观感知，拓宽其故事创作视野。最后，平台应重视数据安全与隐私保护，建立健全的数据安全机制，确保用户信息的安全，遵守国际数据保护法规，营造一个健康、积极、安全的数字生态环境。

（二）创新数字内容，打造数字文化产品

数字内容的创新构成强化国际学生叙述中国故事魅力与扩散效能的核心要素。尽管"信息传播的效果受内容、形式、手段、技巧等要素的影响，但归根结底内容才是根本"（施广东 2024）。创新的数字内容足以深化叙事的感染力度，激发情感共振，催化跨文化沟通与理解。数字内容若创新乏力，则可能导致中国故事叙说浮于表象，难以触及中华文化底蕴的深义，限制了讲述中国故事的深度与广度。因此，国际学生应深入探索中国的历史、文化和社会现实，巧借虚拟现实、增强现实等技术，以创新手法演绎中国故事，增强叙事的沉浸体验和交互特性，让受众产生更深刻的共鸣。

首先，依托数字化工具的效能，通过沉浸式虚拟环境和增强现实等技术，国际学生可以为受众带来沉浸式体验，引领受众步入故事发源地，让受众仿佛置身于故事发生的场景之中。例如，可以开发 VR 体验项目，让受众亲身体验长城之雄伟壮观、故宫之庄重典雅，或沉浸于中国乡村质朴生活之画卷，真切感受中国文化的独特魅力。

同时，借助 AR 技术，国际学生可以将中国故事中的角色、场景和情节巧妙嵌入到现实环境中，增进互动性和参与感，赋予故事叙述以鲜活的生命力。其次，国际学生应勇于突破传统叙事的框架，不断尝试新的叙事手法和表现形式，探索如互动故事、游戏化叙事、数据可视化等新兴的叙事方法，以适应数字时代受众的接受偏好。例如，可以设计一款以中国历史为背景的角色扮演游戏（RPG），参与者在游戏过程中不仅能够学习历史知识，还能深刻感悟中国文化的演变。最后，需要国际学生注重跨文化视角的融合与本土文化的深度挖掘，以构建具有普遍意义又不失中国特色的故事叙述体系。这一过程不仅要求国际学生具备敏锐的文化洞察力，还需具备跨学科的知识整合能力，将文学、艺术、历史、科技等多领域知识融会贯通，创造出既具艺术美感又富含思想深度的内容。例如，国际学生可以通过对比分析中国与他们母国之间的文化共通点和差异，提炼出具有广泛共鸣的主题，以此为基础创作出跨越国界、触动人心的故事。

（三）培训数字技能，强化数字叙事能力

对于国际学生而言，掌握数字技能不仅是应对未来职业挑战的必备条件，更是深化对中国文化理解、提升讲好中国故事能力的重要途径。数字技能的培训有助于他们以创新方式传播中国文化，增强故事的感染力与传播效果。倘若在数字技能方面存在欠缺，国际学生在讲述中国故事时，极有可能遭遇内容创作品质欠佳与叙事传播效力受限的窘境。鉴于此，国际学生应通过理论学习、实践操作、跨文化交流与持续反馈，有效提升其数字叙事能力。

首先，理论基础与技术融合至关重要。构建跨学科教育体系，结合传播学、信息技术、艺术设计等领域的知识，国际学生需系统掌握数字媒体理论，理解媒介特性及其对叙事的影响。通过分析成功案例，如《舌尖上的中国》的数字化传播策略，深化对数字叙事创意与技术实现的理解。其次，实践操作与创新能力的培养不可或缺。设置装备先进的数字媒体工作坊，通过项目制学习，鼓励国际学生亲手制作数字作品，同时开展创意思维训练，激发独立思考与问题解决能力。此外，跨文化交流与合作是提升数字叙事国际视野的关键。组织跨文化团队项目，促进多元视角下的创意碰撞，增强作品的文化包容性，并通过国际交流活动，邀请专家分享，拓展国际学生的视野。最后，创新数字交互模式。叙事的前提是做好用户画像，利用大数据等计算传播手段区分受众间的差异，寻找不同文化群体中能够影响他者的关键受众，了解其内容需求特点，进行精准化传播（赵永华，赵家琦 2023）。国际学生应充分利用数字技术和网络空间，创建具有丰富视觉和感官体验的叙事场景，使用户能够身临其境地感受中国故事。以数据驱动来提高中国故事的吸引力的关键在于绘制用户的"数字画像"。基于用户的行为习惯、兴趣偏好、社交网络活动等多维度数据，构建起详细且立体的用户模型，确保叙事内容和传播手段更加贴近目标受众的需求，实现更有效的文化传播。

（四）促进数字交往，搭建数字交流桥梁

从物理空间的"脱域"到数字空间的"在场"，是数字时代交往范式演进的必然趋势。数字交往实践对于国际学生讲好中国故事至关重要，它不仅有效弥补了物理距离阻隔所造成的交流鸿沟，更深化了跨文化对话与协作，推动构建纵横交错的全球叙事网络，增强中国故事的国际传播力。数字交往的不足则可能导致国际学生难以触及地道的中国文化故事，限制了他们讲好中国故事的机会与效果，同时也会影响其在全球范围内的传播力和影响力。因此，应构建涵盖多语种数字交流平台、实施"数字文化使者"项目以及打造跨文化交流社群，为国际学生搭建一座坚实的数字交流桥梁。

首先，建立多语种数字交流平台，确保信息的无障碍传递。该平台应当具备多语言支持功能，以适应国际学生多元的语言背景，使他们能够无障碍地接收和分享信息。平台应设计成用户友好的界面，提供翻译工具，确保政策信息、文化活动通知和公共服务信息等能够被所有国际学生准确理解，从而增强他们讲述中国故事时的素材丰富度和准确性。其次，实施"数字文化使者"项目，选拔并培养一批擅长数字技术的国际学生作为"数字文化使者"。这些使者将在各自社交媒体平台上积极分享中国故事，参与全球线上论坛和社交媒体活动，扮演中国文化的热情传播者角色。通过使者与受众的"'连接'让中国故事、中国声音嵌入海外用户的'朋友圈'和日常生活"（张超 2022），加深全球对中国文化的认识与欣赏。最后，构建一个线上线下相结合的跨文化交流社群，旨在促进国际学生与中国本土学生及全球受众之间的深度互动（陈雪，孙慧 2023）。该社群可通过组织定期的线上讨论会、故事分享会、文化体验直播等活动，激发成员间的思想碰撞与情感共鸣。同时，利用社交媒体、博客、播客等多种渠道，让社群成员能够持续发布和推广自己的中国故事作品，形成一个生生不息的数字故事生态。

参考文献

[1] 蔡名照.讲好中国故事 传播好中国声音[N].人民日报,2013-10-10(07).

[2] 陈宏,杨帆,王玉坤.国际中文教育视域下讲好中国故事的教育策略与实施路径[C]//程爱民主编.国际学生教育管理研究5.上海：上海外语教育出版社,2023：38-45.

[3] 陈雪,孙慧.来华留学生中国国情教育微课创新路径探索[C]//程爱民主编.国际学生教育管理研究6.上海：上海外语教育出版社,2023：1-10.

[4] 丁秋玲,张劲松.融媒体视域下对外讲好中国故事的叙事建构[J].学习论坛,2020(12)：12-19.

[5] 符好丰.国际中文教育中讲好中国故事的价值目标、核心内容与实践路径[J].思想教育研究,2024(05)：132-137.

[6] 李继东,项雨杉.数字文明时代信息传播的联结范式：生态与理论[J].中南民族大学学报(人文社会科学版),2023,43(04)：138-145+186-187.

[7] 刘一瑾.讲好中国故事：元宇宙视阈下中国文化对外传播的新思考——评《元宇宙与未来媒介》[J].当代电影,2023(11)：177.

[8] 卢鹏.来华留学生向世界讲好中国故事的议题方略与实践路径[J].思想教育研究,2022(02)：154-159.

[9] 潘金刚,李苏.网络文化消费：价值机理、思潮辨析及引导机制[J].江淮论坛,2024(04)：142-147.
[10] 戚德祥,王佳康.价值链重构：数字出版国际传播效能提升策略[J].中国编辑,2024(10)：20-26.
[11] 施广东.数字技术推动中华优秀传统文化融媒传播的实践进路[J].中国编辑,2024(07)：43-48+55.
[12] 唐润华,叶元琪.符号·故事·互动：数字游戏讲好中国故事的三重叙事模式[J].现代传播(中国传媒大学学报),2023,45(10)：43-51.
[13] 习近平.高举中国特色社会主义伟大旗帜为全面建设社会主义现代化国家而团结奋斗[N].人民日报,2022-10-26(01).
[14] 习近平.决胜全面建成小康社会夺取新时代中国特色社会主义伟大胜利[N].人民日报,2017-10-28(01).
[15] 项敬尧.数字叙事融入思想政治理论课教学探赜[J].思想理论教育导刊,2023(12)：129-135.
[16] 袁梅,原子茜.讲好中国故事——高等教育推动国际传播的时代使命[J].教育研究,2023,44(06)：95-104.
[17] 张超.主流媒体海外社交平台讲好中国故事的提升路径[J].中国编辑,2022(08)：29-33+40.
[18] 张靖.数字化时代讲好中国故事的内容定力与形式创新[J].学习与探索,2023(12)：151-157.
[19] 张秀丽,李开渝.从情感触发到共享触达：短视频讲好中国故事的情理融通研究[J].中国编辑,2024(01)：38-43.
[20] 赵永华,赵家琦.强化数字叙事能力提升国际传播效能[J].新闻战线,2023(20)：42-44.
[21] 中共中央文献研究室.习近平关于社会主义文化建设论述摘编[M].北京：中央文献出版社,2017.
[22] 周本红,邱天.自媒体短视频"讲好中国故事"的现实镜像与优化路径[J].中国出版,2023(06)：43-47.
[23] 周静,汪正一.国际传播背景下如何讲好中国故事[J].传媒,2024(08)：60-62.
[24] 邹霞,何攀文.文化传播视域下讲好中国故事刍议[J].中国矿业大学学报(社会科学版),2024,26(04)：27-36.

国际学生中国概况课程建设与实施建议

朴汇燕　姜子凡[**]

摘要：党的二十大报告提出，要加快构建中国叙事体系，通过讲好中国故事来传播中国声音。中国概况作为面向国际学生的必修课程和讲好中国故事的课程载体，近年来备受学界关注。然而，有关中国概况的多数研究聚焦于教材分析，并未从课程建设的角度分析中国概况所面临的课程问题。由于课程主题涵盖中国的方方面面，因此对教师的专业性和跨文化能力提出了更高要求。尤其是在面对不同文化背景的学生时，培养既具备跨文化能力又对中国政治、历史、经济等多领域十分了解的"专家型"教师较为困难。因此，未来的课程建设需要基于"知华、友华、爱华"的课程目标，以研究性知识的形式，共建各高校间的知识共同体，并在统一、协调、客观、科学的指导下，做到资源的共享、范式的统一、知识的客观和文化的融通。

关键词：中国概况　高等教育　来华留学生　课程建设

Abstract: The report from the 20th Party Congress highlighted the importance of accelerating the construction of China's narrative system and disseminating China's voice through telling China's stories well. As a compulsory subject for international students and as a medium for conveying these narratives, the Introduction to China course has attracted a lot of attention from academics in recent years. However, most studies on Introduction to China focus on the analysis of teaching materials and lack an in-depth examination of the challenges encountered in developing a curriculum. Since the topics of Introduction to China cover all aspects of China, it puts higher demands on teachers' professionalism and cross-cultural competence. Particularly when teaching students from diverse cultural backgrounds, nurturing expert educators who are both interculturally competent and deeply knowledgeable about various aspects of China, such as politics, history, and economics, poses significant challenges. The development of a curriculum should be based on the goal of "knowing, befriending and loving China", and in the

---

[*]　本文系国家社会科学基金"高等教育'中国之治'话语体系的守正创新研究"（项目编号：BIA200165）、辽宁省属本科高校基本科研平台建设专项"来华留学生课程制度的构建与优化：以《中国概况》课程为切入点"（项目编号：LJ202410166047）研究成果。

[**]　朴汇燕，沈阳师范大学教育科学学院讲师，研究方向为课程与教学论、课程史。
　　姜子凡，华东师范大学课程与教学研究所博士研究生，研究方向为课程政策、课程史。

form of research knowledge, we should build a knowledge community among universities, and under the guidance of unity, coordination, objectivity and science, we should achieve the sharing of resources, the unification of paradigms, the objectivity of knowledge and the integration of cultures.

Key Words：Introduction to China, higher education, international students in China, curriculum construction

为规范来华留学教育，中国于 2018 年发布了《来华留学生高等教育质量规范（试行）》，强调国际学生应了解中国国情、文化和政治制度。中国概况旨在传授这些知识。依据教育部、外交部、公安部令第 9 号《高等学校接受外国留学生管理规定》（2000 年 1 月 31 日）该课程成为一门必修课。在这一课程的发展过程中，以课程为媒介，留学教育工作开始与培养国际人才的目标紧密相连。在《十八大以来留学工作情况介绍》（2017）中，教育部认为来华留学工作围绕外交大局，服务教育对外开放，坚持"扩大规模，优化结构，规范管理，保证质量"方针，培养了一大批知华友华的国际人才。因此，对于国际学生的培养工作大体落在"知华"以及"友华"层面。同时，中国概况课程的建设重心在于落实国际学生在中国历史、文化、国情等素养与能力的培养，而并非像其他留学大国一样，将国际学生教育的根本目的落于经济利益基础上。

一、中国概况课程研究现状

在加强高等教育话语权的过程中，课程在教育规划中起到举足轻重的作用。在国际学生教育过程中，中国概况作为国际学生的必修课程，近年来备受学界关注。截至 2024 年 2 月底，在中国知网平台以"中国概况"关键词搜索出学术期刊文章共 35 篇，学位论文共 33 篇。33 篇学位论文均为硕士论文，并无博士论文。值得注意的是，有关"中国概况"的学术论文最早发表的年份为 2018 年，这表明在第 42 号令（《学校招收和培养国际学生管理办法》）（2017）发布的次年开始，学术界才开始关注这一课程议题。

（一）课程研究对象

目前，中国概况研究成果主要以硕士论文为主，期刊论文相对较少。从研究对象来看，现有研究多以分析各版本的《中国概况》教材为主。其所分析的教材包括北大版和北语版（杜芷仪 2019）、上外版和复旦版（郭子瞻 2022），以及 20 年来中国概况类教科书（李欣 2022），共 15 本《中国概况》教材的具体分析。研究围绕教材用词的难易（语言难度等级）、教材内容的选择、章节结构、版式设计、专题类型的分配、助读系统（如拼音注释和生词解释）、教学环节的设定、平均百字句数（或平均句长）、插图数量、古今知识分布、编写语言的易读性、练习题的类型与数量、参考文献的梳理、专有名词的复现率、结合教材线上资源的教材立体化建设等方面展开。基于研究结果，可以发现目前《中国概况》教材面临的最大问题是数据、资料的时效性不足，以及教材内容的碎片化。此外，《中国概况》的教材语言和国内政治教材无异（张君亚 2021），"与国内中学生所使用的中学历史教材形式相似"（孟丽娟 2021），"更像是国内高中生的历史地理文科类教材"（刘怡凡 2019）。因此，作为一门必修课程，其教材在各分析维度均存在不足，教材质量无法满足教学需求。

表 1 《中国概况》教材出版情况

	教材名称	主编/作者	出版机构	出版年份
1	《中国概况》	吴中伟、胡文华	复旦大学出版社	2021 年
2	《中国概况》	程爱民	上海外语教育出版社	2018 年
3	《中国概况》	马莹	中国人口出版社 东北大学出版社	2017 年
4	《中国概况》	张胜林	华中科技大学出版社	2014 年
5	《中国概况》	吴平	旅游教育出版社	2014 年
6	《中国概况》	宁继鸣	北京语言大学出版社	2013 年、2018 年
7	《中国概况》	祁述裕	国家行政学院出版社	2013 年
8	《中国概况》	莫海斌等	暨南大学出版社	2012 年、2019 年
9	《当代中国概况》	包文英、刘弘	华东师范大学出版社	2012 年
10	《中国概况》	郭鹏、程龙、姜西良	高等教育出版社	2011 年
11	《中国概况教程》	肖立	北京大学出版社	2009 年
12	《中国国情》	肖立	北京大学出版社	2001 年、2007 年
13	《中国概况》	夏自强	北京航空航天大学出版社	1996 年
14	《中国概况》	王顺洪	北京大学出版社	1994 年、1998 年、2003 年、2015 年、2022 年
15	《中国概况》	陈仁凤	上海教育出版社	1994 年

（二） 课程教学法

除了对课程教材的研究外，以中国概况为主题的学术研究主要围绕新教学方式的探索。在传统讲授法外，研究应用 PBL 教学（高惠宁，明铭 2021）、"SPOC＋翻转课堂"等线上线下混合式教学（冯婉玉 2021）、全在线混合教学（郑玮，董保华 2022）、"激发——交流式"课堂教学法（陈旦 2019）、圆桌讨论（张鑫敏 2020）、体验式教学（李怡 2021）、专题式、案例式嵌入、翻转课堂（孙琳 2022）、专题调研（王惠莲 2019）、探究活动（胡文华 2022）、"主题支架"互动式教学设计（杨光，李尚冉 2022）、新媒体教学（苏瑞 2019）、视听法、情景法、团体文化学习法、任务教学法（冯婉玉 2021）、竞赛式教学（周磊 2021）、体验式教学法和交际法（黄钰媛 2022）等多种教学方式，以求提高教学质量。除教学方式外，亦有研究关注课程的教学语言，如全英文教学（张鑫敏 2020）为主的中国概况课程建设。然而，由于"国际学生大多来自非英语国家"（吴翠，李庆建 2021），因此以英文作为教学语言的课堂仍面临交流困境。在某些高校，中国概况课程还面临师资不足的问题，以新手教师为主的课堂（李蕾蕾 2022）无法及时解决文化冲突问题。

（三） 课程面临的问题

到目前为止，对中国概况课程的研究重点在于教材和教学，并未立足于高等教育课程甚至课程体系的变革。少数研究者注意到中国概况课程应关注内容与形式，叶昕媛和刘婷（2021）认为该课程缺乏统一的标准。在课程内容方面，李怡（2021）认为应在课程设计时加强思政元素的融入，探究育人规律；另有学者认为，除了教材之外，应以省为单位大力建设视频、微电影、音频、图像、动画、文字等为一体的资源库（孙琳 2022）。在课程形式方面，有学者提倡建设第二课堂。理论上，可以借助参观访问、社会调研、修学旅行等第二课堂的活动促进第一课堂所学知识的"内化吸收"。但实际上，受课时、经费、场地等因素的限制，体验式的第二课堂基本停留在纸面计划，无法对第一课堂构成有益补充（张鑫敏 2020）。此外，亦有学者认为应建设以中国概况课为核心的中国国情与文化主题系列课程（胡文华 2022）。然而，不论是第二课堂还是系列课程的建设，由于其占据了学生有限的学分和学时，因此中国概况课程相较于学术专业课程，在学时安排和精力分配上，无法有效调动国际学生的学习积极性。由此可见，中国概况课程虽然作为一门必修课程，但由于其专业性、学术性、科学性的欠缺，未受到足够重视。

综上而言，很少有学者从课程的角度出发，关注国际学生高等教育培养方式的变革。仅在研究中国概况课程的德育建设时，认为在对国际学生开展德育时，不能脱离中国概况课程本身的知识体系和教学目标，应以课程知识为主线，选取与其相关的具有价值引领作用的德育元素（李雪红，席静前 2023）。因此，本文拟从课程建设的角度，探索中国概况课程在未来的可能发展方向，以提升来华留学生中国国情教育等方面的教学质量。

二、中国概况的课程定位

中国概况课程作为集合中国各类知识的课程，其目的是将中国的相关知识转移到国际学生本人的知识体系和认知范畴之中。然而，文化知识作为课程知识向异文化个体的迁移，并非单纯的填鸭式教学下的简单灌输。中国概况课程在创设之初就具备规范性原则，使得它与传统意义上的高校教学与科研任务区分开来。该课程的出发点是培养知华、友华、爱华的国际学生。就这一"知友懂亲"的不同目标，其相对应的内容组织、学习方式与教学环境等要素的内涵需要重新丰富（冯潇，温广瑞 2020）。杰勒德·德兰提（Gerard Delanty）认为，大学在知识储备愈加丰富的当代社会所面临的挑战是大学不能将自身继续视作是独具知识专业性的地点，更不能将自己仅仅视作是社会变化的回应者或诠释者，而要将自身视作是全球公共领域的重要行动者（Delanty 2001）。然而，中国概况课程不成体系的现状给课程建设中落实国家高等教育国际化带来了挑战。

（一）内容组织

就课程内容而言，"知华"所需的文化知识是包含了日常生活知识的"小文化"，而随着向"友华、爱华"的课程目标发展，其所要涵盖的话语及文化则会逐渐增多。中国概况的文化功能即文化传播和传承功能。

从具体课程内容出发，首先需要关注对于大写的文化和小写的文化类型的选择。布鲁克斯（Brooks 1975）将文化分为"大文化"（big C）和"小文化"（little C），其中"小文化"包括日常生活中出现的行动模式、态度、信念、心态等人类生活共有的概念。尤尔根·哈贝马斯（Jürgen Habermas）认为只有那些能够要求具有普遍性的规范，才是当人们进入或准备进入话语意志形成过程时，在没有任何强制的情况下，每个人都赞同（或将会赞同）的规范（尤尔根·哈贝马斯 2009）。即对于国际学生来说，最为容易赞同且接受的规范为与自身的日常生活息息相关的普遍性规范，如服饰、餐饮、交通工具等，而对于无关自身的，被自身定义为"非普遍性的"规范，如哲学、政治、宗教等而言，则并不容易学习和接受。因此在构建课程内容的过程中，文化知识的深度要从作为日常生活知识的"知华"层面入手，渐次进入"友华、爱华"的层面，而文化知识的选择也会直接影响范式建构的成功与否以及学生的接受程度。然而，作为一门高等教育课程，基于其研究性价值，"爱华"层面的课程知识应由研究性知识所主导，与国际学生自身所处专业的研究性知识密切相关。

（二）学习方式

由于课程的目标不同，课程所需学习方式也会受到不同的影响。目前的课程结构多呈现为以教师讲授为主的知识状态的获得（陈心仪 2019），即教师的教学重点仅在"知华"层面。就课程目标所对应的学生能力而言，欲达到"知华"的国际学生只需对知识进行了解、背诵与记忆；而欲达到"友华"的国际学生需要在课堂文化输出中结合自身的理性判断，从而有选择性地迁移相关文化知识；在此基础上，欲达到"爱华"的国际学生的学习重点是在同自身固有知识和认知的碰撞与思考中建构自身的认知体系，并经由一系列批判性思考与跨文化能力的实践，最终树立个体的价值取向，从而塑造自身的价值观。因此，不同的课程目标要求的学生学习方式有所不同。

（三）评价方式

课程的评价方式也应与学习方式配套，实现中国概况的教、学与评三者的一致性，目前该课程有着事先拟定好的知识选择、组织、进度以及课时安排，即严格的、以教材知识分类为主的知识架构。因此，课程本身强调"知识状态的获得，而非求知的方法"。作为一种严格的以知识讲授为主的教学架构，有部分学校采取学生上课以记忆和了解知识点为主，以纸笔方式作答的考核方式，另外，也有部分学校采用小论文考核的方式。那么就"知华"的知识架构来看，这一课程的评量体系应是偏固定架构的纸笔作答，而非小论文的写作。中国概况作为涵盖了诸多文化方面的课程，如果所教授的是不同的文化主题，那么最后的考核必定也要查看学生对于不同中国文化主题的理解及掌握情况。相反，如果采用小论文的考核方式，则国际学生会将写作范围固定到某一特定主题上，因此无法考核学生对于中国不同文化的知识化掌握程度。然而，从国际学生的培养工作目标出发，如果将目标大体落在"知华"以及"友华"上，简单的纸笔作答重点则会放在"知华"上，而较少体现其中的"友华"。相反，论文写作则会带领学生经历特定主题的怀疑、批判及检验的过程，虽所"知"的是单一主题的内容，但是却可能充分达到"友华"的境界。尼科莱特·米歇尔斯（Nicolette Michels）提出了一种全纳式的知识迁移策略，在其中她诉诸现象学范式，认为要突破教师和学生之间的对立性，要关注作为一个整体的教师和学生在不同的场景下会生产出不同的课堂效果（Michels 2011）。因此，全过程学习评价不失为评估学习程度和测量学习效率的有效手段。由此可见，对于评价模式的选择，也同学习方式相勾连，是课程发展中无法忽视的一环。

（四）教学环境

就教学环境而言，由于中国概况课程面向多类群体和多样课程知识，对教师的专业素养提出了更高的要求。莉迪亚·加列戈-巴尔萨（Lídia Gallego-Balsà）和荷西·玛利亚·考茨（Josep Maria Cots）在研究调查后发现，在多语学习中，学生对其他语言的知识是一种资源，应该被激活，以增强元语言意识（Gallego-Balsà et al. 2019）。但在中国概况课程中，教师要面对从多方国家到中国求学的国际学生。因此，在教学过程中，教师无法使学生的其他语言作为知识的一种资源，原因是教师无法对其他语言进行有效的语言转化及指导。教师可能会有这种误读，自己一笔带过的知识为学生所普遍应知道的常识，而教师所强调的知识为学生所不了解的文化知识。这就如同达沃·科皮奇（Davor Copic）和沙默斯·麦克纳马拉（Shamus McNamara）的观点，在西方大学中，这些面向亚洲学生的国际教育项目中所建构的西方教育学，是对一种想象或理想化的教育学的模拟，而不是实际实施的教育学实践（Copic，McNamara 2005）。同理，中国教师在面对国际学生时，教师们所认为基于对"现象"了解的教学实则是一种基于自身身份、文化认同、知识基础、认识论基础上的一种"想象"罢了。

1. 教师角色

伴随着课程目标从"知华"向"爱华"加深，教师的角色定位需要从文化杂家向文化专家的方向发展（姚喜明，何二林 2022），渐而形成杂家与专家相融合的知识储备。韩秀梅（2004）指出中国概况课对教师的要求是要向学者和杂家的复合型方向发展。由于中国概况课程的主题多样，要求教师需要具备丰富的专业知识，如政治知识、经济知识、历史知识、地理知识等。由于国际学生文化背景的多样性，还要求教师具有客观的、专业的、权威的文化专业知识以及跨文化能力。从自身出发将跨文化能力作为独特的教学策略，与各国国际学生的文化基础相结合，从而提高国际学生的跨文化能力。然而，我们发现，这对教师的专业知识和技能要求过于严苛和复杂，其解决方案脱离实际。因此，问题的"症结"不在教师本身，而在课程知识本身。

2. 学生角色

威廉·詹姆斯（William James）很久以前就已经把原生者（Once-born）与再生者（Twice-born）加以区分（James 1902）。原生者是那些不假思索地天真无邪地接受他们童年信念的人。再生者可能恪守着同样的信念，但他们经历了长期的怀疑、批判和检验之后才拥有自身的信念。

就学生身份而言，研究者需要关注学生从原生者向再生者的身份转换。在中国概况课程中，需要考虑的问题即为，国际学生在接受了中国概况课程教学后，学生能否从单纯"知华"的原生者，成为真正的再生者。就课程目标相对应的学生类型来看，从"知华"向"爱华"的转化表现为学生从只相信自身母国文化和价值观的原生者，经过不断地认知积累、批判、碰撞、怀疑和融合后，逐渐成为"爱华"再生者的"知识迁移"过程。国际学生在留学之前，大多数是以原生者的身份来到中国留学的，他们接受的是本国的教育思想及相关宗教、政治、经济思想。那么如果在"政治上积极影响，不强加于人"（黄道林 2022）的情况下促使国际学生通过长期怀疑、批判和检验后成为完成知识迁移后的再生者，则在这一课堂上，就要有一种怀疑、批判和检验的学习过程。而在对学生进行多种主题的介绍与教授的过程中，对于学生批判性思维和跨文化能力的培养又是重中之重。

三、中国概况课程的未来发展方向

目前，中国概况课程主要集中在各高校的个体层面，即以每所高校为单位形成各自的范例。各高校间的知识生产是分散的，并未形成共享的知识网络。多数情况下，中国概况课程由少数教师负责，尚未形成课题组或课程讨论组。在具体的实践层面，依据课程所基于的教材、主题和教师本身所具备的文化和知识点的不同，其所呈现的课程实践形式也有所不同。因此，中国概况课程并未晋升为面向全球输出的，可全面推广的文化精华，即未能在全球公共领域中的知识迁移下完成课程知识、专业性知识的产出。因此，中国概况课程所讲述的中国故事面临诸多不确定性、不完整性、过时性，且缺乏能使国际友人共知、共享、共鸣的文化基础。因此，课程实施面临着诸多问题与挑战。

（一）有组织地建构可复制的课程教学

为了有效传播中华文化，培养知华、友华、爱华的国际青年，首要任务是将文化组成规模扩大化，其目的是输出更客观、科学、易懂的中华文化。马丁·哈莫斯利（Martyn Hammersley）认为，比起墨守成规，教学与做出判断更相关（Hammersley 2002）。这意味着，要实现中国概况课程有效的知识迁移，需要中国高校对教、学两方面做好充足的课程准备。有效的知识迁移绝不是一蹴而就或线性的（linear），而是通过润物无声的浸入式体验逐步实现的。虽然知识迁移中，情境对于提升中国概况课程的效果至关重要，但课程教学中有关中国文化的知识并不一定全部需要通过付诸行动的知识（actionable knowledge）来体现。因此，根据詹妮·奥兹加（Jenney Ozga）的观点，中国概况课程需要探索"什么在何种情况下对谁有效"（what works for whom in what circumstances）（Ozga 2005），即关注课程面向群体，同时聚焦课程知识和教学经验的可复制性。

1. 依据不同文化的组成规模提供课程指导

从文化的组成规模来看，一个文化组成可以分为原子规模、微观规模、中观规模、宏观规模（丁敏 2019）。原子规模是指个人形式，即基于国际学生个体，也就是指个人对中华文化的理解和塑造。微观规模是基于家庭形式，即基于国际学生家庭。中观规模是指实用型组织，这种规模则基于学校的国际学生管理中心等管理机构，虽然中国概况课程政策要求基于国家层面，但课程的组织与建设主要还是以各高校为单位。最后，宏观规模是指城市、省份和国家形式，即国际学生自身所处的城市、省份和国家。国际学生对于中华文化的理解是基于对中国人的传承文化的理解，也是对中国及其社会的认识。因此，其文化规模必定需要上升至宏观层面，进而从国家的高度出发，对课程进行指导与建设。除此之外，根据不同的地方需求，在省级和市级层面，还可以出版具备查生词、做笔记等基本功能的选修性数字教材，提供统一的地方概况课程。

2. 纵横双向完善课程教学建设

在宏观国家层面，课程建设应基于"世界中的中国"与"中国中的世界"的双向视角，融合全球共享的可持续发展知识，自上而下地构建课程体系，并发布统一的课程标准。在数字时代，随着人工智能技术的迅猛发展，数字资源的使用也呈现出一定的话语导向性。课程教学建设应当优化数字资源供给，打破知识的定向性和西方的话语导向性，以中国特色社会主义话语体系构建数字学习平台和课程资源库。在此基础上，形成数字文化，为中国故事的国际化传播奠定坚实基础。同时，在课程实践过程中，自下而上的课程知识构建体现在实际课堂中，则是通过以中国故事为主导的案例教学，以及采用不同教学方法的案例实施、研究和评估，在课堂观察和教学反馈中，不断完善课程建设。此外，还可以通过以学生为主导的课程设计，共同构建和优化教材资源以及教学素材或资源库，从知识生产、知识传播、知识加工、知识的再生产等环节丰富课程教学资源。

（二）实施基于学生体验的课堂教学

课程设置中的潜在原则可以帮助具有不同认知、见解、态度、期待和价值观的主体在整个知识迁移的过程中体验中国文化的全纳特质。在中国概况课程中，高度多样化的要素不仅不应成为课堂教学中的难点，反而应将其视作理解国际学生在中国概况课程中的各类体验工具，继而促使高校更好地提升课堂效果。

1. 充分认识学生兴趣和经验对课程接受度的影响

在中国概况课程的具体实践过程中，学生的兴趣和先前经验显著影响其对课程内容的接受程度。比如，学生对于中国概况课程中不同主题的吸收程度，主要取决于学生的兴趣。若学生先前已经通过母国文化构建了对于这一主题的认知，那么在整合进中国文化的情况下，则会将潜在矛盾表现出来。而从未接触过的主题，则会给学生带来新鲜感，很快就能够引起他们的兴趣，并起到对这一主题或特定文化领域的"入门作用"。

2. 调动自主编码对文化再制的积极作用

学习者在其社会化过程中通常是主动地同时习得基础规则以及回应方式，这些根本性规则产生编码化程序。这些根本性规则的选择与制度化的控制，使得文化再制历程得以完成，进而创造出体验解释以及述说世界的方式。例如，国际学生如果对京剧感兴趣，他们在来华学习之前或在修读中国概况课程前，就会主动地搜索、了解相关信息，再通过课堂学习，与教师、同学的交流，资料搜索，探寻京剧的具体内容与文化知识，进而建立对京剧所代表的中国文化的理解与解释方式。因此，在文化课程中，主动地习得与正确的编码会对文化再制产生积极的作用。

3. 利用不同共同体的集体经验增强学习效果

课堂教学还应关注学生及教师所代表的不同国家或社会的集体记忆或经验对课程

实施的影响。首先表现为同专业学生的集体授课，以及不同专业学生的混合授课间的差异。如果中国概况课程中的主题板块可以根据教师及学生自由选择及组合，那么对于同专业学生的集体授课显然较混合授课要更容易一些。巴索·伯恩斯坦（Basil Bemstein）认为，说话者的集体经验愈丰富，共享脉络愈高，沟通时可以用最经济的语句传递复杂的讯息（伯恩斯坦 2007）。这也就可以解释为什么在授课过程中，经济学相关的专业学生会对经济主题更感兴趣且学得更好，而中文相关专业学生在听课的过程中会更侧重于文学的现象。

其次，不同国家学生的集体经验也会影响他们对课程主题的兴趣和理解。例如，对于日本、韩国的学生而言，教师在谈及"中国书法"这一主题时，他们通常会表现出更高的亲切感和理解能力。

最后，集体经验也可指特定学生与教师（或者是指教师所代表的中国文化）之间的互动经验。即某些学生本身对中国文化有兴趣，并对某一特定主题有着深入的了解，那么教师在讲授相关主题板块时，该学生会与教师有较为频繁的互动，或该学生对这一主题的了解会较其他学生更加丰富。

四、结语

在面向国际化，面向多国家、多文化的冲突与交流过程中，建设中国概况课程最直接、最便捷、最可靠的方式是构建一个相对固定和明确的研究性、专业性、科学性和可持续性的知识体系。与此同时，课程设计应加强课程知识主题间的内在联系，将关注点从知识的时效性转向可持续性知识和全球共享的知识。中国概况课程不仅需要在全国范围内做到统一化、典型化的课程发展，在国际上也应生成特定的、可信的、可持续性的、内外一致的、具有历史归属感和向心性的文化知识。在课程设计过程中，不同研究性知识基础上的跨学科、跨单元的大单元教学亦可以成为课程建设的有力抓手。由此，中国概况课程的建设不仅需要自上而下的知识建构，也需要结合不同教学环境和案例，以数据、证据为支撑，由下而上地推进课程体系的改进和完善。中国概况课程的独特地位有助于在国际范围内，以课程作为媒介，稳定地、系统地传播具有非争议性的、客观、有趣的中国故事。此外，结合全球范围内强调的可持续发展知识以及世界公民的本土文化知识，中国概况以一种具备历史感的文化深度，力求向世人传输不拘泥于国家、年龄、意识群体的文化知识，以课程的形式，竭力培养出具有自主意识的国际人才。

参考文献

[1] Brooks N. The analysis of foreign and familiar cultures[C]//Lafayette R C. The Culture Revolution in Foreign Language Teaching. Skokie, Illinois: National Textbook Company, 1975: 19-21.

[2] Copic D, McNamara S. How the West is done: Simulating Western Pedagogy in a curriculum for Asian international students[C]//Ninnes P, Hellstén M. Internationalizing Higher Education. Dordrecht: Springer, 2005: 53-73.

［3］ Delanty G. Challenging Knowledge: The university in a knowledge society[M]. Buckingham: Society for Research into Higher Education & Open University Press, 2001: 46-50.

［4］ Gallego-Balsà L, Josep M C. Managing the foreign language classroom translingually: The case of international students learning Catalan in a study abroad situation [J]. International Journal of Multilingualism, 2019(4): 425-441.

［5］ Hammersley M. Educational Research, Policymaking and Practice[M]. Thousand Oaks, CA: SAGE Publications Ltd, 2002: 22.

［6］ James W. The Varieties of Religious Experience: A study in human nature, being the Gifford lectures on natural religion delivered at Edinburgh in 1901-1902[M]. Harlow: Longmans, Green & Co., 1902.

［7］ Michels N. A conceptual approach towards understanding issues in the third stream: Conceptions of valid knowledge and transfer in UK policy[C]//Howlett R J. Innovation through knowledge transfer 2010. Berlin, Heidelberg: Springer Berlin Heidelberg, 2011: 43-61.

［8］ Ozga, J. Traveling and Embedded Policy: The case of post-devolution Scotland within the UK[M]. London: Routledge, 2005.

［9］ 巴索·伯恩斯坦.阶级、符码与控制[M].王瑞贤译.新北：联经出版事业股份有限公司,2007：18.

［10］ 陈旦.新媒体视域下"激发——交流式"课堂教学法探索——以面向学历留学生的中国概况课程教学改革为例[J].教育现代化,2019,6(21)：66-68.

［11］ 陈心仪.马来西亚华裔留学生的中国概况课程调查研究[D].郑州：郑州大学,2019.

［12］ 丁敏.华礼人：文化认同的再思考[M].上海：复旦大学出版社,2019.

［13］ 杜芷仪."北大版"和"北语版"《中国概况》教材对比研究——以《中国的传统思想》为例[D].武汉：华中科技大学,2019.

［14］ 冯婉玉.网络环境下留学生"中国概况"课程混合式教学模式研究[D].上海：上海外国语大学,2021.

［15］ 冯潇,温广瑞.基于说服理论的国际学生中国概况课程教学策略[C]//程爱民主编.国际学生教育管理研究1.上海：上海外语教育出版社,2020：131-136.

［16］ 高惠宁,明铭.PBL教学模式在高校学历留学生中国概况课程中的应用[J].高教学刊,2021,7(34)：124-127.

［17］ 郭子瞻.《中国概况》对比研究——以上外版与复旦版为例[D].曲阜：曲阜师范大学,2022.

［18］ 韩秀梅.谈《中国概况》课的教学思路[J].云南师范大学学报,2004(5)：30-33.

［19］ 胡文华.国际学生中国概况课的定位、目标和教学模式[J].华南师范大学学报(社会科学版),2022(1)：72-82+206.

［20］ 黄道林.筚路蓝缕数十载,乘潮展翼百花开[EB/OL].(2022-07-28)[2023-11-01].https://news.pku.edu.cn/xwzh/7de79b6530b942189b955b084b1e6ccb.htm.

［21］ 黄钰媛.中国概况课中"中国当代文化"板块的教学设计与实践[D].上海：上海师范大学,2022.

［22］ 李蕾蕾.新形势下留学生《中国概况》网络教学模式现状与分析[J].汉字文化,2022(09)：166-169.

［23］ 李欣.近二十年来面向留学生的"中国概况"类教材研究[D].武汉：华中师范大学,2022.

［24］ 李雪红,席静前,李丹.在来华留学生中国概况课程中开展德育的研究与实践[J].大学,2023(11)：93-96.

［25］ 李怡."课程思政"背景下高校来华留学生思想教育理念与方式探索——以"中国概况"课程为例[J].科教导刊,2021(34)：63-66.

［26］ 李怡.《中国概况》引导来华留学生讲好中国故事[J].汉字文化,2021(S2)：86-88.

［27］ 刘怡凡.中国概况类教材对比[D].西安：西安外国语大学,2019.

［28］ 孟丽娟.来华留学生《中国概况》类教材的对比分析及编写建议[D].重庆：西南大学,2021.

［29］ 苏瑞.来华留学生思政进课堂教学改革探析——以新媒体教学在"中国概况"课程中的应用为例[J].科教文汇(下旬刊),2019(30)：52-54.

［30］ 孙琳.《中国概况·浙江窗口》课程建设思路与教学设计案例[J].国际中文教育研究,2022(2)：21-31.

[31] 王惠莲.地方高职院校来华留学生《中国概况》课程的改革与建设研究[J].创新创业理论研究与实践,2019,2(24):90-92.
[32] 吴翠,李庆建.面向国际学生采用全英文授课的"中国概况"课程现状研究——以山东科技大学为例[J].科教文汇(上旬刊),2021(34):172-174.
[33] 杨光,李尚冉.国际中文课堂全要素教学改革实践——以中国概况为例[J].中国轻工教育,2022,25(1):81-89.
[34] 姚喜明,何二林.构建新时代中国特色国际学生知华教育模式——以上海大学为例[C]//程爱民主编.国际学生教育管理研究3.上海:上海外语教育出版社,2022:1-11.
[35] 叶昕媛,刘婷.关于国际学生"中国概况"课的几点反思[J].教书育人(高教论坛),2021(9):92-93.
[36] 尤尔根·哈贝马斯.合法化危机[M].刘北成,曹卫东译.上海:上海人民出版社,2009.
[37] 张君亚.来华留学生国情类课程教材内容的选取——以郭程两版《中国概况》教材的对比分析为例[D].重庆:西南大学,2021.
[38] 张鑫敏."中国概况"全英文课程教学初探[J].科教文汇(下旬刊),2020(6):44-46.
[39] 郑玮,董保华."中国概况"课程的全在线混合教学模式探索[J].重庆科技学院学报(社会科学版),2022(6):107-112.
[40] 周磊.中国概况课程教学的优化对策研究[J].中国多媒体与网络教学学报(上旬刊),2021(12):59-62.

产教融合视阈下国际学生创新创业能力培养体系研究[*]

李晓静 李芳然[**]

摘要：开展高质量国际学生创新创业（双创）教育、持续为"一带一路"输送高素质国际创新创业人才，是中国新时代国际教育输出的重要特征。本研究在现有创新创业领域学术研究与教育实践的基础上，剖析国际学生创新创业教育的发展状况与现存问题，并结合国际学生自身语言、文化、习惯等特点，以产教融合为背景，创造性提出"课内教学—课外赋能—模拟创业"创新创业能力培养体系。该体系旨在通过基础理论、经验拓展、模拟实践三方面打造递进贯通的培养模式，破解国际学生创新创业能力培养过程中在组织互联、人员互通、平台互享这三方面遇到的难题。本研究对各高校国际学生创新创业教育决策部门，如何全方位深度嫁接优质产业资源，以及全面提升国际学生创新创业能力具有借鉴意义。

关键词：产教融合 国际学生 创新创业（双创）教育

Abstract：It is an important feature of China's international education in the new era to carry out high-quality innovation and entrepreneurship education for international students and continue to provide high-quality international innovation and entrepreneurship talents for the Belt and Road initiative. Based on the existing academic research and educational practice in the field of innovation and entrepreneurship, this study analyzes the development and existing problems of innovation and entrepreneurship education for international students in China. Considering the differences in international students' native languages, cultures, and habits, and taking the integration of industry and education as the context, this study creatively puts forward the "Course-Campus-Coaching" training system to create a progressive training mode from the three aspects of basic theory, experience development, simulation practice, in order to achieve the goal of "organizational interconnection, personnel exchange and platform sharing" in the process of training the ability of international

---

[*] 本文系中国高等教育学会 2023 年度高等教育科学研究规划重点课题"基于产教深度融合的来华留学生创新创业能力培养体系研究"（项目编号：23LH0204）、北京科技大学科技与文明中外人文交流研究开放课题资助项目（项目编号：2023KFZD008）阶段性成果。

[**] 李晓静，北京科技大学经济管理学院财务与会计系副教授，研究方向为创业管理研究。
李芳然，北京科技大学经济管理学院会计学专业学士。

students in China. This study can serve as a reference for the decision-making departments of international students' innovation and entrepreneurship education in colleges and universities as they try to connect with high-quality industrial resources and enhance international students' innovation and entrepreneurship ability.

Key Words：integration of industry and education, international students in China, innovation and entrepreneurship education

目前，中国创新创业领域的学术研究与教育实践均取得了丰硕的成果，但由于政策、语言、文化等方面的差异，国际学生很难享受主要面向中国学生群体的双创教育成果发展红利。国际学生双创教育体系建设较为薄弱，国际学生与中国学生在双创教育资源共享方面相比，存在组织互联、平台互享、人员互通等问题（郭凯琳，苏烜 2022）。因此，如何使国际学生充分共享中国学生双创教育成果，打破两类群体之间的资源共享藩篱，构建产教融合视阈下国际学生双创能力培育体系，是提升国际学生双创能力培养的必然举措。

为实现国际学生双创能力提升这一培养目标，本研究深入剖析国际学生教育的特殊性，从产教融合视角出发，构建了各环节深度整合产业资源的"课内教学—课外赋能—模拟创业"贯穿式双创能力培养体系。本研究为我国高校开展国际学生双创教育提供新的理论视角和解释模型，为产教融合政策与国际学生双创教育有机结合拓展思路；为高校整合优质产业资源，制定国际学生高质量双创教育相关决策提供参考。

一、 国际学生创新创业教育概述

近年来，"大众创业，万众创新"观念对国家发展和社会进步的赋能效果日益显著。作为实现中国教育现代化的关键一环，创新创业教育已成为21世纪我国各高校高等教育发展的新范式（吴岩 2022）。开展双创教育是我国各高校明确办学定位，完善办学理念，推动办学方式多样化的必然选择，也是培育国际学生文化认同与创新能力，培养坚忍不拔的企业家精神、提升全球胜任力的重要路径（温珺，巩雪 2019）。

"一带一路"经济带的发展也对我国国际学生双创教育提出了现实需求。21世纪以来，"一带一路"建设逐步开展、深入推进，赢得了越来越多国家和国际机构的支持与响应，共建国家和地区已成为来华留学人员的主要生源地。作为我国与沿线其他国家交流合作的桥梁与共有的宝贵人才资源，国际学生不仅是"一带一路"建设的关键支撑和核心要素，也是共建国家创业发展的迫切需求所在（王春超，尹蓉娟 2019）。2018年，教育部印发《高校科技创新服务"一带一路"倡议行动计划》，鼓励国内各高校充分结合本校的办学特色、专业领域，循序渐进推进"一带一路"共建国家的教育科技合作，打造国内各高校"概念贯彻相通、成员沟通畅通、要素交流顺通、创新链接贯通、科技设施互通"的创新共同体。同年，教育部印发《来华留学生高等教育质量规范（试行）》，指出国际学生应在适应、了解中国发展现状的同时将所学知识和技能在多个国家的实际环境中进行运用发展与转化。在不断的学习与实践中培养自己的国际视野，提高参与国际事务和国际竞争的能力。2022年教育部、财政部、国家发改委发布的《关于深入推进世界一流大学和一流学科建设的若干意见》中指出，各高校要深度融入全球创新网络，深入推进共建"一带一路"教育行动，为人才提供国际一流的创新平台。2023年，《坚定不移推进共建"一带一路"高质量发展走深走实的愿景与行动——共建"一带一路"未来十年发展展望》中，强调要积极扩大与共建国家相互间的留学规模，开展高水平教育交流合作，提升互通互认水平。

从上述文件中不难看出，能够掌握专业知识，拥有中国思想，具备国际视野，兼具世界胸怀的创新型、复合型人才越来越受到国际与社会的青睐，此方面的人才需求为我国高校开展国际学生双创教育提供了培养目标与方向（郭凯琳，苏烜 2022）。持续培育和输出高层次高水平创新人才，也是实现我国国际教育输出、构建良好国际关系战略目标的重要途径。

因此，本研究结合创新型、复合型人才培养这一目标，秉承"概念贯彻相通、成员沟通畅通、要素交流顺通、创新链接贯通、科技设施互通"的总体原则，探索优质产业资源可持续供给的校企合作模式，开发产教融合新路径，以实现国际学生双创能力的持续提升。具体内容围绕一个生态系统展开，通过"三大赋能模块"落地实现国际学生双创能力培养，最后围绕保障措施开展进一步的讨论，提出更有针对性的政策建议。

二、国际学生创新创业能力培养现存问题

我国在创新创业教育领域已取得较为丰富的理论研究成果和实践落地经验，但在产教融合的背景下，由于政策、语言和管理等方面的原因，仍存在国际学生双创教育体系相对薄弱，创业支持服务和社会创业资源尤为匮乏，优质产业资源的开发、维护均缺乏稳定的长效保障机制等问题（向赛辉，孙永河 2021）。

目前，我国许多高校的国际学生由国际学生中心进行单独招生与教学管理，第一、第二课堂与中国学生分离，导致中外学生群体的教育产生断层。国际学生缺少与中国学生交流的机会，面向中国学生的双创教育资源与成果不能有效惠及国际学生群体，国际学生创业教育资源短缺，无法营造出良好的创业氛围；另一方面，国际学生的创业导师除了要有满足教学需求的丰富的创业经验及专业特长，还要有良好的英语表达能力以及足够的耐心，以打破语言和文化的障碍。国际学生的创业教育缺乏优质的师资保障。资源与师资两方面的原因使国际学生双创教育存在明显不足。

同时，我国高校国际学生双创平台建设较为薄弱，缺少优质且长期稳定的创业实践资源。近些年，在"一带一路"倡议下，我国国际学生的数量迅速增长，但在我国学生中依旧占比较少，大多数高校为学生提供的创业实践平台主要面向中国学生，对国际学生开放力度较小，导致其融入度差；同时，各高校缺少面向国际学生开放的创

业孵化平台，限制了他们孵化自身创业项目的机会，也缺乏稳定的优质产业资源长效保障机制。进行创业活动离不开优质的创业资源（陈万明等 2019），资源的缺乏导致国际学生难以有效地开展创业实践，严重阻碍了他们未来在华创业。

总的来看，目前各高校没有根据国际学生的特点形成体系化的培养框架，国际学生创业教育体系薄弱，创业实践资源匮乏，创业平台建设不足，缺少系统性规划（谢冰蕾，吴琳华 2021）。探索构建体系化的双创能力培养体系，助力我国国际学生双创教育的进一步发展，具有必要且积极的意义。

三、"课内教学—课外赋能—模拟创业"创新创业能力培养体系构建

在产教融合背景下，促进产业结构需求侧与人才培养供给侧两方面要素的高度融合，高效链接创新产业链与人才教育链，是当前国家创新创业人才培养的主要政策导向。因此，本研究以整合优质产业资源为导向，以全方位推进教学、拓展、模拟紧密结合为目标，探索构建贯穿国际学生人才培养全过程的链条式、螺旋式"课内教学—课外赋能—模拟创业"双创能力培养体系（Course-Campus-Coaching，CCC 双创能力培养体系）（见图1）。

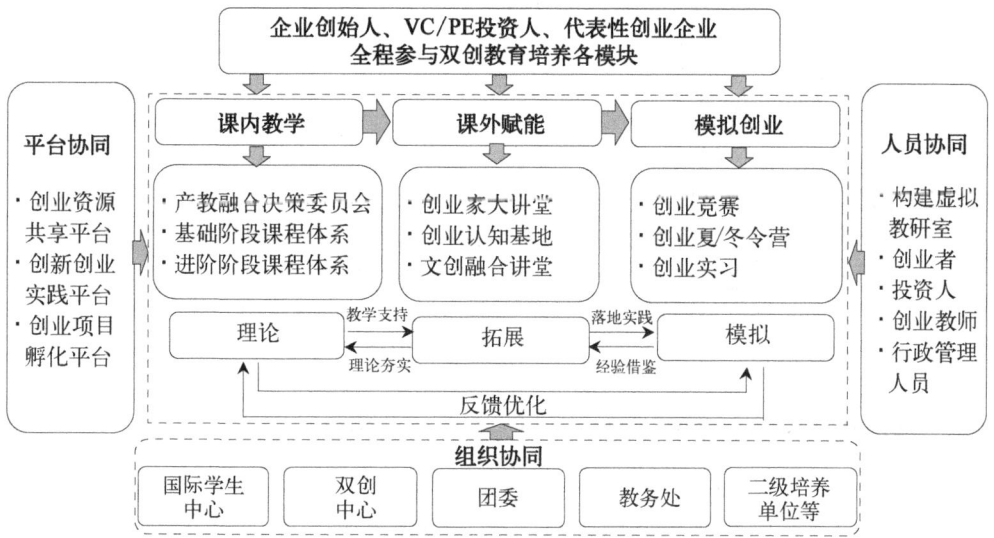

图1 国际学生"课内教学—课外赋能—模拟创业"创新创业能力培养生态系统结构图

在体系的底层基础建设环节实现产教融合，是双创人才培养体系构建的关键（李怡 2023）。为了在国际学生双创能力培养的过程中更好地落实产教融合的政策要求，各高校可组建由本校国际学生中心管理者、产业专家、任课教师、创业实践教师、创新创业中心管理者、团委、国际学生在校生代表和校友代表等成员构成的工作小组。其中，产业专家包括代表性企业创始人、VC/PE 投资人、代表性创业企业等创业领域

专家。采取线上交流、线下研讨、实地访谈等各种方式，全程深入参与培养体系设计讨论和实践论证全过程。

CCC 双创能力培养体系具有以下三个特点。

一是体现交流式生态系统特点。一方面，国际学生人才培养体系是一项系统工程，具有多维度、多途径、多阶段的复杂性，从过程设计到落地执行需要高校各部门的共同参与；另一方面，双创能力培养体系的成效取决于"组织治理互联、平台信息共享、人员设施共用"这一交互原则的实施效果。因此，国际学生双创能力培养体系具有典型的生态系统特征。该系统由资源要素组成、运行体制和机制、系统内外交换路径三个部分组成。其中，内外交换路径指在培养过程中各高校充分整合校外创业资源，推进产教融合，实现与外部环境之间的动态资源物质交换、创业能量传导和创新信息交流。系统的有效运行是三个部分协同工作的综合结果。

二是体现链条式递进贯穿特点。由理论到实践、由初级到高级是人才培养的基本规律。国际学生双创能力培养体系遵从上述规律，从理论教学体系的设计与实施入手，打造"课内—课外—模拟"三大人才培养模块，逐步深入推进从理论到实践的培养过程，形成分阶段、分层次、连通性的链条式培养体系，系统地培养国际学生创新创业能力，体现人才培养的进阶式递进贯穿特点。

三是体现循环往复螺旋式动态优化特点。本体系的设计遵循基本的 PDCA（计划—执行—检查—行动）理论，各高校可根据本校国际学生的培养层次和文化特点，充分利用积累的产业资源，周期性重复实施该培养模式的各个阶段，并根据实施效果对各阶段的运行程序进行及时调整，循环往复地持续优化 CCC 双创能力培养体系内容与实践方式，探索具有本校治理特色的产教融合最佳路径。

CCC 双创人才培养体系的实施将实现"课内＋课外"创业课程教学全覆盖，打通国际学生与中国学生之间双创资源与平台的通道，培养国际学生的创业意识和创业精神，逐渐激发国际学生参与创业的积极性和责任感，实现国际学生双创能力多层次、个性化、全过程培养。

四、嫁接优质产业资源的"课内教学"课程体系构建

创新创业课程教学体系关注的重点是国际学生对创业基本知识的认知，目的是让学生了解创业基础知识，区分创业阶段步骤，掌握创业基本流程，同时深刻体会创业精神，培育良好创业意识，激发创业兴趣，提高创业热情。

该课程教学体系的运营模式可由各高校国际学生中心发起，学校创新创业中心协助，以经济管理学院为试点，引进师资并开发课程。运营过程中将整合创业者、投资人、创业企业等优质产业资源，产教双方共同参与师资队伍组建、教材讲义编写、培养方案研讨、课程体系制定与迭代升级、产业专家进课堂、系列双创讲座等多层次、多维度、多形式的教学活动，以达到产教融合共同育人的目的。

在开展教育培养的过程中应注意到，"一带一路"共建国家间存在经济社会和高等

教育发展水平间的差距，不同国家的国际学生存在学习基础和发展需求的差异，但其共同目标均为促进母国经济的发展（谢鑫等 2022）。因此，该课程体系的设置应紧密结合共建国家发展的现实需求要素，充分考虑"一带一路"共建国家的文化、关键技术需求等，让各国利益相关行业与企业的资源充分参与到课程内容建设中。

基础课程体系的设计以普及双创知识为目标，各高校可根据自身双创教育的发展阶段，将课程教学划分为基础阶段与进阶阶段，分别设计相关课程体系。基础阶段的课程以课堂理论教学为主，其内容可初步确定为以下四个模块：双创精神、双创理论、"一带一路"倡议与共建国家文化、数字经济时代与技术创新。在双创精神这一模块，将着重培养学生的双创意识，可采取案例导入、典例分析等方式；双创理论将以理论教学、小组讨论的形式呈现，包含创业机会识别、企业创办法律依据与基础步骤、企业组建要素与运营方法、财务管理与风险控制四个专题；"一带一路"倡议与共建国家文化包含"一带一路"倡议的由来与未来发展机遇，将以讲座授课的形式介绍"一带一路"共建国家发展概况与发展需求两个专题；数字经济时代与技术创新包含数字经济时代的发展趋势、技术项目的发现与选择、新兴技术评估方法、技术的产业转化等内容，旨在发掘"一带一路"宏观环境下的技术创新机会，深挖技术创业潜能，发挥技术创业作用；具体设计当代互联网发展趋势下的创业新样态、互联网创业经验教学等专题，并在理论知识教学的基础上开展小组讨论。

完成基础阶段的理论知识学习后，进阶阶段以学习并完成商业计划书的写作为主线任务。通过商业计划书制作与演示课程，系统介绍商业计划书的总体结构、市场营销、产品技术、组织结构、财务预测、风险分析等内容，在结合案例进行模拟与分析后，以小组形式撰写商业计划书并进行展示，使理论与实践相辅相成。任课教师可作为教练，鼓励学生以团队合作的形式训练撰写商业计划书的能力，进行模拟创业。在此过程中培养学生分析行业竞争、理解市场与产品，把握创业机遇、确定商业模式、转化专业知识与技术、训练团队组建与协作、持续运营创业项目等能力。

五、厚植优质产业资源的"课外赋能"拓展体系构建

创新创业不仅要掌握丰富的理论知识，还要在不断的实践中总结经验，进行创业理论课程的课外实践教育是推进双创专业理论知识初步转化，提升创业能力的重要环节。该方案将充分考虑双创人才培养体系构建的完整性与合理性，通过"课外赋能"板块提供体验式学习过程，培养国际学生发掘创业机会，构建创业思维的能力（马翔等 2024）。"课外赋能"教育体系的构建主要从以下方面展开：

（一）创业家大讲堂

创业者的成功经验是双创教育的一大重要内容，是学生了解创业基本知识、掌握创业基本过程、总结优秀创业者品质，进一步形成创业初步感悟的直接路径。各高校可邀请业内成功的创业者开展系列讲座，分享其创业动机、创业激情、创业经历和挑

战等。同时，为了保障该活动的质量，各高校还需要在讲座结束后为国际学生提供系列指导服务，例如组织学生举办英文创客讲座、双语或英文路演等。

（二）创业认知基地

企业实地考察是国际学生加深创业感知的最佳路径。我国各高校经管学院拥有众多优秀的 MBA 校友资源，应予以充分利用，在校友的联络与助力下积极开展校企合作，为国际学生提供可参观的创业基地，提供了解企业发展目标、学习企业运行机制、洞察中国商业模式的机会。另一方面，各高校可借与企业间的合作关系，带领国际学生实地参观合作企业，学习成功经验，并设计一对一答疑环节，搭建企业创始人与学生之间的桥梁。国际学生通过切身体验，将更加了解企业的创办路径、管理方式和运行机制，为其把握中国市场发展趋势、抓住中国商业机会、进行自主创业提供经验指导。

（三）文创融合论坛

该模块可采取产业专家与校内师资联合的方式，在上述创业者大讲堂活动的基础上，开展兼具中国文化特色的创业讲座，为创业教育注入深厚的文化底蕴。具体形式可由各高校国际学生中心发起，开发"文创融合"课程，将中国特色文化、经济发展形势、成功企业案例有机融合，加深国际学生对中国政治文化、经济文化、创新文化的理解，开拓他们的中国视野。在此基础上提高国际学生兼容并蓄的文化多样性意识，促进不同国家、民族与社会群体之间的包容、理解与尊重（周秋光，王猛 2015）。通过这种形式，逐渐形成课程、案例、讲堂、实践等多渠道、多依托的"文创融合"人才培养体系，激励和指导国际学生将中国智慧应用在双创的实践过程中，增长自身才干。为"一带一路"共建国家源源不断输送具有中国情怀、中国视野、中国格局的高质量国际化双创人才。

六、产业专家深度参与的"模拟创业"实践体系构建

完成系统的理论学习和课外实践后，国际学生可通过参加创业竞赛、创业夏/冬令营、创业实习等方式进行模拟创业。在实际操作中学生可结合自身特点，积累创业资源、奠定创业基础；不断地巩固创业知识、理解创业风险、历练创业本领、坚定创业理念。"模拟创业"主要包括以下方面的探索性建设。

（一）创业夏令营/冬令营

创业夏/冬令营是常见的模拟创业形式，效率较高。通过灵活多变的方式，各个团队选定创业项目，进行创业规划，并展示项目成果。这种方式能有效激发创业热情，快速积累创业经验。

（二）创业竞赛

创业赛事是真实创业前的仿真训练，为后续真正创业提供了训练创业思维、提升创业技能、培养风险意识、培育企业家精神的绝佳机会。在参赛过程中，学生将系统构想商业模式与盈利模式，全面评估项目风险，完整撰写商业计划书。因此，为国际学生提供参加创业赛事的平台成为创业教育中不可或缺的重要环节。

1. 国内知名创业赛事。目前国内"挑战杯""摇篮杯"等各类大学生创业赛事的运行机制已非常成熟，可帮助国际学生明确创业目标，融入多变的创业环境。参与校级、省级乃至国家级的各类型创业竞赛是提高其双创能力的重要方式。

2. 英文创业赛事。由于存在语言差异、交流障碍等问题，国际学生对各类创业赛事的实际参与率较低。各高校国际学生中心可在学校创新创业中心的协助下发起以英文为沟通语言的创业赛事，并由经济管理学院等二级学院承办。积累经验后，可联合所在城市的其他高校共同举办赛事，共享创业经验与资源，扩大赛事的参与度与影响力。

3. 企业冠名赛事。通过与企业对接，高校可与合作企业共同发起企业冠名创业赛事，由企业提供赞助、导师指导、评委评审和优胜者奖金。冠名赛事的创业项目来源于真实的商业前沿，将带给国际学生极强的代入感，激发其参与热情。赛事的收益是多方面的。企业在获得创新解决方案的同时可以发掘国际人才；国际学生在历练创业本领的同时将收获后续实习、就业的新渠道。

（三）创业实习

各高校可与较为成功的典型创业企业合作，为企业挂牌授权，作为该校的创业实习基地。国际学生可在实习基地深入、全面地参与到创业各个环节中去，深刻理解创业的形式与内涵。挂牌创业实习基地应结合各高校相关学科、特色专业、国际学生人才培养体系等，开创多渠道、多层次、多形式的合作模式。

七、结论

本研究结合我国国际学生的现实情况，探索性设计了创新创业能力培养体系，以期为我国国际学生双创教育工作提质增效，高效整合创新链、产业链、资金链和人才链，为"一带一路"共建国家输送高素质双创人才。

CCC双创能力培养体系旨在构建概念贯彻相通、成员沟通畅通、要素交流顺通、创新链接贯通、科技设施互通的能力培养良性生态。该体系充分考虑了国际学生语言交流能力和国家文化差异等方面的影响，但其落地实施仍依赖于"组织互联、人员互通、平台互享"三个方面的协同合作。针对"组织互联"的实施难题，各高校可应用组织治理相关理论来解决。要形成国际学生中心主办，各相关部门协同参与的协作式组织治理格局，明确组织目标定位，完善组织治理机制，提高组织建设的灵活性与开放性。而"人员互通"问题的破解应与共享平台的搭建工作协调同步开展。在搭建中国学生与国际学生共享的创业资源分享平台，创新创业实践平台，创业项目孵化平台的同时，要嵌入国际学生中心负责人、双创中心管理者、产业专家、师资队伍等多方力量。为各个平台的建设提供人员支持，为平台运转提质增效。

师资队伍的建设是CCC双创能力培养体系落地与实施过程中的难点，也是项目建设的关键点，需要资源倾斜、政策引导、内外联合等多方全面协同配合。在建设之初，以"小""精"为原则打造工作总量、课程培育、科学研究、成果评定等方面的优势，吸引优质师资力量，组建教学师资团队。具体来看，首先要整合各高校现有创业教育师资队伍，并借助高校平台，邀请"一带一路"共建国家的优秀教师，打造课程教学的主力军；其次积极鼓励发展校内外产业、教学、研究的合作，引进与"一带一路"共建国家和地区有密切交流与合作的校外企业家导师，采取产教融合的方式增强课程的师资力量；再次，吸引掌握专业知识的优秀教师，充实完善师资队伍，推动专业知识与创业教育的高度融合；另外，积极对接对国际关系感兴趣的公益性组织，如中非民间商会等，通过制定相应的激励政策，吸引英文水平较高的国际关系导师，完善人才培养导师库；最后要打造全新的师资培训模式，重构教学研究团队体系，加强国际学生创业教育的基础研究与理论创新，推动双创课程的深入改革。

参考文献

［1］陈万明,池倩文,钱梦烨,徐光华.创业资源共享对大学生创业绩效的影响——基于有调节的中介模型[J].技术经济,2019,38(06):90-98.

［2］宫裔敏,林镇国.创业竞赛对提升学生创新创业能力的影响——基于创业竞赛参赛意愿调查问卷的数据挖掘分析[J].中国高校科技,2019(12):57-60.

［3］郭凯琳,苏烜."一带一路"背景下来华留学生创新创业教育研究[J].神州学人,2022(09):9-12.

［4］李怡."一带一路"国际学生"中文＋就业"能力提升研究[C]//程爱民主编.国际学生教育管理研究5.上海:上海外语教育出版社,2023:60-68.

［5］马翔,姜华,刘盛博.创业教育对大学生创业绩效的影响机制研究——基于理论教育与实践教育的双重视角[J].湖南师范大学教育科学学报,2024,23(02):65-78.

［6］王春超,尹蓉娟.创业文化环境与创业行为——以"一带一路"沿线主要国家为例[J].经济科学,2019(01):118-128.

［7］王稼琼.对外经济贸易大学来华留学生"出口"管理与服务工作[J].世界教育信息,2016,29(24):24-25.

［8］韦祎."互联网＋"时代留学生创新创业教育体系的构建——评《基于"互联网＋"视角下的大学生创新创业教育》[J].中国科技论文,2023,18(03):351.

［9］温珺,冼雪.来华留学生教育对中国外资流入的影响[J].国际商务(对外经济贸易大学学报),2019(04):85-99.

［10］吴昊.高校创业孵化园建设现状与对策[J].当代青年研究,2019(05):123-128.

［11］吴岩.中国式现代化与高等教育改革创新发展[J].中国高教研究,2022(11):21-29.

［12］向赛辉,孙永河.政府支持对高层次人才创业绩效影响机制研究[J].科技进步与对策,2021,38(15):143-150.

［13］谢冰蕾,吴琳华.来华留学生创业教育的逻辑理路和实践进路[J].中国高等教育,2021(Z2):47-49.

［14］谢鑫,刘梦星,高慧敏."一带一路"背景下影响跨文化同伴互动的学生因素探索[C]//程爱民主编.国际学生教育管理研究4.上海:上海外语教育出版社,2022:88-101.

[15] 徐文伟.从追赶到领先——华为的创新之路[J].中国科学院院刊,2019,34(10):1108-1101.
[16] 严以新.积极推动科技企业孵化器建设 大力支持留学生回国创新创业[J].中国发展,2010,10(05):5-8.
[17] 周秋光,王猛.当代中国慈善发展转型中的抉择[J].上海财经大学学报,2015,17(01):78-87.
[18] 朱锋.美国创业教育的理念与实践——兼对我国大学创业教育的反思与建议[J].河北师范大学学报(教育科学版),2018,20(02):43-47.

以学生体验为中心：
趋同化的发展定位与实践路径

王赛男**

摘要：随着"留学中国"品牌建设的不断深入，来华留学教育的高质量发展愈发依赖于高校高水平的趋同化管理。针对当前高校趋同化发展过程中存在的思维模式滞后、规则标准模糊、管理模式分割等现实困境，本研究提出"以学生体验为中心"确定趋同化的工作目标、载体和保障，并以此为核心对推动趋同化发展的队伍主体、实施载体和保障体系等进行实践路径的设计，进而为趋同化的高质量发展提供理论支撑。

关键词：趋同化　来华留学生　学生体验　发展定位　实践路径

Abstract: With the continuous deepening of the brand building of "Studying in China", the high-quality development of international education in China increasingly relies on the high-level convergent management of universities. In response to the practical difficulties existing in the current convergent development process of universities, such as outdated mindsets, vague rules and standards, and segmented management modes, this research proposes to define the work objectives, carriers, and guarantees of convergence with a "student experience-centered" approach, and to design practical paths for the main body, implementation carriers, and guarantee systems that promote convergent development, thereby providing theoretical support for the high-quality convergent development.

Key Words: convergence, international students in China, student experience, development orientation, practical path

　　"留学中国"品牌建设吸引了越来越多的学生来华留学。随着来华留学规模的逐步扩大，教育部在2018年发布了《来华留学生高等教育质量规范（试行）》，明确提出要推进中外学生教学、管理和服务的趋同化，要求高校将国际学生教育纳入全校的教育质量保障体系中，实现统一标准的教学管理与考试考核制度，提供平等一致的教学资源与管理服务，保障中外学生的文化交流与合法权益。

---

*　本文系浙江大学国际学生教育研究课题"基于'三类课堂'的国际学生趋同化管理研究"（项目编号：2023-GJXSJYYJ-B-008）阶段性研究成果。
**　王赛男，浙江大学经济学院研究生教育科科长，研究方向为跨文化传播、高等教育管理。

趋同化是当前高校国际学生管理的基本原则和主要形态，来华留学教育高质量发展有赖于高校高水平的趋同化管理。近年来的实践表明，自趋同化的理念提出以来，各高校虽然在管理体制和管理制度上做了一些调整，但仍存在不同程度的问题，距离实施趋同化的根本目标仍有较大差距。在此背景下，剖析发展受限的根本问题，探索趋同化管理下一阶段的发展定位，寻求破解方案和创新路径，是推进高校国际学生趋同化高质量发展的关键。

一、高校趋同化发展的现实困境

1950 年，我国开始招收国际学生，初期规模较小，国际学生工作被定位为"应尽的一项国际主义义务"。改革开放以来，国际学生教育进入快速发展的阶段，国际学生教育管理的目标逐渐从政治外交转向教育价值。1996 年，国家留学基金管理委员会成立，国际学生教育逐步由政府集中统一管理向政府宏观管理和高校自主管理转变，各高校陆续成立国际学生归口管理部门，增强了管理的灵活性和适应性。随着高校资源和社会要素流动性的不断提高，国际学生的学历层次不断提升，中国逐渐成为留学人数大国。随之而来的是如何实现从来华留学人数大国到管理大国的转变。实际上，趋同化发展的步伐未能跟上国际学生管理规模扩大的速度。趋同化的发展目标是"去异求同"，即让国际学生和中国学生在同样的教育环境和标准中发展，但面临的现实挑战是"异多同少"（顾莺，陈康令 2013）。具体体现在如下三个方面。

（一）思维模式滞后

趋同化高质量发展的前提是教育管理理念和思维模式的革新与探索。当前，高校在国际化意识和开放思维方面存在不足，难以适应国际化和多元化的趋势。我国国际化教育发展时间较短，特别是近 30 年的高速发展对国内高校原有的教育管理思维模式提出了极大的挑战。许多高校管理者和教职工的思维观念仍然囿于传统国内教育框架，国际化思维相较于当前的国际化发展速度存在滞后性，容易陷入传统教育管理模式。此外，高校教职工对国际学生的了解不足，投入资源有限，难以根据国际学生的特点和需求构建相适应的支持体系。

（二）规则标准模糊

趋同化既是一种管理思维，也是一种理想的管理形态。虽然各高校已经形成了相对固定的管理制度，但要实现更深层次的发展，还需建立与之相适应的通用规则和统一标准。规则标准的建设与执行是关键，能够为趋同化管理提供范式，推动其朝规范、科学、稳定的方向发展。尽管学界一直在探讨趋同化的概念，但具体的衡量标准仍处在探索阶段，难以与已有的各项机制有效结合。实际工作中，对趋同化概念的理解尚未达成共识，教职工的职责缺乏具体的"标尺"，导致沟通、操作和调解机制不完善，无法提供明确的工作指导。

（三） 管理模式分割

趋同化发展的核心是要做到多元参与、与时俱进，保障多个部门之间的协作，包括招生、学术支持、生活服务等，都可以自然参与到趋同化管理的建设和相关决策中（时文婧，刘涛 2021）。然而，实际上很多相关部门之间存在沟通不畅、职责不清的问题，导致管理模式分割，影响整体管理效率。趋同化发展一直面临"两张皮"的困境。从学生培养的角度来看，趋同化管理模式与高校原有的教育培养体系常常彼此独立，导致了国际学生培养与趋同化管理之间的割裂。此外，从课程教学、校园文化、师资培养、人才培养标准等多个方面来看，趋同化管理往往只是将对象、场域和资源进行简单的整合，而并没有推动教育方式的创新和发展，实现理念和实践的深度融合。解决管理模式分割问题对于趋同化发展的推进至关重要。

二、以学生体验为中心：趋同化的发展定位

审视我国高校趋同化发展面临的困境，无论是思维和管理模式的固化和保守，还是规则制度的模糊和缺失，抑或是工作方式方法的同质和割裂，归根到底是缺少明确的工作目标、载体和保障。为此，我们需要从实践角度提出有效的趋同化发展路径。趋同化的初衷在于实现中国学生和国际学生在教育、管理方式、标准和培养目标上的趋同，其实施重点应该回归"以人为本"的教育本质，这对于国际学生和中国学生而言是一致的。将学校教育管理提质增效的重心置于国际学生主体，构建"以学生体验为中心"的发展框架，或许能够突破当前的现实问题，为趋同化高质量发展提供可行的解决方案。

（一）内涵

学生体验是指学生在学校环境中所有感受和互动的总和，涵盖了学习环境的综合感受、情感认知、参与互动、成果发展、保障体验和目标实现等内容，尤其注重学生的主观感受、情绪和看法。相较于传统的高校管理方式改革，趋同化的根本目的在于系统性和整体性的优化，这与学生体验的全面性是相对应的。同时，学生体验能为趋同化实施的优化提供需求、标准和路径。具体来说，以学生体验为中心是趋同化改革创新的最底层动力，将学生的需求作为推动工作改革的基本出发点。考虑学生的成长体验就需要具体考虑学生的学习情况、生活状态和发展情况，这就要求我们认知层面更多地站在国际学生的立场上考虑和解决问题，以此来推动教育、管理和服务工作上具体环节的实施和通用标准的建构，从而形成良好的互动，使国际学生逐渐对学校产生收获感和认同感（刘清伶等 2021）。另一方面，趋同化管理提出了一种将国际学生作为高校治理过程中重要参与者的工作方法和衡量标准，重视他们在学校所有环节中的体验和学习效果，并将其作为系统化实施趋同化实践体系并寻找具体路径的出发点和落脚点。最后，以学生体验为中心的模式有效衔接了趋同化管理模式与高校原有的教

育培养体系，构建了全覆盖、系统性、立体式的学校管理网格，探索多元共治的现代化管理模式，提升学校管理的效率和效能。

（二）发展定位

明确发展定位，是趋同化发展的前提。国际学生教育起步晚、基础弱，教育管理模式对政策依赖性强，但发展速度快、劲头强，进一步提升的空间大。要从根本上推动趋同化发展，就必须厘清科学合理的发展定位。

以学生体验为中心是一种突破思维固化的工作理念，能够促使高校和教职工主动审视自身需求，动态调整思维方式，并发挥预测作用。思维固化是制约趋同化发展的根本性问题，因此，构建一套能够被高校和教职工广泛认同的全新思路是至关重要的。在强调服务人才培养的背景下，以学生成长为主体的教育理念已经逐渐成为高校的基本出发点和落脚点，更能够被认同。以学生体验为中心延续了以学生成长为中心的理念核心，同时也能更好地反映过程化服务学生成长的目的。此外，这一理念更侧重满足高校学生的共性需求，这比趋同化更容易让人理解。强调"求同存异""和而不同"也是以学生体验为中心的基本内涵，能够有效降低因特殊化管理而引发的分歧和隔阂。另外，将学生体验置于中心位置能够鼓励国际学生与中国学生在各领域积极互动，促进跨文化交流与合作。对于教职工而言，该理念为扫除许多工作盲点提供了根本遵循，能够减少对不同群体的差异性对待，推动教学管理能力的优化。同时，关注学生需求能够为动态调整工作思维、预测下一步工作方向提供依据。在尊重规律、尊重差异的前提下，挖掘国际学生群体的成长特征和群体变化，为服务学生多元成长、个性发展搭建面向未来更好的平台。

以学生体验为中心是推动工作实施的基础逻辑，能够精准找到研究工作的切入点。在国际教育领域，学校声誉和学生体验是吸引国际学生的关键因素。关注学生体验并不意味着牺牲教育质量或背离教育目标，反而可以作为提高教育质量和实现教育目标的手段之一。同时，这也是一个有效的切入点，可以揭示如何提升国际学生教育管理工作的规律，提高趋同化的质量和效率。满足学生体验需要综合考虑各种因素，包括教学方法、课程设计、学术支持、学生服务和校园文化等。学校在这些方面的持续投入和努力可以提升整体教育质量。此外，这也有助于将趋同化实施过程中产生问题的被动解决形态转变为主动构建趋同化实施标准形态，以推动高校管理服务能力的提升，从而促进工作研究的开展和深入，为制定工作标准奠定基础。

以学生体验为中心是推动工作系统化的具体策略，能够有效地解决实际操作中的问题。趋同化发展是由多个主体、要素和环节组成的复杂系统工程，它们相互关联、相互影响。在推动趋同化建设的过程中，首先需要具备整体性和全局观的思维，将学生体验置于教育管理的核心地位。这将有助于学校加强整合性思维，提供更全面、高效、开放的支持和服务，以满足所有学生的需求。该理念不仅指导教职工解决具体问题，使工作更具目标性、针对性和计划性，还应落实到制度、政策、管理、平台、师资、经费、知识、文化建设等各个环节，形成有效的保障体系。因此，以学生体验为中心并不仅仅是简单地将中国学生和国际学生的需求相加，而是挖掘内在规律，从面向未来的人才培养目标来推动供给侧改革。

三、以学生体验为中心：趋同化的实践路径

在中国高校不断融入国际教育市场的形势下，国际化治理和趋同化管理都是推动高等教育发展的必然要求，而以学生体验为中心是实现趋同化的有效思路，也是趋同化实践发展的重要目标和方向。在实践过程中，要从工作载体、主体和保障等角度来不断构建趋同化发展体系。

（一）创新驱动，落实全方位载体建设

载体建设是趋同化实施中不可或缺的部分。贯彻以学生体验为中心的理念，从学生成长的几个关键环节来看，可以从"三类课堂"着力。"三类课堂"包括以课堂教学为主的第一课堂，学生在校内参加的学科竞赛、创新创业训练、素质拓展、科学研究、创新实验、社团活动、文体活动等各类实践活动为主的第二课堂，还有学生在校外参加的各类社会实践、就业创业实训等活动为主的第三课堂。当前，尽管这三类课堂显著地提高了学生素质，但仍然存在一些亟待解决的问题。一是趋同化在课程教学中存在隐蔽性。有研究指出，中外学生共同参与课堂，并不能充分反映趋同化教学的实质性达成（张金萍等 2023）。原因在于趋同化主要表现为授课语言、教材选用、课程进度和考核标准等形式上的一致性，却忽视了学生学习效果的等同性，实际上是一种本末倒置。二是第二课堂的国际化程度有待提升。活动的设计和评估标准仅适用于中国学生，未能充分考虑国际学生的语言水平、文化背景和学科差异等客观问题。三是第三课堂的深度不足，形式和内容缺乏创新，导致其包容性、丰富性和互动性未能充分发挥。为了全面实施载体建设，创新"三类课堂"至关重要。国际学生身处课堂、校园和社会等主要环境中，每个环境都是趋同化教育实施的重要载体。不论是第一、第二还是第三课堂，都需要以学生体验为中心，从人才培养方案出发，增加促进国际学生培养的具体内容，加快课程体系的重构，为国际学生培养赋能，推动教学方法的改革，帮助他们更快融入课程。在第一课堂方面，需要协调课程各个要素的关系，使趋同化有机地融为一体并达到本质上的趋同和优化。在第二课堂方面，需要更加关注面向国际学生的开放性创新，不断提高他们的参与度和满意度，促进校园文化的多元化和国际化发展。近年来，习近平总书记多次回信国际学生，鼓励他们积极探索中国各地，深入了解中国。为了更好地促进文化的融合，第三课堂可以扩展活动范围，涵盖更多地理、历史、社会和文化等各个方面的体验，提供更具挑战性和多样化的实践机会，例如参与社区服务、研究项目或志愿者工作，以帮助他们更全面地感知中国，深入地了解中国社会。

（二）激活内需，推进深层次主体建设

为了更好地推动高质量的趋同化发展，必须不断加强工作队伍的主体建设。首先，需要深刻认识趋同化管理工作的目标，并树立"以学生体验为中心"的核心价值观。发展目标是工作的根本指导原则，也是激发教师队伍的重要动力。由于趋同化发展仍处在探索阶段，尚未形成统一的发展目标，缺乏完善的顶层设计，高校和教学主体师生对趋同化管理的理解存在差异，导致实施过程中存在盲目性和差异化，从而制约了培养质量的提升。"以学生体验为中心"作为趋同化发展的核心不仅有理论价值，也符合实际目标。它不仅可以为高校内涵式发展注入新的动力，还可以有效提升国际化水平，赢得更广泛的国际声誉。此外，需要推动趋同化管理各个方面的建设和发展，促进内容的深化与丰富，工作重点的明晰与贯彻，工作方式的完善与创新，工作体系的建设与发展。这有助于在各方面协调发展中有效推进趋同化建设。特别是要加强人才队伍建设，师资的国际化是趋同化的重要前提和保障。然而，目前国际化师资队伍的数量和质量都存在不足。为此，要重加强国际化师资的引进与培养，同时也要增强行政工作人员的国际化能力素养，完善工作队伍结构。一方面需要优化培训和评估机制，以评估来推动自身的不断完善和发展。通过科学设计评估指标，准确衡量趋同化实施的效果。另一方面，需要不断完善与人才培养国际化相关的评估，以确保其包含、体现、融入和贯穿趋同化的要素和要求，从而有效地推进趋同化工作体系和人才培养体系的协同发展。

（二）增加投入，完善全方位保障体系

在趋同化发展的背景下，需要进一步增加人力、资金和资源的投入，以推动校园环境改造、基础设施建设，教育教学资源优化以及各类资源的整合。针对趋同化发展中存在的难点和重点，应制定专门的工作计划，组织相关专家深入研究，为趋同化工作提供科学有效的指导。在政策制度方面，从学校和学院两个层面进一步明确和完善与趋同化发展相关的政策和工作指南，同时不断优化基层趋同化发展的实施细则。这有助于从基层工作的角度推动趋同化的实施，并缓解工作的零碎分割和协同障碍。另一方面，应塑造以文化建设为主线的国际化发展体系，从学校层面进一步建立健全管理制度，促进校园趋同化。这有助于减少由于缺乏明确框架而引起的不确定性，为趋同化发展提供稳定的校园环境和良好的氛围。经费的投入不仅影响趋同化发展的进程，也是反映高校国际化水平的重要指标。因此，高校应制定更有针对性和系统性的资金投入规划，以优化资金分配结构。此外，高校应探索建立趋同化教育管理工作过程性评价体系，建立各级考评单位，对三类课堂进行全方位、全过程的质量监控与评价，建立评价结果统计、反馈与运行机制，做到监督常态化、制度化。

四、结论

趋同化高质量发展是高校内涵式发展和国际化教育提质增效的重点和具体方案。高校趋同化过程中确实仍然存在认知模糊、简单化趋同、传统教育管理形态延续等问题,这也是国内高校高速发展过程中的必然阶段。从趋同化的发展定位来看,"以学生体验为中心"将国际学生作为工作的主体,并将此作为推动趋同化发展的核心理念、基本逻辑和工作策略。只有在理念上建立起"以学生体验为中心"的主动性,才能够选择合理、科学的实践路径,来推动趋同化建设过程中的各项工作的提升。

以学生体验为中心的理念可以为趋同化管理提供更聚焦问题解决、更贴近学生需求、更面向高校内涵式发展的解决方案。以学生体验为中心的趋同化管理,应进一步优化以"三类课堂"为主要渠道的培养载体,不断激活教职工队伍的工作能力和活力,增加投入、完善制度、优化评价来建立完善的保障体系,可以更好地满足国际学生的需求,提高他们的学习体验和满意度,进而促进高校的内涵式发展。

参考文献

[1] 顾莺,陈康令.高校留学生趋同化管理的比较研究——以全球8所高校为例[J].思想理论教育,2013(09):86-89.

[2] 刘清伶,邹楠,杨静.趋同化管理背景下的国际本科新生入学教育课程设置研究——以清华大学国际本科新生拓展营为例[C]//程爱民主编.国际学生教育管理研究2.上海:上海外语教育出版社,2021:27-34.

[3] 时文婧,刘涛.对国际学生趋同管理在后疫情时代的实践和思考——以北京师范大学为例[C]//程爱民主编.国际学生教育管理研究2.上海:上海外语教育出版社,2021:56-63.

[4] 张金萍,陈少平,韩艳丽,陆媛,刘婷婷.趋同化管理视域下高校来华留学生课堂学习体验的实证研究[J].教育理论与实践,2023,43(27):51-56.

新发展阶段提升国际学生生源质量的研究与实践*

程 方 孙亚杰**

摘要：提升生源质量是促进来华留学教育提质增效的基础。面对复杂的国际形势，高校在服务国家社会需求和推进"双一流"学科建设中，如何深刻理解新形势下来华留学教育的使命和要求，积极应对面临的挑战，构建尊重合理差异的趋同管理新模式，推动内涵建设，促进来华留学教育事业的新发展；如何在招生政策、招生渠道、宣传策略、选拔机制等方面开拓创新，全面提升来华留学培养质量，已成为高校国际化办学的重要任务，亟待从理论与实践层面深入研究。

关键字：新发展阶段 来华留学 生源质量

Abstract: Elevating the quality of student intake is the fundamental prerequisite for enhancing the quality and efficiency of education for international students in China. Faced with the complex international situation, universities and colleges need to deeply understand the mission and requirements of international education in China under the new circumstances, while serving the national social needs and advancing the construction of "Double First-Class" disciplines. It is imperative to confront the challenges, establish a new management model for international student education that respects reasonable differences and promotes convergence, develop the connotation of international student education, and advance new developments in the field. Universities and colleges also need to explore new developments in enrollment policies, admission channels, promotional strategies, and selection mechanisms. How to achieve these objectives has become a crucial task for universities and colleges in internationalizing their education. This issue urgently requires in-depth research from both theoretical and practical perspectives.

Key Words: new development stage, international education in China, student intake quality

---

* 本文系南京信息工程大学校级国际化教改课题（项目编号：2023GYBJG13）研究成果。
** 程方，南京信息工程大学国际教育学院院长、世界气象组织RTC常务副主任，研究方向为信息与通信工程。
孙亚杰，南京信息工程大学计算机学院、网络空间安全学院副教授，研究方向为信号与信息处理。

一、引言

江苏是国际学生来华留学的主要目标省份之一。2023年5月，南京信息工程大学承办了江苏省首届"江苏高校海外云巡展"。该活动由江苏省教育厅主办、江苏省高教学会外国留学生教育管理研究委员会协办，吸引了省内62所开展来华留学教育的高校的积极参与。活动历时一个月，包含启动仪式、线上宣介（在线直播）、专栏展示三项内容，并通过中国日报网进行海外推送，全方位展示各参展高校的办学实力和学科特色。江苏高校海外云巡展的成功举办，进一步扩大了江苏高等教育的海内外影响力，提升了"留学江苏"品牌知名度。各参展高校的线上宣介和专栏展示受到了高度关注，对吸引外国学生申请报考、进一步提高国际学生招生质量起到了积极作用。

南京信息工程大学坚持将来华留学教育作为学校人才培养和国际化发展的重要组成部分，响应国家外交倡议，服务社会发展需求，依托优势学科平台，打造"留学信大"品牌。学校始终贯彻"稳定规模、优化结构、规范管理、提质增效、内涵发展"的建设目标，全力推进尊重合理差异的趋同化管理，积极整合全球优质教育资源，深入发展国际化创新工作，不断提升学校教育国际化水平及国际知名度。学校实现了办学规模、结构、质量和效益的协调发展，其来华留学教育事业呈现蓬勃发展态势。

二、坚定开放办学，推进来华留学教育事业稳步发展

南京信息工程大学于1980年开始开展来华留学教育工作，2008年正式成立国际教育学院，并于2016年成为"留学江苏"目标学校之一。国际教育学院作为国际气象组织最活跃、富有成效的区域培训中心之一，从1990年至今，已为158个国家培养了4 439名学历生和6 000余名短期生。这些毕业生活跃在世界各地，从事各行各业，其中11位优秀校友已成为其国家气象局局长，为服务国家外交、促进文化交流、促进民心相通、维护世界和平作出了积极贡献。

遵照教育部发布的《来华留学生高等教育质量规范（试行）》（50号文）和教育部、外交部、公安部联合制定的《学校招收和培养国际学生管理办法》（第42号令）的最新要求，学校依托学校优势特色学科和专业，建成了涵盖本科生、硕士研究生、博士研究生及非学历生的完整的培养体系。在学校国际学生招生录取标准逐年提高、生源结构不断优化、研究生占比持续提升的情况下，申请者人数仍然快速增加，国际学生规模稳步增长，位居江苏省高校前列。来华留学学历生规模从2019年的1 084人增至2023年1 593人，非学历生超过800人，形成了来华留学学历生和研究生占比"双高"的特点。除了向国际学生开放的本硕博中文授课专业之外，学校还设有49个全英文授课专业。目前来华留学学历生分布在其中38个全英文授课专业和33个中文授课专业学习。国际学生的教学培养已纳入全校人才培养体系，实现了中外学生在培养过程、质量监督、毕业要求和信息系统的全面趋同管理。

学校建成了2门国家级来华留学英文授课精品课程和14门江苏省来华留学英文授

课精品课程，并在江苏省来华留学生教学观摩比赛中取得了特等奖的好成绩。学校于 2017 年通过了来华留学生高等教育质量认证，2023 年通过世界气象组织（WMO）外部评估。学校连续多年获评江苏省来华留学生教育先进集体称号。

三、坚持多措并举，促进招生数量与质量的均衡发展

提质增效的"质"，既是培养质量，也是招生质量，招生质量是培养质量的前提。为深入贯彻落实《教育部等八部门关于加快和扩大新时代教育对外开放的意见》和《江苏省"十四五"教育对外开放规划》，面对复杂的国际形势，学校多措并举，拓展招生渠道，规范招生标准和流程，优化奖学金体系。这些举措使得 2023 年来华留学学历生的申请数量和录取数量均取得历史性突破。

（一）招生宣传

为了大力拓展国际招生渠道和资源，扩大招生影响力，南京信息工程大学采取了多种招生策略。除了参加国际教育展、线上宣介和校友推介等常规招生途径外，学校还积极开拓海外合作院校推荐项目、境外办学 2＋2 联合项目、政府合作项目和预科生项目等项目制招生。同时学校还努力挖掘内部潜力，聘任教职工和优秀校友担任"信大使者"参与招生宣传；推进本硕/硕博连读，鼓励优秀国际学生继续在校深造。此外，学校还采取了多种宣传方式，如精心制作宣传材料，树立学校良好形象；完善网站平台建设，发挥窗口宣传作用；主动对接境外合作方，丰富招生宣传渠道；线上线下同步宣传，畅通信息沟通渠道；建设优质生源基地，打造留学特色品牌。

（二）招生录取

修订《南京信息工程大学留学生招生工作手册》，明确国际学生入学标准，对申请者的年龄、学历、成绩、语言水平、身份资格、经济能力和身心健康等提出明确要求。专业学院负责学术审核，通过材料审核、考试或面试的方式，对申请人的学业背景及学术水平严格把关，确保录取学生的质量。合理的国际学生招生标准、规范的招生录取流程对于提升生源质量起到积极成效。

招生录取过程中，申请人在学校来华留学生在线服务系统提交申请，国际教育学院对申请人资格进行认定后，将符合申请条件的申请人名单和材料提交专业学院进行学术审核，最终录取名单由国际学生招生工作小组审定并报送主管校领导审批。所有拟录取新生信息上报全国来华留学信息管理平台，接受公安机关和出入境管理部门、上级教育主管部门的前置审查，进一步把好生源入口关。2023 年，在提高招生标准的情况下，录取率为 34%，有效保障了高质量生源。

从 2019 年起，学校实行国际学生新生入学考试，来华留学本科生考试科目为 2 门，数理基础和语言能力。来华留学研究生考试科目为语言能力测试。数理测试参照高中基本要求，语言测试分为中文水平测试和英文水平测试。中文水平测试难度约为

汉语水平考试（HSK）四级，检验学生是否达到中文授课插班学习最基本的要求；英文水平测试侧重考查学生是否能熟练运用英语完成大学阅读、写作学习任务。对不同教育背景的国际学生进行入学前诊断性评价，既考查学生是否拥有学习大学基础课程的储备知识，又为任课老师顺利开展教学提供数据支撑。

（三）奖学金体系

南京信息工程大学建立了"国家＋地方＋学校"完备的三级奖学金体系，激励知华友华、品行兼优、成绩优秀的外国学生报考。奖学金从招生、入校到毕业进行全过程管理，充分发挥年度评审的正向引导作用，鼓励国际学生认真学习，积极进取。奖学金名额持续向优秀硕博士研究生倾斜，有效提高招生质量和培养质量。例如，中国政府奖学金自主招生项目、商务部援外学历学位教育项目的培养对象主要是研究生。2023 年，学校获得中国政府奖学金名额 31 个，丝路奖学金名额 10 个，江苏省政府奖学金 3 个。政府奖学金的"杠杆作用"持续显现，引领学校来华留学向高层次、高质量发展。

（四）特色招生

30 多年来，国际教育学院暨 WMO 南京区域培训中心已举办 200 余期双边和多边短期国际培训项目。培训内容涉及气象预报、气候变化、气象遥感、技术转移、海洋气象、防灾减灾、大气污染防控等"气象＋"领域，信息与通信技术"信息＋"领域以及交叉学科气象人工智能等。这些培训项目已为 160 个国家和地区培养了 6 000 余名专业技术人员和管理者。WMO 南京区域培训中心是全球学员覆盖范围最广、质量名列前茅的培训中心之一，多次获世界气象组织高度评价和嘉奖。众多学员回国后成为各自国家业务部门的骨干力量，他们的认可是学校招生宣传的重要内容，为学校来华留学教育推荐了更多优质的生源。此外，学校重启预科生培养，也为学历生招生提供了更多生源。

四、提升培养质量，增强对优秀高层次学生的吸引力

要吸引优秀高层次的国际学生，关键在于加强内涵建设，提升教育品质。学校根据教育部《来华留学生高等教育质量规范（试行）》中对来华留学提质增效新阶段的要求，在来华留学教育理念、培养模式和管理机制等方面进行深入探索，实施来华留学质量提升工程，不断加强专业建设、课程建设、队伍建设以及软硬件建设，全面提升国际学生培养质量。

（一）教学管理

建立健全教学管理制度，不断完善教学运行、质量监控、学位授予等精细化的教学管理机制，提升来华留学教育质量。大力推进专业建设，全面梳理并修订各专业培

养方案，更新相关课程安排，优化课程设置。目前，学校建有全英文授课的国际学生本科专业6个，硕士专业15个，博士专业22个。国际学生课程体系丰富，由学科基础课程、专业必修课程、专业选修课程、教学实践课程、语言进修课程、国情文化课程、职业教育课程和学业帮扶课程等组成。为进一步增强国际学生对中国国情和中国文化的理解与认识，国际教育学院建立了系列国情教育基地，帮助国际学生理解当代中国。此外，在必修课中国概况的基础上，新增中华文化概览必修课程，涵盖中国哲学、戏曲音乐、名著名篇、中华手工艺、书法美术、地域文化、中华武术等主题。该课程采用理论讲解、体验和实践相结合的方式，结合地方文化特色，为国际学生提供良性互动的参观考察活动和多维度的学习场景。通过深入开展中华文化体验及国情教育，着力培养国际学生的知华友华爱华情感（于晓婷，程爱民 2020）。

学校的国际学生专业培养过程和要求趋严，与中国学生趋同，在国际学生教学培养过程中严格执行期中教学检查、领导听课、同行评教、学生评教等教学管理制度，制定《南京信息工程大学国际化课程考核方案（试行）》，聘请国际化督导开展国际学生课程考核，深入国际学生线上线下课堂，开展随机听课、重点听课和专项检查，国际学生教学质量纳入全校教学质量保障体系。来华留学硕士生学位论文与中国硕士生学位论文共同经由第三方送审平台外审，国际学生本科毕业论文、硕士、博士学位论文共同参加教育部（厅）抽检。据各方反馈信息，学校的国际学生课程教学质量和培养质量均得到明显提升。

（二）队伍建设

学校大力推动国际学生管理队伍的能力建设，加强留管队伍的锻炼、培训和培养，逐步建成了一支专业、敬业、爱业的高素质来华留学教育管理队伍（蔡立强，林金城 2023）。在管理创新上，推进国际学生管理人员向专业教练的角色转变，促进学生的自我管理和自我服务，让学生管理制度规范内化为行为习惯。

通过政策导向，学校积极吸引优秀教师、海外归国教师投身于来华留学教育事业，建立健全校院两级国际化工作机制，形成完整的国际化政策及激励措施体系，在出国研修、职称评定、绩效考核、课程建设、评奖评优等方面体现对来华留学教育教学的政策倾斜。严格选拔教师，要求公派出国（境）教学研修教师在返校后需承担全英文或双语课程的授课任务；增加英文授课工作量，吸引优秀教师加入来华留学教师队伍；遴选具有海外经历和跨文化交流能力，同时具有研究生导师资格的教师担任国际学生研究生导师。这些鼓励政策极大地激发了教师从事来华留学教育教学的积极性。此外，学校还建有一支数量充足、结构合理、高水平的汉语教学师资队伍，保障了汉语和中国概况等来华留学基础课程的师资力量。所有承担汉语课程的老师均具有中文专业背景或对外汉语教学资格；汉语教师队伍中具有高级专业技术职务的老师占比为80%，15位老师持有对外汉语教师资格证；发挥孔子学院平台优势，选拔优秀汉语教师外派巴哈马大学孔子学院开展汉语教学，积累宝贵的实战教学经验，传播中国文化。自

2009 年学校成立巴哈马孔子课堂（2012 年升级为孔子学院）至今，4 位教师担任巴哈马大学孔子学院中方院长，两位教师担任巴哈马大学孔子学院/课堂中方公派汉语教师。

根据国家和江苏省对高校来华留学教育高质量发展的要求，学校细化衡量专业学院和来华留学教师或导师工作成效的评价体系，明确来华留学教育工作考核指标。为了增强国际教育工作荣誉感，营造创先争优氛围，学校还开展了来华留学教育先进集体、先进个人、优秀教师和优秀导师的评选，设立了国际学生学术科研成果奖励机制，并纳入校级师生荣誉体系。

五、总结

2023 年 4 月，南京信息工程大学国际教育学院成功举办了 WMO 区域培训中心成立三十周年成果展暨庆典仪式，世界气象组织（WMO）秘书长塔拉斯教授率 WMO 多国别考察团到访学校并参加活动。22 名来自世界各地的高级官员中有 11 位是南京信息工程大学的校友。塔拉斯秘书长在给学校的题词中表示，感谢南京信息工程大学为世界气象事业所作出的杰出贡献，特别是为发展中国家的人才培养和能力建设所作出的突出成绩。这既是对学校深耕三十多年国际教育工作的肯定，也激励着学校继续进步。

参考文献

[1] 蔡立强,林金城.实然、应然和必然：新发展阶段高校国际学生辅导员的职业化培养路径[C]//程爱民主编.国际学生教育管理研究6.上海：上海外语教育出版社,2023：141-149.
[2] 李海生,龚小娟.来华留学研究生教育中的生源问题及对策分析[J].学位与研究生教育,2017(8)：32-37.
[3] 李汶蕙,张阳,李欣越.后疫情时代来华留学招生策略研究[J].教育教学论坛,2022(6)：17-20.
[4] 刘芳.高校招生生源质量评价体系的设计与应用——以北京林业大学为例[J].中国林业教育,2021,39(1)：34-38.
[5] 罗洪川,向体燕,高玉建,石孝均,朱子义.以生源质量为导向的研究生精准招生宣传方法研究——基于X 高校 2018—2020 学年度招生数据的分析[J].福州大学学报(哲学社会科学版),2022,36(1)：134-140.
[6] 时元玲,张平松,陈孝杨.新形势下提升传统本科专业生源质量的思考和认识——以地学专业为例[J].文教资料,2022(1)：143-146.
[7] 于晓婷,程爱民.中国概况课程混合式学习情况调查研究[C]//程爱民主编.国际学生教育管理研究1.上海：上海外语教育出版社,2020：109-130.
[8] 张阳.高校招生工作中提高生源质量的对策思考[J].成长,2022(7)：27-29.
[9] 张忠明,马蔚蔚,李继红,刘君.制度措施多管齐下持续提高本科生源质量[J].教育教学论坛,2019(14)：21-24.
[10] 周尧.大数据时代下高校招生宣传方式研究[J].理论观察,2020(4)：132-134.

提升国际学生对中国文化认同感的教学研究

——以中国概况课程教学为例*

陆 柳**

摘要: 随着我国国际影响力的不断提升,越来越多的国际学生选择来中国学习。对国际学生进行中国国情教育及传统文化传播,不仅有助于提升他们对中国文化的认同感,也是加强中外友谊、传播中国文化的重要途径,对于减少文化休克现象、提升培养质量具有重要意义。本文以中国概况课程教学为例,探讨在该课程的教学中,如何有效提升国际学生对中国文化的认同感。

关键词: 国际学生 文化认同感 教学研究

Abstract: With the continuous improvement of China's international influence, more and more international students are coming to study in China. Conducting education on China's national conditions and dissemination of traditional culture for international students not only helps to enhance their identification with Chinese culture but also serves as a crucial pathway for strengthening the international friendship between China and foreign countries and spreading Chinese culture. Additionally, this approach plays a significant role in reducing the phenomenon of cultural shock and improving the training quality of international students. This paper takes the course of Introduction to China as an example to discuss how to enhance the identification with Chinese culture of international students in teaching the course.

Key Words: international students, cultural identity, teaching research

近年来,国际学生总人数不断攀升。中华人民共和国教育部、外交部和公安部2017年联合颁布了《学校招收和培养国际学生管理办法》,明确规定"汉语和中国概况应当作为高等学历教育的必修课"。由此可见,对国际学生进行中国文化教育、加深文

---

* 本文系江苏省高校哲学社会科学研究一般项目"跨文化背景下高校来华留学生心理危机预防与干预体系构建研究"(项目编号:2022SJYB2013)、江苏大学来华留学教育教学改革与创新研究课题"跨文化背景下江苏大学来华留学生心理健康教育现状及对策研究"(项目编号:5381410012)研究成果。

** 陆柳,江苏大学海外教育学院助理研究员,研究方向为教育管理、教育心理学。

化交流是高校的重要职责。各个高校在国际学生的培养过程中，必然要进行相关课程建设，在国际学生群体中推动中国国情教育及中国文化国际传播，提高国际学生对中国文化的认同感，培养知华友华爱华的国际学生。本文以中国概况课程教学为例，针对国际学生对中国文化认同感不足以及高校在跨文化适应教育中存在的问题，分析和探讨如何在课程教学中进一步提升国际学生对中国文化的认同感。

一、提升国际学生中国文化认同感的积极意义

文化认同是对一个群体或文化的身份认同感，又或者是指个人受其所属的群体或文化影响，而对该群体或文化产生的认同感。有学者认为，文化认同源于对文化形象的肯定，国际学生在到中国后会接触到中国特有的文化，在接触、学习以及适应的过程中，文化认同也意味着文化的融入（赵宏，张晶 2017）。文化认同具有一定的不稳定性和可变性，即人们对于群体行为中的规范以及情感认可处于不断变动的状态，这也意味着文化认同具有一定的可选择性。想要提高国际学生群体对中国文化的"选择性"认同，各高校需重视其重要性，并为之付出努力。

（一）国际学生适应中国学习与生活的现实需要

每个国家和地区都有其独特的文化，不同的文化环境导致人们具有不同的价值观念和生活习惯，进而形成文化的冲突和差异（赵宏，张晶 2017）。国际学生来自全球 200 多个国家和地区，其生活习惯、文化背景、民族信仰等方面都存在显著差异。大多数国际学生在来到中国前，主要通过互联网了解中国的社会管理、文化习俗、生活方式等方面，了解程度不够深或不够真实，进而因各方面的巨大差异，导致留学中国的新生在新环境里面临适应困难。为满足国际学生适应中国学习与生活的现实需要，提供以中国概况等课程教学为方式的中国文化传播途径，不仅能够增进国际学生对中国文化的理解，也为其适应新环境新挑战提供了积极的帮助（于晓婷，程爱民 2020）。

（二）有助于国际学生培养质量的提高

通过课程教学等方式向国际学生弘扬中国文化，提高他们对中国文化的接受和认可程度，对于提升国际学生培养质量也有重要的意义。首先，这显示了高校对国际学生的高度关怀，关注他们在新环境适应过程中面临的困难，并积极提供帮助，减少因文化冲突带来的适应性问题。这样不仅增强了国际学生对所处的环境的归属感、信任感，还促进了管理过程中的积极有效的沟通。其次，当国际学生对中国文化有更强的认同感之后，社会管理、校园管理也能更加顺利地开展。在多元化文化氛围的带动下，国际学生的生活也会更加丰富，有利于国际学生素养的提升（刘平，高亚楠 2018）。总之，在互相理解的基础之上，更有利于开展国际学生日常管理、中国法律普及、课程教学等，进而有助于国际学生培养质量的提高。

（三） 有助于中国文化的国际传播，提升国际影响力

根据教育部相关统计数据，中国已经成为世界第三、亚洲第一的留学目的国。随着国际学生群体日渐庞大，其影响力越来越大，对国际文化传播具有重大的推动作用。为国际学生开设国情教育相关课程，提升他们对中国文化的认同感，不仅能加快国际学生适应新环境的速度，还能够通过这一群体向全世界讲述中国故事、传播中国文化、弘扬中国精神。借助国际学生力量，将中华民族热爱和平以及对和平美好的祝愿以文化的形式传播出去，可以有效促进国际社会对中国更全面的理解。这对于提升中国的国际影响力，增进各国间的互相理解与信任具有积极的意义。

二、国际学生跨文化适应教育中存在的问题

（一） 需营造多元文化交融的适应环境

根据文化休克理论，刚来到中国的国际学生由于处于不同文化环境下，容易产生文化冲突和跨文化适应问题。由此可见，营造多元文化环境，提供更有利于国际学生快速适应中国文化的生活和学习环境，对于提升国际学生的中国文化认同感也有着十分关键的作用（张巍 2022）。但就目前的教育情况来说，大多高校难以提供丰富的多元文化环境。一方面，高校存在着硬环境不足、软环境不够的现状。多种文化环境硬件设施的创设需要较大的成本投入，但由于预算有限，许多高校只能进行有限的改善。且国际学生教职人员总体的跨文化意识不足，具有留学背景或较强跨文化意识的人员比例不高，在国际学生管理和教学的过程中，往往照搬国内学生培养的经验。另一方面，社会文化的相互适应更加困难，除国际学生专职管理人员外，其他教职人员、社会人员与国际学生接触非常少。且因语言、宗教、生活习惯等问题，无法提供一个顺畅的语言沟通环境和文化交流互通的机会，种种问题为国际学生了解和适应当地社会带来了一定的困难。

（二） 国际学生跨文化适应教育内容混杂、标准不一

教育部于 2018 年颁布的《来华留学生高等教育质量规范（试行）》，对国际学生高等教育的人才培养目标、教育教学基本要求以及管理和服务支持等进行了明确规定。在第一部分"人才培养目标"中明确规定"来华留学生应当熟悉中国历史、地理、社会、经济等中国国情和文化基本知识，了解中国政治制度和外交政策，理解中国社会主流价值观和公共道德观念，形成良好的法治观念和道德意识"。由此可见，国家对国际学生在中华文化或国情方面的教育有明确的内容要求。为响应国家政策，进一步完善国际学生的教育培养体系，各高校开设了多种跨文化适应课程，如中国概况、汉语、中国传统文化等，通过课堂内外的教学和实践活动，以期提高国际学生对中国文化的认同感。但在课程实施的过程中，存在教学大纲不明确、教学内容混杂、师资良莠不

齐等现象，难以提供稳定、优质的跨文化适应教育。以中国概况为例，目前以"中国概况"命名的教材已有十余种版本，内容大致涵盖了中国的历史、地理、社会、经济等方面，侧重点和详尽程度各异。目前大多数高校并未选定某一特定版本作为课程教材使用，教学内容大多取决于任课教师的兴趣或特长，难以形成系统化的教学内容。更有甚者，一些高校直接以中国学生的思想政治课程替代中国概况等相关课程，明显违背了教育部提出的针对国际学生的人才培养目标。国际学生跨文化适应教育的内容应遵循国家的质量标准，在把握好大方向的前提下作出适应于各个学校和地区的调整。

（三）师资力量和教学水平有待进一步提高

想要实现教学层面的目标，建设好传统文化教育的品牌，需要大量的优秀师资力量投入。但总体而言，高校国际学生国情教育的专业教师数量非常有限，且缺乏专业教学能力提升的途径。当前存在的主要问题包括育人理念不清晰，教学方式单一，教学和研究力量分散，兼职教师比例较大等，教育教学尚未形成成熟的过程体系。为解决这些问题，需根据实际情况，建设并完善教师国际化能力提升和培训机制，结合优秀的国情教育案例，通过讲座、交流等方式为更多教师传授跨文化教学技巧，培养优秀的师资力量，进一步提升教学水平。

三、提升国际学生对中国文化认同感的教学对策——以中国概况课程教学研究为例

通过开设中国概况等相关课程，形成规范的课程内容，采取合适的课内外教学模式，是实现《来华留学生高等教育质量规范》中规定的人才培养目标的有力举措。

（一）制定合理的中国概况课程内容，融入高校当地特色

为推动国际学生群体的中国国情教育及文化传播，已有学者出版了不同版本的《中国概况》等相关教学参考书。高校在中国概况课程建设过程中，可参照这些教学参考书，制定该课程的基本教学方向和内容。具体而言，应将介绍中国历史、地理、社会、经济、风俗习惯、社会主流价值观和基本政治制度等国家基本国情作为教学的必要组成部分，确保学生能够正确且全面地了解和熟悉中国社会。其次，也考虑到中国地大物博、人口众多，社会文化、地方或民族习俗多样化的特点，高校应结合所在地的当地特色，建设有地域性历史文化特色的文化主题课程。在中国文化的大背景之下挖掘地域文化特色，这也是处于不同地域院校的优势所在。各高校应利用这种优势将中国概况等文化类课程加以区别并做出特色，真正让国际学生接触和感知身边事，了解当地的社会文化、生活习惯，从而提高他们的适应性和对中国文化的认同感。此外，文化教学不应仅限于单向传递，而应以中国文化的教学和传播为基础，同时在与学生的交流中发现并结合其他国家的优秀文化，实现相互学习和融合，真正做到文化的传播和良好的交流。

（二）采取合适的课内外教学模式，教学方式多样化

孟子说："尽信书，不如无书。"对于中国概况课程教学来说，就是要避免单一的课堂理论教学、照搬书本内容的模式，而是根据国际学生的不同层次和水平，采取多样化的教学方式，将理论与实践相结合，以达到让国际学生认识、感知中国文化的目的。以江苏大学中国概况课程为例，该课程共 80 课时，其中 64 课时为课堂理论教学，16 课时为课外实践活动。编入课外学时，可提醒该课程教师为国际学生制定课外学习计划，但又不局限于课外课时数量，如有机会为课程教学及国际学生发展带来益处，也鼓励教师根据实际情况进行安排。具体来说，在教学过程中，首先为国际学生提供课堂理论教学，让他们先在课堂上了解中国基本情况。课堂教学应避免单调的理论灌输，要采用多种方式增强课堂趣味性，以多媒体设备为教学基础设施，结合课程内容或活动主题，通过图片、视频、小组活动、游戏等等多种方式，激发学生的积极性。例如在讲解中国传统二十四节气中的"春分"时，除了介绍其基本含义和节日习俗之外，还可以让学生动手体验"立春蛋""吃春菜"等传统活动，并组织踏春活动，感受不同时节的自然风光，加深学生对中国传统节气的理解。此外，利用好课外实践课时，为国际学生制定相关的课外实践环节。一方面，根据不同的教学主题，参与不同的课外实践活动。如在某节日期间深入社区，与当地居民一起过节，动手制作美食，聆听节日由来或了解相关传统美德，感受节日气氛与博大精深的中国文化，从而加深对中国文化的接受与认同。另一方面，结合高校所在地的特色文化，组织学生参观和体验。以江苏大学为例，位于具有"中国醋都"之称的江苏镇江，可组织学生参观醋文化博物馆，了解中国传统酿醋工艺，品尝香醋，感受中国人民的辛勤与智慧。

（三）提升任课教师跨文化意识，灵活课堂管理策略

国际学生来自全球不同国家，存在显著的文化差异。因此，在课堂教学管理方面，与中国学生也存在不同。作为给国际学生提供教学的任课教师，首先应具备较强的跨文化意识，理解、包容并接纳拥有不同文化背景的学生的学习习惯，并根据课程需求，灵活调整课堂管理策略。良好的课堂教学管理是保障教学质量的前提。但在诸如中国概况等国际学生课程中，常遇到学生上课迟到或缺勤的现象，导致课程进度滞后，影响班级教学风气。针对这些影响课堂秩序的问题，任课教师或教学管理人员应采取具有跨文化针对性的课堂管理策略。探其主要原因，国际学生对中国的时间观念、课堂管理理念缺乏了解，习惯用母国文化评价自身的行为和态度，没有意识到在中国这样的行为不被接受。对此，任课教师在课程开始之初，就需向国际学生介绍中国文化背景及具体课程要求，让国际学生明确并认可相应课程的课堂管理模式。另一方面，任课教师也应提前了解学生的生源地域结构及其文化背景和行为特点，不断提升自身的跨文化课堂教学管理能力。在面对文化差异带来的教学冲突时，避免一刀切或命令式

的管理方式，而是以文化互通、互相学习的理念，增加学生在课堂教学与管理中的参与度，增强师生间的包容和理解，促进不同文化的交流和融合。

（四）采用多元化评价机制，强调文化传播，减少知识灌输

对于各高校来说，中国概况作为国际学生的一门必修课，虽然属于认知性教学课程，但与大多数专业课程不同的是，其内容丰富且涉及范围广泛，重点在于介绍中国历史、地理、社会、经济、文化和风俗习惯等方面的知识。该课程的目的是为国际学生提供一个全面、系统、客观的了解中国的途径。因此，各高校应高度重视课程体系建设，采用多元科学的评价机制。首先，在课程教学的过程中，任课教师应将重点放在中国文化的传播上，关注国际学生对中国社会的正确认识以及对中国文化的深度感知，而非单纯强调学生对于课堂知识的识记程度。这一点应体现在课程成绩的考核方式之中。课程考核方式是该课程教与学的导向，如果考核内容过多依赖复杂知识点的堆积，那么教师的教学将不可避免地侧重于知识记忆，忽略文化传播，这不仅增加了学生的学习压力，也难以让学生真正感受到异域文化的魅力。单一的教学内容和考核方式，无法调动学生的学习积极性，也难以通过知识点的死记硬背评判学生对中国文化的理解和认同程度。其次，中国传统文化传播类的课程考核，建议避免使用传统理论课程包含的选择、填空等琐碎知识点的闭卷考试方式。可采用作品展示、调查报告、实践总结、观点陈述和小组讨论等多元化评价方式。这些方法能够有效激发学生的学习热情和表达欲望，适用于中国概况类课程的教学评价。通过开放性主题的论述、文化差异的比较和展示、文化实践活动的参与等多样化的考核方式，可以引导学生在课程教学和活动过程中，注重体验中国传统文化，敢于表达不同文化交流碰撞下产生的思想火花。这样的课程实施不仅仅局限在教与学的过程，更是多元文化相互交流、包容、共同发展的体验。

（五）延伸课程人文属性，为国际学生提供社会与心理支持

刚到中国的国际学生群体，在进入一个陌生文化环境后，必然会经历情感、认知和行为等方面的适应和转变过程。研究表明，在跨文化适应过程中，跨文化差异可能导致国际学生出现一定的心理适应困难，如果缺乏有效的干预或指导，可能会出现自闭、抑郁等心理问题，甚至导致精神疾病（伍志刚等 2010）。相比于其他课程，中国概况等与中国传统文化息息相关的课程，具有较强的人文属性，可以给予正在经历文化冲突和社会适应困难的学生一定的帮助。首先，任课教师可以通过与学生的沟通，及时了解学生在中国文化感知、中国社会风俗理解、行为习惯适应等方面的需求。针对国际学生在跨文化适应中遇到的困难，教师可适当调整课程内容，延伸课程内涵中蕴含的人文关怀，为国际学生提供心理疑惑的纾解，并明确专业的求助路径。其次，任课教师可充分发挥课外学时的实践意义，创造更多的机会让学生走出课堂，走进中国社会，切身体验中国社会文化、行为习惯等。通过参与文化交流活动，学生不仅能感

受中华文化的开放、多彩与包容,还能获得来自课程、学校、社会的人文关怀和支持,使他们在中国的学习经历更加丰富和有意义。

四、结语

综上所述,提高国际学生对中国文化的认同感,不仅有助于提高他们在中国生活与学习的适应性,从而促进国际学生培养质量的提升,也是传播中国文化,提升国际影响力的重要方式。通过中国概况等相关课程的建设,对国际学生进行文化熏陶,营造浓厚的文化氛围,以国际学生为纽带,向全世界讲好中国百年发展、奋斗圆梦、和平发展、合作共赢的精彩故事。

参考文献

[1] 李王婷,王海涛,熊佳慧."一带一路"背景下来华留学生对中国设计文化认同感研究[J].长江丛刊,2019(9):154-156.

[2] 刘平,高亚楠.基于地域文化的来华留学生中国文化课创新教学模式研究[J].现代交际,2018(7):5-6.

[3] 王丽莉,刘婧姝.中医院校来华留学生意识形态教育途径研究[J].长江丛刊,2017(24):214-215.

[4] 伍志刚,向学勇,谢芸.来华留学生和中国学生心理健康状况及应对方式比较[J].中国临床心理学杂志,2010,18(2):252-253.

[5] 于晓婷,程爱民.中国概况课程混合式学习情况调查研究[C]//程爱民主编.国际学生教育管理研究1.上海:上海外语教育出版社,2020:109-130.

[6] 张巍.来华留学生的中国文化认同现状审视及提升路径[C]//程爱民主编.国家学生教育管理研究3.上海:上海外语教育出版社,2022:22-28.

[7] 赵宏,张晶.来华留学生中华文化认同培养[J].黑龙江高教研究,2017(11):145-147.

新媒体语境下国际学生中华传统文化认同教育研究*

代丽丽**

摘要： 面向国际学生的中华传统文化认同教育是实现教育国际化的重要内容，是促进中外文明互鉴与交流的关键因素。随着网络技术的快速发展，各类新媒体形式不断涌现，使人们的学习方式逐渐向新媒体环境延伸。同时，新媒体形式也为教育教学带来了新的挑战。基于此，面向国际学生的中华传统文化传播与文化认同教育要顺应时代发展和学生需求，搭建新媒体平台，整合优化教学资源，创新表达形式，强化新媒体运用，从而构建国际学生中华传统文化传播的新体系与文化认同教育的新路径。

关键词： 新媒体　国际学生　中华传统文化　文化认同

Abstract: The education for the identification with traditional Chinese culture for international students is an important part of achieving educational internationalization, and a key factor in promoting mutual learning and exchange between Chinese and foreign civilizations. With the rapid development of network technology, various forms of new media continue to emerge, and people's learning methods have gradually adapted to the new media environment. At the same time, various forms of new media have also brought new challenges to education and teaching. Based on this, Chinese cultural dissemination and the education for the identification with traditional Chinese culture for international students should adapt to the development of the times and the needs of students, build new media platforms, integrate and optimize teaching resources, innovate expression forms, strengthen the use of new media, and thus build a new system for the dissemination of traditional Chinese culture and a new path for the education for the identification with traditional Chinese culture for international students coming to China.

Key Words: new media, international students, Chinese traditional culture, culture identity

---

* 本文系中国高等教育学会2023年度高等教育科学研究规划课题"新媒体语境下来华国际学生中华传统文化教育路径探索与实践研究"（项目编号：23LH0403）研究成果。

** 代丽丽，华北科技学院文法学院汉语国际教育系专任教师，副教授，研究方向为对外汉语教学、语言学及应用语言学。

中华优秀传统文化有着鲜明的民族特色和价值体系，是中华文明演化的智慧结晶，是中华民族的根基和灵魂。随着信息化技术的不断发展，新媒体诞生。作为传播主流价值观、影响力强大的新型互联网形态，新媒体使对外交流变得更加频繁和便利。其原创主体的大众化、交互渠道的多元化、传播内容的娱乐化、传播方式的碎片化等特点，无论是对内中华优秀传统文化的传承与发展，还是对面向国际学生的中华传统文化传播与文化认同教育，都带来了极大的挑战。在信息化、智慧化飞速发展的背景下，如何借助新媒体开展国际学生中华优秀传统文化认同教育，并构建有效路径是值得深入探究的问题。

一、国际学生形成中华传统文化认同的重要意义

国际学生对中华传统文化的文化认同是指国际学生个体超越其自身原有的文化特征，适应并逐渐获取对中华传统文化的独到见解，形成情感共鸣，领悟文化背后蕴含的深层价值。通过开展中华传统文化认同教育，提高国际学生的跨文化素养，培养其和平友好的国际视野，具有多方面的现实意义。

（一）提升"一带一路"文化交流质量，助力构建国家的国际形象

国际学生在全球价值多元化进程中扮演着重要角色，是应对全球化挑战的关键力量。在教育全球化进程中，中国承担着大国责任，国际学生是我国教育国际化的活力因子，是"一带一路"倡议所需的重要人才，是中国文化走出去的重要使者。培养国际学生是中国推进"一带一路"倡议"共同发展"的具体行动，也是践行"外交为民"宗旨的具体表现。在此过程中，培养"一带一路"友好使者，通过中外学生的友好交流，实现民心相通，从而促进中华传统文化对外传播，向世界、向各国青年展示中国和平发展的伟大成就和日新月异的新面貌。这不仅能让国际社会更加全面、客观地认识、了解真实中国，还能提升我国的文化软实力，为深入参与并促进全球化的发展与治理提供重要的人才支撑。

中华传统文化认同是发挥国际学生作为国与国之间友好交流的重要保障。国际学生在中国学习和生活，有更多机会接触和理解中华优秀传统文化，获得真实体验，形成深刻认识。这些经验使他们能够在国际场合发挥传播与推广中华优秀传统文化的桥梁作用，促进文化与经济的交融互动，增强政治友好互信，提升中华传统文化的传播质量，助力构建中国的国际形象，提升中国的国际影响力和地位。

（二）推进国际中文教学改革与发展，提升国际中文教育事业发展质量

语言、文化和思维的相关性研究证实，三者之间存在着密不可分的内在联系，形成了一个统一的整体。对国际学生来说，理解并认同中华传统文化对强化学生汉语学习的内部动力，培养汉语的思维模式，提升汉语学习效果有直接的促进作用。因此，国际学生的中华传统文化认同教育对国际中文教学的创新与发展具有重要的推动作用，有助于提升汉语国际推广与中华传统文化传播的整体效果。

首先，国际学生形成中华传统文化认同后，可以密切联系教学过程，使汉语学习不再枯燥乏味，相关文化词汇的学习也能转变为文化内涵的理解与思考，从而增强学习效果。

其次，对中华传统文化形成认同，有助于国际学生更好地理解和掌握地道的汉语。汉语是中华传统文化的重要载体，只有了解中华传统文化，才能更好地理解语言背后的文化内涵和交际策略，这对国际学生在现实生活中开展顺畅的人际交往有重要作用。

最后，开展面向国际学生的中华传统文化认同教育，可以激发国际中文教育工作者的事业发展活力，为满足学生认知所需，不断整合教学资源，丰富教学内容，创新教学方式，从而提升国际中文教育事业的发展质量。

（三） 提升国际学生文化适应性，促进身心健康全面发展

国际学生既要努力克服语言障碍、迎接学业挑战，还需适应新的文化环境，包括价值观念、道德规范和行为准则。国际学生要不断地调整和重构自我认知，才能更好地适应生活和完成学业。中华传统文化认同教育有助于国际学生更好地认识自己、理解他人，构建正确完整的自我认知和自我认同。同时，国际学生对中华传统文化有了认同和理解之后，他们能够更好地融入中国社会生活，提升自身的社会适应能力。

段文婕等（2021）认为，国际学生的跨文化交际能力与文化认同度呈正相关。中华传统文化认同教育有利于国际学生提高社会适应能力，更好地开展跨文化交际，这也是其自身发展的内在诉求。在全球化时代，多元文化交融并存，国际学生提升其中华传统文化认同感，有助于其形成全面的世界观，成为一个国际性人才。

二、 国际学生中华传统文化认同教育的困境

（一） 高校对文化认同教育不够重视，文化教育教学模式传统单一

蔡雪和黄晓慧（2022）、庄媛等（2020）、张雄（2022）等人的相关实证性研究表明，在面向国际学生的教育与教学工作中，诸多高校往往忽略了对不同文化背景的国际学生开展文化交融与中华传统文化认同教育的问题。这导致国际学生的各项教育教学工作无法高质量完成，相关人才培育效果并不显著。从教育教学层面来说，一方面，许多高校在面向国际学生的教育教学中沿用了我国长期以来固化的教学模式，侧重于单一的知识传授和简单的文化教学；另一方面，我国历史悠久，优秀的传统文化博大精深，面向不同文化背景的国际学生开展中华传统文化认同教育，需要量身定制，费时费力。这对国际中文教育事业来说是一个公认的难题，对任何一个高校而言更是一个极大的挑战。从教育外部环境来说，高校的中华传统文化氛围不够浓厚，也缺少将其作为主要课题设计而成的系统性的校园文化活动。虽然新媒体形态多样，但在国际学生课堂的运用仍比较单一，教师仅播放一些视频或图片等，学习者缺少亲身体验的机会，新媒体对文化认同教育很难发挥实质性的影响。

（二）文化之间有距离，认同异质文化并非易事

对于国际学生来说，理解和接受中国文化并非易事。首先，来华学习者在文化智力上存在显著差异。多数学习者来华之前对中国文化并不十分熟悉，当其母语文化与中华传统文化差异较大时，认同感便难以建立。其次，国际学生对中华传统文化的认知与践行之间存在着很大的距离。虽然多数国际学生对中华传统文化抱有很大的兴趣，在汉语课堂上也能够习得相关知识，但这些认知往往难以转化为日常行为，能够参与到中华传统文化实践中的机会比较少。同时，在新媒体时代，一些文化糟粕假借中华优秀传统文化之名传播，这给对中华传统文化认知尚不全面的国际学生带来了很大的困扰。

（三）汉语水平不足，阻碍深入了解中华优秀传统文化

汉语的语言体系情况复杂，在语音、词汇和语法方面都有着鲜明的民族特点。汉语讲究意合，更注重语境中的情感与语用意义，因此单纯从语言形式难以准确把握其含义。同时，作为汉语书写符号的汉字，属于表意文字，与表音文字差异较大，对于国际学生来说，汉字的认读和书写是汉语学习的难点。这些因素使得汉语成为一门相对难学的语言。国际学生汉语水平参差不齐，普遍存在水平不足的问题，这成为他们深入了解中国文化的障碍。如何克服语言障碍，让国际学生能够深入体验中华传统文化，并形成内在的文化学习动力，是一个普遍又关键的问题。

（四）传统的国际中文课程与中华传统文化的联系缺乏系统性

在传统的国际中文教学中极少开设专门的中国传统文化课程。多数情况下，传统文化教学通过文化主题的形式交织在听、说、读、写等语言能力教学过程中，甚至仅是语言教学的附庸。中华传统文化的传播方式呈碎片化，文化教学内容缺乏系统性和重点。这种教学模式导致国际学生在接受汉语教育时，难以建立起与中华传统文化的系统性联系，也很难将其融入现实的中国社会生活中，更不能在日常学习生活场景中主动地认识中华传统文化。

（五）新媒体对中华传统文化认同教育提出了挑战

新媒体时代的数字化传播看似加大了中华传统文化的传播力度，但其信息传播主体大众化的特点使得越来越多的用户广泛参与其中，主流文化的主导地位因此受到了冲击。有些发布者为了博眼球、赚流量，传播内容越来越娱乐化、低俗化，甚至打着传承中华传统文化的幌子，制造了大量标新立异、偏离事实、内容空洞的网络文化垃圾。这样的网络文化环境不利于国际学生接触中华优秀传统文化，还可能有损国家形象。优秀中华传统文化是融合了民族文明史上的道德传承、文化思想及精神内涵的有

机整体。但在新媒体时代，碎片化的传播方式冲击着中华传统文化传播的完整性，这种非连续性、片段化的传播方式仅限于表层信息的传递，未能深度挖掘文化内涵，形成深层思考，容易导致国际学生曲解中华传统文化的内涵，产生文化认知偏差，从而加大了中华传统文化认同教育的难度。

三、新媒体语境下国际学生中华传统文化认同教育的优势

虽然在新媒体语境下，中华传统文化认同教育遭遇挑战，但其交互性、个性化、多样化、及时性和流量大等信息传播优势，为对外传播中华优秀传统文化创造了新的条件和渠道，为国际学生的教育教学工作的创新发展提供了多种可能性。扬长避短，充分利用新媒体的显著优势，使中华传统文化在国际上熠熠生辉，是我们把握网络发展前沿，助力中华传统文化认同教育的重要现实课题。

第一，信息传播速度快，时效性好，交互度高。与传统媒体相比，网络新媒体实时交互性更强，能够为面向国际学生的中华传统文化教学提供更为丰富的文化传播形式。中华传统文化内涵丰富、形态多元，要想在网络时代更好地发挥其内容和价值，离不开新媒体技术的加持。

第二，信息容量大，立体全面化呈现，受众主动参与。从教的角度来说，借助新媒体技术可以全面、立体、生动地展现中华传统文化，以新媒体形式作为传统文化教学内容的有益补充，能够增添课堂学习的趣味性，教师的教学热情也会被深度激发，从而实现教学内容的快速传递。从学的角度来说，中华传统文化教学过程中有效运用新媒体技术，能够使国际学生身临其境，产生思想上的共鸣，激发学习热情，形成内在的学习动力。

第三，信息融合度高，不同媒介、多种方式结合。新媒体技术打破了传统教育教学过程的单一性，促进多种渠道和路径融合，能够拉近国际学生与中华传统文化的距离，使他们有更多的方式了解中国。教师在教学中的角色更加灵活，教学效果更鲜明。

第四，信息发布与获取灵活，反馈机制完善。现代媒体技术使国际学生的中华传统文化接触不再受限于传统课堂，扩充了信息获取渠道，建立了良好的师生沟通与反馈机制。学生可以及时反馈问题，形成全体参与性的讨论，一定程度上改善了学习上的束缚和无助状态。

四、新媒体语境下国际学生中华传统文化认同教育的"四维一体"路径

当前，中华传统文化认同教育主要围绕中国学生展开，而针对新媒体语境下国际学生的相关研究更少。因此，要积极利用新媒体的多种形式，从"主体、客体、话语、介体"四个维度出发，在教育教学过程中创造有利于文化认同的场景和语境，以此突破当前国际学生内化中华传统文化面临的困境和挑战，加快培养"知华""友华""爱华"的新时代国际使者（见图1）。

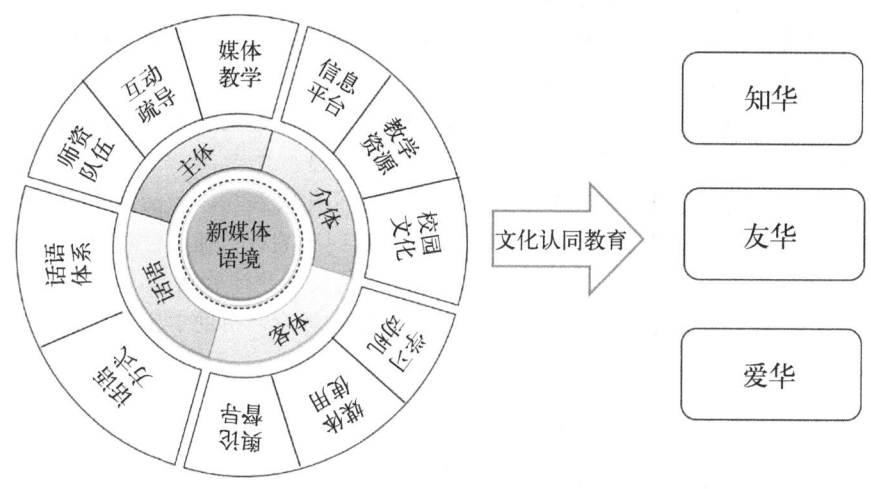

图 1 中华传统文化认同教育的"四维一体"路径

（一）主体维度：提升新媒体形式运用技能，做中华传统文化的教育者

1. 强化新媒体时代的师资队伍建设

在新媒体时代背景下，中华传统文化认同教育需要一支精通新媒体技术和中华优秀传统文化内涵的教师队伍作为强有力保障。这需要加强新媒体时代的师资队伍建设与业务技能培训，强化教师的跨文化意识，增强教师创新传播中华传统文化的业务能力（莫怡文 2023）。国际学生教育教学工作者要紧跟新媒体技术的发展，增强新媒体教育教学技能，深入了解国际学生的学习特点，有针对性地开展文化认同教育。

2. 注重移情疏导，加强新媒体互动

杨玢（2018）认为"文化认同是在他者斥异中得以构建和彰显"，构建文化认同也就意味着排斥或构建"他者"。国际学生的中华传统文化认同教育离不开对"他者"文化的建构与斥异，在对比中求同，寻找中华传统文化的社会发展价值理念与异质文化价值的交汇点和共同点。教师要以文化包容和互学互鉴为原则，在教育教学过程中拉近文化距离，通过多种新媒体形式提升学习者对中国文化魅力和内涵的体验感，不断提升学习者的文化鉴别能力，使中华传统文化的民族文化个性得以彰显。国际学生的中华传统文化认同教育已经从知识传递、文化传播延伸至情感感染，学生依据其自身内在诉求和现实需要不断认识、理解中华传统文化，并在此基础上进行价值判断，逐渐积极主动内化中华传统文化价值于生活实际。

首先，面向国际学生的中华传统文化认同教育要通过情感的催化促使学生形成理性的逻辑话语。在这过程中，教育教学工作者需与国际学生建立起有效的情感通道，

及时关注他们对中华传统文化的态度和反馈，以形成具有针对性和感化力的互动。这种即时、开发、双向交互的新媒体便能方便快捷打通情感交流的通道，使教与学双方不再局限于课堂见面，实现更及时的情感交流，增强教师对学生的影响力。例如，教师可以建立交流学习群组，与学生保持密切的联系，学生参与其中，积极共享文化信息，形成多向互动，以此强化中华传统文化的教育过程。

其次，利用新媒体开展多元多形式的中华传统文化实践与体验活动是内化理论知识的重要形式，也是提升国际学生中华传统文化认同感的有力抓手。可以基于国际学生的新媒体使用习惯和倾向，开展多种形式的中华传统文化体验活动，例如通过手游、短视频、动漫等形式强化中华传统文化认同的体验式教育，帮助学生真正认识中华传统文化，提升其对中华传统文化的理解。

（二）客体维度：培养积极的汉语学习动机，加强媒体使用引导与监督

任迪、姚君喜（2019）和姚君喜（2023）的实证研究发现，国际学生更倾向于选择网络媒介和社交媒介去了解中国文化，而且更偏好使用汉语媒介。因此，要培养学习者积极的汉语学习动机，提高汉语水平，鼓励学生利用新媒体技术记录中国，并推送到其本国常用的大众媒体平台。

1. 培养积极的汉语学习和新媒体使用动机

国际学生的教育教学工作者，除了开展语言教学，培养学生基本的汉语基础知识和语言技能，更要引导学生形成积极的汉语学习动机和新媒体使用动机。首先，教师要深入了解学生的学情，包括学习动机、学习习惯、新媒体使用情况等；其次在开展教学过程中，要让学生认识到积极的学习动机对来华学习和生活的重要性，并引导他们将新媒体融入学习生活的方方面面。

2. 强化舆论引导与监督

建立和完善监管和评估机制，加强新媒体平台的监管力度和水平，净化传播环境，使中华传统文化成为主流声音。同时，依托大数据统计和舆情监测，对国际学生中华传统文化认知度、关注度、需求和舆论进行长期跟踪调研，并用数据化手段综合分析其文化信息需求和偏好，以提高中华传统文化在日常学习中的出现频率，从而提升中华传统文化认同教育的针对性。

（三）话语维度：构建新媒体语境的中华传统文化教育话语体系

高小燕（2020）指出，"中华传统文化不仅是蕴含历史记忆与传承价值的文化形态，还具有被构建和被赋予新时代发展性和启迪性的价值意义。"面向国际学生开展中华传统文化认同教育时，更要重视传统文化的当代价值。通过构建新媒体语境下面向国际学生的中华传统文化认同教育话语体系，推进中华优秀传统文化在话语形式的创

新发展，借助新媒体创新传播形式，创设新媒体传统文化情景，增强体验感和互动性，以适应新媒体语境下国际学生的学习和认知需求。例如，可以开发符合国际人士认知习惯和话语表达方式的各类文化主题微博、短视频、微信公众号等新媒体产品，形成图文视听相结合的新型话语传播方式。

教育工作者也要结合时代特点和对象特点，在话语方式上做适当调整，改变单一刻板的话语方式，运用新媒体语言艺术形式，以简洁、活泼、新颖的语言，生动地演绎中华传统文化，拉近与国际学生的情感距离，更有助于促进文化认同教育的发展。

（四）介体维度：构建文化传播新语境，打造教育教学资源平台

在互联网技术普及的时代，国际学生使用抖音、快手、微信、QQ等网络媒介的频率逐年升高。但在这些媒介中涉及的中华传统文化信息不够系统，所包含的中华文化价值观元素不足。因此，我们需要积极整合资源，搭建中华传统文化教育教学平台，转化与创新中华优秀传统文化的知识体系、价值观念及表现形式，打造新媒体多元载体，在高校创建优良的中华传统文化传播环境，实现"新传播"。

1. 打造中华传统文化教育教学网络信息平台，强化官方媒介的宣教作用

（1）创新多元化文化教育教学形式

教育需要依托相应的网络平台，充分利用现代信息技术及时性和交互性的特点，为中华传统文化赋予生命力，使其能够更好地融入国际中文教育课堂。一是整合中华传统文化内容，以现代化网络信息平台为支撑，将面向国际学生的中华传统文化内容投放至相关平台进行宣传与推广；二是在教育教学手段上不断创新，利用当下年轻人比较喜欢的动漫、影视等形式，宣讲中华传统文化的相关内容，使其融入国际学生的日常生活。

（2）强化国家官方新媒体影响力

国家应在保护中华优秀传统文化的基础上，利用新媒体实现中华传统文化的与时俱进，增强时代感以不断强化中华传统文化的影响力。相关部门可以投入人才和资金力量，利用现代数字技术修复和完善中华传统文化遗产，建立国家级开放性资源平台，提供丰厚的文化资源，提升中华传统文化传播与推广的权威性和指导性。

2. "育人""立校""融城"三位一体

高校是开展国际学生中华传统文化教育的主要阵地，其文化认同教育是高校"育人"的重要组成部分。高校要结合自身发展，突破传统教学资源的限制，打造地区特色，创新传播文化，塑造教育品牌，实现"立校"目标。不同地区的高校应与城市发展紧密结合，服务地方需求，提炼当地的中华优秀传统文化。通过整合现有的中华传统文化主题的新媒体资源，构建"育人""立校""融城"三位一体的创新教学资源体系，搭建资源共享的教学实践平台，提升不同地区学生的适应能力。

3. 创建新媒体校园文化环境

利用新媒体推进高校校园文化环境建设，营造浓厚的中华传统文化氛围。如建设新媒体课堂，使传统文化教学内容更加丰富多彩，贴近学生的日常生活，增强课堂的渗透性。在实施教育教学环节中，鼓励学生将习得的中华传统文化知识通过实践转化为文化能力，形成文化素养。例如，可以组织国际学生制作中华传统文化主题的视频，发挥新媒体的宣教作用，使其参与其中感受中华传统文化，最终逐渐成为中华传统文化的施者和宣传者。在新媒体语境下，各高校应定期举办丰富多彩的中华传统文化活动，发挥校园的第二课堂作用，让国际学生在文化氛围中逐渐提升感悟，真正地实现中华传统文化认同教育的目标。

随着新媒体的不断发展，中华传统文化的传播方式和国际学生的教育教学方式都要做出相应的调整、变革与创新。充分利用新媒体的技术优势，更好地发挥中华传统文化的育人作用，使中华传统文化教育与国际中文教学有机融合，促进国际学生能够更加深入了解中华传统文化的精神内涵，形成广泛的中华传统文化认同，从而培养更多的国际人才和文化使者，推进中外文明的交流与互鉴。

参考文献

[1] 蔡雪,黄晓慧.培养来华留学生对中国文化认同路径探析——以北京交通大学软件学院为例[J].北京教育（德育）,2022(9)：71-74.

[2] 段文婕,黄琛,李秀梅,龙徽."一带一路"沿线东南亚国家留学生中国文化认同与跨文化交际能力实证研究[J].文山学院学报,2021,34(2)：57-62.

[3] 高小燕.高校开展中华优秀传统文化教育的时代价值与路径选择[J].中国高等教育,2020(08)：55-57.

[4] 莫怡文.基于隐喻理论的跨文化适应新探——"宣传大使项目"过程分析[C]//程爱民主编.国际学生教育管理研究5.上海：上海外语教育出版社,2023：137-144.

[5] 任迪,姚君喜.外籍留学生媒介使用与中国文化认同的实证研究[J].西南民族大学学报（人文社科版）,2019,40(9)：147-153.

[6] 杨玢.中华优秀传统文化认同的理论视域[J].理论导刊,2018(03)：93-98.

[7] 姚君喜.外籍留学生汉语学习、媒介使用对中国文化认同的影响[J].上海交通大学学报（哲学社会科学版）,2023,31(6)：32-45.

[8] 张巍.来华留学生的中国文化认同现状审视及提升路径[C]//程爱民主编.国际学生教育管理研究3.上海：上海外语教育出版社,2022：22-28.

[9] 张雄.滇缅留学生中国文化认同的实证研究[J].齐齐哈尔大学学报（哲学社会科学版）,2022(4)：145-148.

[10] 庄媛,张富宾,佘顾雨.来华留学生中国文化认同度调查研究——以镇江市为例[J].教育现代化,2020,7(35)：186-189+196.

积极心理学视域下国际学生
突发事件的案例与预防*

毛跃祖**

摘要: 随着国际学生人数的不断增多,国际学生突发事件层出不穷,对高校的教育管理提出了挑战。为此,高校迫切需要探索积极有效的预防对策。本文基于积极心理学理论,结合观察和案例研究方法分析了国际学生突发事件的类型和原因,并提出具体的应对方案和预防措施。本文旨在为接收国际学生的高校提供突发事件应对与预防启示,也为提升高校危机管理提供理论参考。

关键词: 积极心理学　国际学生　突发事件　案例　预防

Abstract: With the increasing number of international students in China, campus emergencies involving international students happen frequently, which poses challenges to universities' education and management. Therefore, there is an urgent need for universities to explore proactive and effective preventive measures. Based on the theory of positive psychology, this paper analyzes the types and causes of emergency cases related to international students in China by combining observation and case study methods, and puts forward the response plans and preventive measures. The purpose of this paper is to provide enlightenment for emergency response and prevention for universities that host international students in China, and also to provide a theoretical reference for enhancing the crisis management of universities.

Key Words: positive psychology, international students, emergency, cases, prevention

在教育全球化背景下,中国凭借友好的政策环境、优质的教育资源和相对低廉的学习成本吸引了越来越多的外国学生来华求学。根据教育部统计数据,目前约有50万国际学生在中国学习,占全世界留学人数的20%(陈静宜等 2023)。中国已经成为全球第三、亚洲第一的留学目的国(Mao et al. 2023)。来华留学人数的不断增加加速了

---

* 本文系2023年度中国高等教育学会一般项目"后疫情时代国际学生入学教育及跨文化适应路径研究"(项目编号:23LH0402)、浙江省教育科学规划重点项目"来华留学生心理适应与心理健康教育研究——基于浙江省12所高校的实证调研"(项目编号:2025SB082)、宁波大学校级科研专项"来华国际学生心理健康教育体系建设研究"研究成果。

** 毛跃祖,宁波大学商学院讲师,研究方向为跨文化教育管理。

高校的国际化步伐,同时也让高校环境更加复杂多变。国际学生来到新环境后,因为文化差异、语言沟通障碍和学校教育管理等原因引发的各类突发事件屡见不鲜,给高校校园的安全稳定工作带来了挑战。如何积极应对和处理这些突发事件是高校在国际化进程中需要面对的重要课题。与中国学生突发事件不同,国际学生突发事件多涉及跨文化背景和多元文化交叉,如果处理不当,简单的校园危机有可能上升为外交事件,影响高校的国际化进程乃至国家形象。因此,招收国际学生的高校有必要从源头整理和分析突发事件的类型和原因,并制定一系列有效的应对方案和积极的预防措施。本文将结合观察研究和案例分析,以积极心理学为理论基础,分析国际学生突发事件的典型案例及其发生原因,并结合研究结果提出积极的应对方案和预防措施,以期为高校来华留学教育管理提供理论启示和实践指导。

一、研究现状

高校突发事件指在高校突然发生,有可能造成人员伤亡、财产损失,并且对社会和校园的安全稳定构成损害和威胁的公共安全事件(汪路勇,方文明 2013)。国际学生突发事件一般是指针对国际学生这一特定群体的突发事件。目前国内关于国际学生突发事件的研究相对较少,这些成果探讨了其研究意义、起因、表现和干预机制。谢新(2006)认为,大学校园的安全稳定至关重要,近年来,高校来华留学事业蓬勃发展,给校园带来了生机。但同时也意味着潜在的冲突和危机。国际学生突发事件,如果处理不好,不仅会对国际学生造成心理伤害、扰乱正常的学习和生活秩序,还会给他们带来心理阴影,极端情况下还会催生校园矛盾,影响校园的安全稳定(唐志伟等 2014)。因此,有必要加强管理,尽量避免潜在的国际学生突发事件的发生。国际学生突发事件根据不同类型可以分为安全类、治安类、文化差异类和疾病类。不同类型的突发事件的发生原因各有不同。有的是因为无法适应新的文化环境(比如法律法规、规章制度、文化习俗等);有的是因为国际学生自我防范意识薄弱(比如法律意识和安全意识),对潜在危险缺少预见性,容易发生酗酒、打架等突发事件;还有的是因为外部环境的影响(比如地区冲突、家庭经济困难、感情危机等事件),导致国际学生情绪性失控,进而引发突发事件(嘉丽娜,刘海蒂等 2017)。应对突发事件,要做到预防为主,处理过程中要以国际学生为本。段伟和江钦徐(2014)提出建立国际学生突发事件预警防控机制,对可能诱发突发事件的各种要素以及所呈现出来的危机信号进行严密监测,对其发展趋势、可能发生的危机类型及其危害程度做出科学预测,及时提醒有关部门采取措施、防范国际学生突发事件。预防国际学生突发事件的发生应制定突发事件应急管理办法、加强国际学生的入学教育、强化国际学生的班级管理、发挥国际学生组织的管理作用、加强家校联系、改善国际学生的住宿条件(彭晶晶 2023)。

尽管前人成果提供了研究基础,但也有研究空白亟待填补。经过文献梳理,我们发现尚无学者从积极心理学角度探讨国际学生突发事件的预防,而结合一线工作实践探讨积极预防对策的研究少之又少。高校若能在"事前"主动介入予以预防,就可在一定程度上减少"事后"的被动应对，从而避免和减少突发事件的发生。本文首次将积极心理学应用于国际学生管理实务，以华东沿海某高校商学院的国际学生为案例研究对象，对学院 435 名国际学生进行为期 2 年的观察研究，总结了国际学生突发事件的类型和影响因素。基于研究结果，我们提出了积极心理学应对策略。在国际学生突发事件的预防和管理过程中应用积极心理学理论，不仅有利于国际学生获得好的学习生活体验，也有利于为高校危机管理提供重要参考。

二、国际学生突发事件的类型和原因

本文总结了华东沿海某高校商学院近 2 年 167 起国际学生突发事件后发现，国际学生突发事件主要涉及治安安全、宗教信仰、心理健康、学业困难、学校教育管理等方面。其中，情绪、人格和管理体系这三类因素对国际学生行为的影响较大，其中因事件主体情绪不稳定引发的突发事件有 64 起，因人格问题引发的突发事件 38 起，因管理体系不完善而导致的突发事件 45 起。路易斯·科恩（Louis Cohen）等人认为，对典型案例的分析有助于以小见大，也有助于推广到实践中（Cohen et al. 2018）。此外，积极心理学关于情绪、人格和社会制度的理论探讨能从源头上为国际学生突发事件的预防和管理提供可行方案。本文分析了三起典型的国际学生突发事件，涉及高校的教学、育人和管理层面，旨在为未来处理类似事件提供启示。

（一）情绪类案例

学生 A 找到学院辅导员，情绪激动地投诉某任课老师区别对待学生，导致同样缺课两次的另一名学生的平时成绩反而比他高。辅导员立即联系了任课老师，了解到任课老师课堂点名采用随机抽点的形式，学生 A 因为"运气不好"缺课两次都被点到名，而另一名"运气稍好"的学生缺课两次却只被点到一次名，故平时成绩稍高。平时成绩一经公示便无法更改，对此学生 A 并不"买账"，表现出明显的消极情绪。

乔纳斯·埃弗雷特（Jonas Everaert）等学者认为，一般而言，心态消极的人更容易忽视事情的积极面，更容易产生负面情绪（Everaert, Joormann 2020），而负面情绪或许会导致突发事件。国际学生在异国他乡求学，很容易因为陌生环境、语言障碍、文化差异等因素遇到挫折并产生负面情绪。此次事件中，学生 A 因消极看待中国高校的教学考勤模式，导致其在求学过程中产生挫败心理和负面情绪，而这样的消极情绪本可避免。学生只需要调整自己看待考勤的角度。如果任课老师在第一堂课就说明课堂秩序和评分标准，明确考勤规则，学生就能更好地适应教学方式差异，主动打消侥幸心理，积极上课避免不必要的失分。同时，任课老师还可以通过完善点名环节和增加课堂趣味性带来公正良好的课堂体验，从而帮助学生形成积极的学习和情绪体验。此外，高校应多设置方便国际学生参与的各类学科竞赛以营造良好学风、丰富学习体验。积极的学习体验不仅是国际学生来华的主要关注点，也是国际学生获得幸福求学体验的重要源泉。当国际学生能与同学、老师和谐相处，突发事件发生的概率也会随之降低。

（二）人格类案例

学生 B 进入某大学后因出色的球技受邀加入了校园男子足球队，在球队表现良好并屡次协助球队赢得关键性比赛。一年后，球队教练找到辅导员反映学生 B 在球队状态糟糕。经过谈心谈话，辅导员发现学生 B 可能遭受了校园欺凌。他的队友学生 C 在训练间隙一直骚扰他，在过去的一年里，学生 B 不堪其扰但又无力改变。

在许多校园欺凌案例中，学生的人格因素扮演了很重要的作用。积极心理学家芭芭拉·弗雷德里克森（Barbara L. Fredrickson）提出，人格心理学认为，人的内心深处常常存在两股相互抗争的力量：一股力量是消极的，它包含自卑、压抑、恐惧、贪婪、愤怒、傲慢、自私、侵犯等；另一股力量是积极的，它包含喜悦、满足、幸福感、同情、宽容、希望和爱等（Fredrickson 2002）。这两股力量的制衡也是积极人格与消极人格的交替过程。在本案例中，学生 B 因为担心受到报复而选择了默默忍受，导致消极人格得到助长、积极人格受到压抑。所幸，经过辅导员的及时介入，学生 C 认识到问题的严重性，承认错误并道歉。经过积极的心理治疗，学生 B 逐渐恢复了正常的学习和生活，也逐渐在球队找回了状态。为了避免类似事件的发生，高校应主动构建积极育人体系，在学生人格成长关键期帮助唤醒学生人格中的积极力量，促进其积极人格和品德的形成，从而养成积极行为能力。根据积极心理学理论，当学生具有积极行为能力之后，他就能对自己的心理体验、行为方式以及周围环境有意识地施加一定的积极影响，从而促进其健康人格的建构。当学生养成健康完善的人格，校园形成良好的风气，突发事件便能从本质上得到最大化遏制。

（三）管理体系类案例

国际学生辅导员接到学校公寓管理部门电话，称学生 D 在公寓楼"闹事"，要求前去协助处理。原来，学生 D 急着办理退宿，但是在填写退宿申请表时发现要去许多部门签字和盖章，故与公寓管理人员产生激烈争执并演变成突发事件。在学生 D 看来，退宿只需要公寓同意就行，不明白为什么要跑那么多部门。事实上，因管理体系设置而产生的突发事件不是第一次，如果不尝试建立积极的教育管理体系，类似的突发事件可能还会出现。

积极心理学认为，学校在教育过程中不应简单地纠正学生的错误和不足，更主要的是培养和扩展学生的积极品质，在积极教育过程中重新定位教育以适应新时代的教育发展（陶新华 2017）。构建积极教育管理体系有助于提升学生对学校的认可度和满意度，形成积极行为趋向，进而从系统上预防因产生消极情绪而引起的突发事件。在各地政府机构陆续推出"最多跑一次"服务时，高校也应在教育管理层面释放积极信号，试行建立"学生事务大厅"模式，将相关办事部门集中到一个平台，成功实现学生"最多跑一次"，让国际学生感受到来华学习和生活的便捷和幸福。此外，高校应通过进一步理顺教育管理体制、明确各管理主体职责、增加管理资金投入、提高管理质量和服务等方式营造美好的学习和生活环境，切实为学生的成长成才谋福利。积极教育管理体系的构建可解决的不只是日益增多的国际学生突发事件，更重要的是指向国际学生的成长成才和主观幸福感。

三、国际学生突发事件的积极心理学阐释与对策

积极心理学的研究内容主要集中在三个方面，主观水平上的积极情绪体验，个人水平上的积极人格特质，以及群体水平上的积极组织系统（陶新华 2017）。通过分析国际学生的情绪体验、人格品质和高校管理体系可以验证积极心理学在突发事件的预防和管理过程中的科学性。已有实践表明，我们不能依靠对问题的修补来为人类谋取幸福，因此，心理学必须转向研究人类的积极品质，通过大力倡导积极心理学来实现这一目的（任俊 2006）。一方面，积极心理有助于国际学生培养积极人格和品质、化解矛盾和潜在危险（刘凤云等 2023），另一方面，将积极心理学运用于教育管理是人性化教育管理的体现，也有利于降低高校突发事件的概率。

（一）尊重文化差异：用服务营造积极情绪体验

国际学生来到中国求学，不可避免地会遭遇文化冲突，出现消极情绪如紧张、焦虑、沮丧、悲伤甚至抑郁等。根据弗雷德里克森的积极情绪扩建理论，每一种情绪都有自己相应的、特别的行为，心理学上称之为特定行为倾向，总的来说可以分为两类，一类是逃避倾向，另一类是接近倾向（Fredrickson 2002）。积极心理学关注积极情绪对心理紧张的消解功能。因此高校首先应从语言上尊重文化差异、架设起沟通的桥梁，让国际学生快速融入当地环境。例如，高校可推行国际学生迎新系列服务，帮助他们克服可能的"新生恐惧症"。其次，高校应加强整体教育管理服务，如将教务系统、校园网站、公众号、校历、地图等内容多语言化，提高信息获取的便利性，从而增加国际学生的积极情绪体验。最后，高校还可以招募志愿者为国际学生提供服务，通过朋辈引领的方式协助国际学生建立社会支持体系，实现有效的跨文化适应。对于出现跨文化不适的学生，高校也应主动提供心理咨询服务，协助国际学生进行积极心理治疗。总之，高校应充分重视国际学生的情绪体验，注重服务软硬件的建设，帮助国际学生顺利做好来华的"软着陆"，从而避免国际学生的各类突发"硬碰撞"（景柯沥 2023）。

约翰·贝里（John W. Berry）提出，根据跨文化心理适应理论，当经历文化环境转变时，人们可能会采取四种不同的跨文化策略，即同化、融合、分离、边缘化（Berry 2019）。在实际生活中，国际学生并不是简单地选择其中一种方式来融入当地文化，而更多的是根据不同情境采用不同策略（Mao et al. 2023）。对于一些在中国早已普及的生活习惯，比如高铁出行和网购，国际学生通常会采用同化的方式。而对于他们沿袭已久的一些生活习惯，比如用手吃饭或者祷告，部分国家的学生通常会采取融合的方式。因此，高校在服务过程中应尽可能尊重文化差异、提供积极情绪价值，从而避免因文化差异而引起校园突发事件。

（二）增强主观幸福体验：培养国际学生积极人格、快速适应环境

詹姆斯·艾夫里尔（James R. Averill）统计发现，在众多的积极体验中，有一种积极体验是最综合、最复杂也是最核心的，那就是主观幸福感体验（Averill 1997）。由于失去了熟悉的社会符号，初来中国求学的国际学生会普遍感到"文化适应压力"（Berry 2019）。比如，国际学生不可避免地会遇到是否使用筷子的问题，而围绕这个问题则会衍生出两类不同的人格：乐观型解释风格和悲观型解释风格。马丁·塞里格曼（Martin E. P. Seligman）认为，在面临失败和挫折时，乐观的人会认为这是由外部原因引起的特定情境事件，是暂时的，而悲观的人会将原因归咎于内在的或普遍的因素，是长久的（Seligman et al. 2000）。在实际生活中，乐观的国际学生更愿意不断地尝试去使用筷子，而悲观的国际学生则会远离"那些装满筷子的餐厅"。因此，高校应分阶段对国际学生开展人格适应教育，引导他们从文化不适走向文化适应。

为了增强国际学生的主观幸福体验，高校可以多创造一些有助于学生人格养成的积极因素，比如丰富多彩的校园文化、客观公正的评奖评优体系等，让国际学生对在华学习和生活感到满足和幸福。此外，高校可通过中国文化类的系列讲座、展览、现场体验、文艺汇演等形式促进国际学生了解、学习和认同中国文化，减少对异国文化的陌生感和疏离感。同时，也应提供平台让国际学生可以展示自己的文化，比如国家风情展、才艺大赛、学科竞赛等，有利于国际学生认识自我、超越自我和培养良好自尊。高校还可以通过成立学生组织或者组织志愿者服务活动来构建积极的社会支持系统，促进国际学生形成互惠互助的人际交往圈。国际学生之间建立良好的人际关系可以满足个体被他人接纳和需要的心理愿望，同时也能让他们找到归属感，促进他们健康人格的养成。

（三）构建积极教育管理体系：在预防中降低突发事件发生率

传统的教育管理模式针对突发事件的处理过程和负面影响采取措施，但这种外科手术式的管理模式无法消除国际学生的消极体验，而且无法从根本上预防突发事件的发生。积极教育管理体系倡导通过建立全面的预防机制来增进主体成员的幸福感体验。在此体系下，教师乐于传道解惑，学生积极学习成长。我们发现，经常活跃在学生会或者社团的国际学生出现突发事件的概率较小，这源于这部分国际学生本身对人对事的心态更积极，而积极便是一种很好的预防。根据积极心理学的研究成果，只有人本身的积极品质（如爱心、胜任、乐观、勇气、热情、对未来充满希望等）才是预防问题产生的最好工具（Seligman, Csikszentmihalyi 2000）。因此，做好国际学生突发事件的预防和管理，构建积极教育管理体系就显得尤为重要。

高校可以从法律规章、评奖评优、安全教育、沟通交流和管理人员配备和发展等方面建立突发事件的积极教育管理体系。首先，为了培养懂法守法的国际学生，高校可定期开展法制讲座、举行法制知识竞赛、观看法制宣传视频等形式积极消解国际学

生的法律盲区。为了营造良好学风，高校可通过视频或者幻灯片等形式组织国际学生在轻松的氛围中学习学生手册、熟悉校纪校规。其次，为了发挥榜样带动集体的作用，高校应建立合理的评奖评优考核体系，肯定学生积极的情绪体验和良好的人格特质，引导学生在向朋辈学习过程中发掘自身的潜质并获得良好生活体验。再次，高校应加强校园安全教育、学生心理动态跟踪体系，通过营造平安校园环境和关注学生心理健康来预防国际学生因消极情绪而产生的突发事件。最后，高校应加强与国际学生的交流，比如通过举行班会和座谈会等形式关注国际学生的心理动态。此外，高校应重视国际学生管理人员的编制待遇、个人发展和培训交流。国际学生管理人员作为一线管理队伍，其稳定性、专业素养、服务意识和教育方式与国际学生的情绪和人格有着直接的关联，对积极教育管理体系的构建起着重要作用。

四、结语

在突发事件的预防和管理过程中，高校不能仅关注问题和困难，更应关注国际学生的心理健康和生活幸福。将积极心理学引入国际学生管理，不仅提供了理论上的智慧，而且提供了积极心理或行为干预方案。教育的目的在于做好引导和激发潜力，通过对国际学生提供积极引导和潜能激发，将积极心理学应用于教育管理实践有助于主动减少高校突发事件的发生率，也有助于培养国际学生的积极情绪和人格。作为国际学生的主要培养机构，高校应构建积极教育管理体系帮助留学生适应在中国的学习和生活。最终，高校可以通过营造积极体验、培养积极人格、构建积极教育管理体系的方式为学生提供积极元素和关怀，使留学生获得内心的积极力量。

参考文献

[1] Averill J R. The Emotions: An integrative approach. In Hogan R, Johnson J A, Briggs S (Eds.). Handbook of Personality Psychology[M]. New York: Academic Press, 1997, 513-541.

[2] Berry J W. Acculturation: A Personal Journey across Cultures (Elements in Psychology and Culture) [M]. Cambridge: Cambridge University Press, 2019.

[3] Cohen L, Manion L, Morrison K. Research Methods in Education (8th Edition)[M]. London and New York: Routledge Falmer, 2018.

[4] Everaert J, Joormann J. Emotion regulation habits related to depression: A longitudinal investigation of stability and change in repetitive negative thinking and positive reappraisal[J]. Journal of Affective Disorders, 2020, 276: 738-747.

[5] Fredrickson B L. Handbook of Positive Psychology[M]. New York: Oxford University Press, 2002.

[6] Mao Y, Wang R, Ji H. Acculturation and academic adjustment of student sojourners in the Chinese higher education context[J]. Journal of Studies in International Education, 2023, 28(3): 1.

[7] Seligman MEP, Csikszentmihalyi M. Positive psychology: An introduction[J]. American Psychologist, 2000, 55(1): 5-14.

[8] 陈静宜,许欣,董蕊,黄亚娟.国际留学生心理健康状况研究：基于CiteSpace的可视化分析[J].心理月刊,2023,18(4):40-47+67.

[9] 段伟,江钦徐.来华留学生突发事件预警防控机制的建构[J].现代教育科学(高教研究),2014(7):127-131+144.

[10] 嘉丽娜,刘海蒂,唐洪伟.浅析跨文化背景下高校来华留学生突发事件处理与对策[J].教育现代化,2017,4(12):106-108.

[11] 景柯沥."三育全人"视域下高校国际学生心理育人体系构建研究[C]//程爱民主编.国际学生教育管理研究6.上海:上海外语教育出版社,2023:99-112.

[12] 刘凤云,文乐敏,雷蕾,黄燕琼,郑美华.积极心理学语境下大学生应对突发事件自救互救能力研究[J].社会科学前沿,2023,12(3):1244-1250.

[13] 彭晶晶.4R理论视域下高校来华留学生教学应急管理的对策研究[C]//程爱民主编.国际学生教育管理研究6.上海:上海外语教育出版社,2023:122-131.

[14] 任俊.积极心理学[M].上海:上海教育出版社,2006.

[15] 唐志伟,李伟,孔宪玲,马长中.来华留学生突发事件预防与干预处理机制的研究[J].中华医学教育杂志,2014,(6):824-826+830.

[16] 陶新华.教育中的积极心理学[M].上海:华东师范大学出版社,2017.

[17] 汪路勇,方文明.高校突发事件应急管理的现状与对策[J].青年记者,2013(35):16-17.

[18] 谢新.文化差异与留学生突发事件的预防及管理[J].中国高等教育,2006(5):49-50.

高质量发展背景下的国际学生管理队伍建设思考

廖芳莹*

摘要：国际学生教育是国家教育对外开放中的重要组成部分，而国际学生管理队伍则是国际学生教育中最为重要的人员力量。党的二十大报告中强调："高质量发展是全面建设社会主义现代化国家的首要任务。"高质量发展的大背景为国际学生管理队伍建设开辟了新的提升路径。本文从推动高质量发展的内在要求和重要着力点——新质生产力的角度出发，分析了国际学生管理队伍建设存在的问题，包括专业性不足、角色定位缺乏战略高度、绩效考核机制及培养规划尚未健全等。本文提出了几点思考以促进队伍质量的提升，包括提升队伍人员业务水平与核心能力、提高队伍政治站位、创新国际学生管理队伍培养机制和加强国际学生管理队伍交流以及经验分享。

关键词：留学生管理队伍　高质量发展　新质生产力

Abstract：International student education is an important part of education opening-up, and the international student management team is the most important personnel force in international student education. The report to the 20th CPC National Congress emphasizes that to build a modern socialist country in all respects, we must, first and foremost, pursue high-quality development. The high-quality development creates a new path of improvement for the construction of an international student management team. From the perspective of new quality productive forces, which is the inherent requirement and important focus for promoting high-quality development, this paper analyzes the problems in building an international student management team, including insufficient professionalism, lack of strategic height in role positioning, and incomplete mechanisms of assessment and training plan. It then puts forward reflections on quality enhancement, including upgrading professional skills and core competence of the team, improving the political position, innovating the cultivation mechanism, and strengthening communication and experience sharing among international student management team.

Key Words：international student management team, high-quality development, new quality productive forces

---

* 廖芳莹，深圳技术大学国际合作与学生工作部主管，研究方向为高等教育管理、德语语言文学。

高质量发展已成为当前中国发展的主旋律。党的十九大报告提出："我国经济已由高速增长阶段转向高质量发展阶段。"党的二十大报告再次强调："高质量发展是全面建设社会主义现代化国家的首要任务。"在这一宏观背景下，作为国际学生教育管理工作者，如何响应高质量发展的时代需求，如何高质量推动教育对外开放，统筹做好国际学生招生、教学、社会管理等工作，以进一步推动工作上的进展，从而助力国际学生教育管理工作提质增效，加强"留学中国"品牌建设，是当下值得深刻思考的问题。

一、 高质量发展、新质生产力与国际学生管理队伍建设

习近平总书记（2023）在中共中央政治局第五次集体学习中指出，"要坚持把高质量发展作为各级各类教育的生命线，加快建设高质量教育体系。"因此，在高质量发展的大背景下，为推进中国式现代化、实现中华民族伟大复兴，扩大高水平对外开放，提升国家在全球教育领域中的影响力和话语权，国际学生教育不可忽视。同时，也为了深化人才工作机制创新，国际学生教育管理干部队伍建设既服务于国家的战略要求，又涉及人才管理和培养模式的创新，同时也是为发展新质生产力培养后备人才，培养亲华、友华力量。

把国际学生招收入中国高校，培养他们成为中国高质量发展的关键力量，并鼓励他们在中国实现个人价值和人生目标。在这一过程中，国际学生教育管理队伍使命和责任重大，应得到重视。而这支队伍的素质和能力水平的提升和加强，是高水平对外开放、人才机制创新的重要环节。

在高质量发展的大背景下探讨国际学生管理队伍建设，不仅是对"完善人才培养、引进、使用、合理流动的工作机制"的响应（习近平 2024），也是对"完善教育对外开放战略策略"的积极落实（习近平 2023）。

习近平总书记（2024）在第二十届中央政治局第十一次集体学习中指出，"发展新质生产力是推动高质量发展的内在要求和重要着力点。"新质生产力的显著特点在于创新，既包含大众所熟知的技术和固态模式层面，还包括管理和制度方面。其中，人才作为新质生产力的核心，人才管理培养体系制度，也应是新质生产力的创新点。

2024 年，加快发展新质生产力被首次写入《政府工作报告》。报告指出，"大力推进现代化产业体系建设，加快发展新质生产力。充分发挥创新主导作用，以科技创新推动产业创新，加快推进新型工业化，提高全要素生产率，不断塑造发展新动能新优势，促进社会生产力实现新的跃升。"此外，习近平总书记还就新质生产力，谈到了几点重要认识，其中包括"扎实推进体制机制创新"和"深化人才工作机制创新"，要"扩大高水平对外开放"和"优化高等学校学科设置、人才培养模式，为发展新质生产力、推动高质量发展培养急需人才"。

高校作为人才队伍培养的重要基地，同时也是新质生产力发展的前沿阵地，激发人才的创新活力的同时，吸引国际高层次人才，对于推动新质生产力发展具有重要意义（陈亚平，韩凤芹 2024）。高校国际学生群体是学生群体中不可忽视的一部分，他们

不远万里来华求学，大多数都处在价值观塑造的关键阶段，不论其毕业后是否选择留在中国工作和发展，其在华留学经历都将对其未来的职业生涯和个人生活产生深远影响，并可能与中国的社会主义现代化建设密切相关，成为未来产业发展的潜在力量。

国际学生教育管理队伍，主要负责招生管理、教学管理和日常生活管理等行政类工作，其服务对象和工作内容与国家教育对外开放战略密切相关。新质生产力的关键在于"新"和"质"，包含高科技、高效能、高质量，产业支撑，以及未来产业三个核心内涵，包括劳动者、劳动资料和劳动对象三个核心要素（林毅夫等 2024）。其中，劳动者，代表着新型人才队伍，包括创造新型生产力的战略性人才和熟练运用新质生产力工具的应用型人才。国际学生教育管理队伍，不仅属于新型人才队伍的一部分，还肩负着培养这类人才的重要使命。因此，国际学生教育管理队伍的建设同样应当符合高校创新人才培养模式的需求，去适应"高科技、高效能、高质量的生产力发展需求"（孙源 2024）。

二、国际学生管理队伍现状

2020 年《教育部等八部门关于加快和扩大新时代教育对外开放的意见》中指出，应"做强'留学中国'品牌"，为来华留学工作指明了道路和方向。随着"一带一路"倡议的持续推进，国际学生的人数和规模不断增加，这不仅促进了本国教育服务市场的扩展，也显著提升了国家的国际影响力和软实力。这也是许多欧美国家将留学市场作为产业化经营的重要缘由。他们通过提升世界大学排名、设立海外招生办公室、开设语言培训机构以及与海外高校合作推行本硕连读项目等多项政策措施，以吸引更多海外的学生。

近年来，中国高等教育飞速发展，国际影响力不断提升，国际学生规模也不断扩大。根据教育部数据，2018 年共有来自 196 个国家和地区的 492 185 名各类外国留学人员在全国 31 个省（区、市）的 1 004 所高等院校学习。近年来，国际学生数量有所回落（张晓燕等 2023），但并不影响来华留学事业的总体发展。经过不断发展和积累，国际学生管理干部队伍也逐渐壮大起来，而这一过程中，一些影响来华留学事业高质量发展的问题逐渐显现。

（一）队伍建设专业性不足

高校国际学生管理队伍人员传统意义上指的是行政干部和国际学生教育管理人员，简称为"留管干部"。2017 年国家出台的《学校招收和培养国际学生管理办法》中明确规定："高等学校应当设置国际学生辅导员岗位。"这为高校设立国际学生辅导员岗位提供了国家政策依据。国际学生辅导员也成了国际学生管理队伍中的重要成员。

然而，不论是传统意义上的国际学生管理干部还是国际学生辅导员，都缺乏一定的专业性。他们尽管在日常工作中需要负责国际学生招生录取、来华手续办理、宿舍管理、教育教学支持管理等一系列工作，身兼多职，却往往均为兼职人员（熊安沅

2023）。无论是校级职能部门、国际学生归口管理学院（如国际交流学院），还是普通学院的国际学生管理人员，通常还需要负责其他行政事务，包括教学任务和科研服务工作。

以大理大学为例，2020 年，近 1 000 名国际学生分散在 10 多个二级学院，实行校院两级管理模式，并没有配备专职辅导员，均由行政人员兼职处理国际学生教育管理工作，在超过 600 名国际学生的学院里，专职国际学生管理人员仅一人（张丽娟等 2022）。

国际学生管理工作在一定程度上具有很高的专业性和特殊性。例如英、美、加等国家都在高校内设有专门的负责国际学生管理和服务的机构，例如国际学生学者办公室，其工作人员常具备多元文化背景，熟悉多种语言，负责为国际学生提供居留许可等多方面的咨询服务（张静 2020）。

国际学生管理队伍的工作对象是国际学生，不同于传统的学生辅导员及行政人员，其工作既具有国际化、跨文化特点，又兼具学生工作的繁复性，需要具备跨文化沟通能力、良好的外语能力以及处理行政事务的业务能力，同时要耐心和细心。鲁烨（2018）认为，国际学生辅导员专业化建设和职业能力标准，仍没有顶层设计，这样会导致国际学生服务能力和水平无法提高。外语能力、跨文化交际能力较强的管理人员仍然是少数，大多数仍在与国际学生语言沟通中受阻，不能有效地进行趋同化的教育管理（李玢，熊峰 2018）。

因此，对于国际学生管理队伍而言，其专业性的高要求目前暂时难以达到，其中可能存在队伍构成多为兼职人员、专职人员不足、缺乏对专业能力标准的顶层设计等原因。

（二）队伍人员角色定位缺乏战略高度

高校国际学生管理人员对自身职业身份以及相应职责义务的理解也是值得探讨的问题。陶家俊（2004）认为："社会文化体系好比一盘棋，或一张巨网，在每一特定历史文化语境里，个人必然要与世界、与他人建立认同关系，并遵循文化编码程序，逐步确定自己在这一社会文化秩序中的个体角色。"在社会中的定位和与他人的关系决定着自己身份定位，而身份角色认同也指导着社会实践。

国际学生管理人员如上所述，常为兼职工作者，在工作中打交道的对象包括国际学生、各上级部门人员、学校其他教师及工作人员等。而在实际专业身份中，有的是辅导员，有的是行政管理人员，甚至是临聘人员，未能持有高校教师资格证。而日常的行政工作繁杂而琐碎，权责的不明晰常使得他们无法与其他同事互为助力，从而导致许多国际学生管理人员疲于应付处理日常行政工作，疏于与国际学生的日常交流，难以关注他们的思想动态（张爽，王书艳 2021）。这不仅影响了他们作为高等教育工作者的身份认同，也限制了对自身工作的价值与意义的认知。

国际学生教育是我国教育对外开放的重要部分，而教育对外开放又是教育强国建设的必由之路。打造"留学中国"品牌,讲好中国故事,是中华文化软实力的输出和重要体现,更是每一位国际学生管理人员身上承担的光荣使命和责任。国际学生管理人员常因日常工作的琐碎,未能做到站在国家发展全局的战略高度来思考和认识这一问题(张爽,王书艳 2021),无法将自身工作融入国家对外开放大局、高等教育发展的宏大布局中,因而也无法认识到自身工作所肩负的主要职责以及重要意义,缺乏从思想认识上对自身工作岗位的认可度,对自身角色定位缺乏战略高度。

(三) 队伍人员绩效考核机制及培养规划尚未健全

尽管各高校所处的发展阶段不同,工作重点不一,对国际学生工作的重视程度也互不相同,从总体而言,高校国际学生管理队伍仍缺乏成熟的绩效考核机制。尤其是职称评定及工作绩效方面,与负责国内学生工作的人员仍有差距(张爽,王书艳 2021)。

张巍(2020)调研了上海市 30 所高校国际学生辅导员队伍的建设情况,得出系统的培训体系未能形成、考核、激励机制尚不完善、职业晋升渠道尚未畅通等结论。其中提及,国际学生辅导员工作的积极性因为其表现和成效未能得到科学、客观的评价而被挫伤,低薪资成为普遍现象。

国际学生管理人员与中国学生辅导员、学工干部一样,需要履行学生的安全教育、学习监督、宿舍管理、心理问题和就业问题等多个方面的责任义务。此外,他们需处理国际学生事务,例如招生录取前的沟通联系、材料初审、招生手续办理、入境后的体检、签证管理、住宿管理、保险管理等等。这些工作不仅手续复杂多样,还要求管理人员熟悉各项涉外法律条文。而行政事务工作成果却难以量化并形成考评标准,日复一日的重复性工作加上实际激励机制的缺失,使得国际学生管理人员的积极性无法得到有效的提升。

除了绩效考核机制不健全以外,队伍建设的培养计划也亟待完善。根据张巍(2020)在上海高校中的调研数据,76%的国际学生辅导员专业技术职务为初级或以下,队伍职称结构有待改善,职称评定机制、晋升机制不顺。从长远发展角度而言,国际学生管理人员需要有明晰的职业晋升渠道以及定期的业务培训,这对他们自身的发展、工作的热情和投入度都有着很大的影响。近年来,在高校去行政化的大潮中,队伍人员流动性不断加大。同时,晋升路径的模糊化以及考评激励机制的缺失进一步导致人员队伍的不稳定,业务熟手的不断流失,新手难以迅速熟悉业务,进而影响国际学生工作的质量。

三、 国际学生管理队伍建设质量提升的思考

马克思主义经典作家提出了"主要生产力,即人本身"的观点。高质量发展以新质生产力为内在要求,而人才正是新质生产力发展的第一资源。

高校作为科技第一生产力、人才第一资源、创新第一动力的重要交汇点,在高质

量发展背景下，国际学生管理队伍建设不仅关乎我国高等教育的人才培养，同样也是高校人才建设中不容忽视的部分。以下将根据国际学生管理队伍现存的问题，提出质量提升的几点思考：

（一）提升国际学生管理人员业务水平与核心能力

国际学生管理人员的专业性包含其业务能力、语言能力、跨文化交际能力、事务处理能力、政策理解能力等多个方面。这支队伍直接代表着中国形象和学校形象，增强其专业性，不仅能够提升其职业形象，也能更全面、深入地完成各项工作，并与国际学生建立良好的沟通。

根据习近平总书记重要指示精神，要"完善人才培养、引进、使用、合理流动的工作机制"。队伍专业性的提升也可以从培养、引进、使用和合理流动四个方面进行思考。

在培养方面，首先应当树立培养的目标，能够做到"在道德上塑造人、行为上示范人、学识上引领人"，"具备教育引导国际学生成长为知华、友好的高素质毕业生和具备一定专业知识的国际化人才的能力"（张继桥 2020）。除了通过定期的业务培训、讲座和沙龙以外，还应鼓励国际学生管理人员利用业余时间提升学历及外语能力。个人的学习和发展是伴随一生的，通过给予经济方面的支持，鼓励国际学生管理人员参加外语类资格考试、学历进修深造，也将大大提升其个人能力和核心素养。

在引进方面，应当充分考虑管理队伍人员结构的优化（熊安沅 2023），根据合理的人员比例结构聘用相应的人员。通过考察岗位的职责及其具体业务要求，选择能力水平相适应的干部人员，严格把好人员的进口关。

在使用方面，应当注意工作量的合理分配，避免出现高校队伍中常见的"大锅饭"现象。明确职责分工并压实具体责任，能使队伍力量得到更好的发挥。

在合理流动方面，随着工作经验的积累，国际学生管理人员在熟悉相应业务后，能够更好更快地完成事务性工作，并且在学生应急管理、舆情处置等方面能够更加精准把握。队伍建设中也应考虑个人情况以及生涯规划倾向，允许人员在校内部门甚至高校之间合理流动，才能更好地激发队伍活力。

（二）提高国际学生管理人员政治站位

随着新一轮科技革命和产业变革不断深入，科技新兴领域层出不穷并迅速迭代更新。在这样的历史背景下，人才作为社会发展、新质生产力发展的第一资源，重要性不言而喻。

高校国际学生管理人员不仅是中国故事的讲述人，还是国际学生的教育者、引导者、管理者和调解者（赵丹丽 2015）他们肩负着为国家培养输送高新技术人才的职责，是新时代教育对外开放和人才强国战略的具体实施者。

因此，在国际学生管理队伍建设中，应不断提高政治站位，将个人认为琐碎、微不足道的工作融入高校乃至国家发展的大背景、大战略、大布局中，认识到自身角色定位的重要性。在岗位上积极作为、主动担当，创新工作方式方法，通过充分发挥自身作用，在高质量发展的大背景下，围绕新质生产力的发展需求，努力培养知华友华、愿意为社会主义事业贡献力量的、具有国际视野和创新精神的高层次人才。

（三） 创新国际学生管理培养机制

高校应不断完善国际学生管理队伍绩效考核体系，建立一套完整规范考核体系和人才培养体系。

首先，有效的考核激励机制是增强管理人员干事创业活力的重要手段（张爽，王书艳 2021）。明确可以客观量化的考核机制。例如将评价打分体系分为自我评价、领导及同事综合评价以及国际学生评价，最终的评价打分结果以各项评价加权汇总，以此作为年度考核评优的依据。"鼓励创新、宽容失败"（习近平 2024）。在考核结果的使用上，注重正向激励，以各种方式渠道鼓励敢于创新，不依赖旧路径、旧渠道，以促成积极向上的工作风貌。

另外，注重培养专职化国际学生管理人员，明确选拔任用程序，疏通其职业晋升渠道，允许国际学生管理人员在管理岗位、专业技术职务双线晋升，允许其发展其原专业方向，实现合理范围内的人员流动。

（四） 加强国际学生管理队伍交流以及经验分享

国际学生管理队伍建设在专业性上仍需提升，高校可通过举办研讨会等形式，促进各高校国际学生管理队伍之间加强经验交流与思维碰撞。从一定意义上，也能提升国际学生管理队伍建设，使其能力得以突破。

四、结束语

国际学生教育是国家教育对外开放中的重要组成部分，国际学生管理队伍则是国际学生教育中最为重要的人员力量。当下高质量发展的大背景使得国际学生教育被赋予了新的内涵，也为国际学生管理队伍建设开辟了新的提升路径。本文从推动高质量发展的内在要求和重要着力点——新质生产力的发展层面，分析了国际学生管理队伍建设现存的问题，并提出了队伍建设质量提升的思考。《中国教育现代化2035》中明确提出，"实施留学中国计划，建立并完善来华留学教育质量保障机制，全面提升来华留学质量。"为达到这一目标，国际学生管理队伍建设仍然任重而道远。

参考文献

[1] 陈亚平,韩凤芹.适应新质生产力发展的科研院所年薪制改革探讨[J/OL].重庆大学学报(社会科学版),1-12(2024-11-01)[2024-11-04].https://kns.cnki.net/kcms/detail/50.1023.C.20241101.1131.002.html.

[2] 李玢,熊峰.留学生管理队伍建设的思考[J].科教导刊(中旬刊),2018(26):178-179.

[3] 林毅夫,张宇燕,卢锋,等.新质生产力:中国创新发展的着力点与内在逻辑[M]//王贤青主编.北京:中信出版集团,2024.

[4] 鲁烨.国际化视域下留学生辅导员职业能力标准建构[J].世界教育信息,2018,31(16):24-29.

[5] 孙源.新质生产力视域下高校创新人才培养模式的路径研究[J].才智,2024,(31):157-160.

[6] 陶家俊.身份认同导论[J].外国文学,2004(02):37-44.

[7] 习近平.发展新质生产力是推动高质量发展的内在要求和重要着力点[J].中国新闻发布(实务版),2024,(06):3-5.

[8] 习近平.加快建设教育强国 为中华民族伟大复兴提供有力支撑[N].人民日报,2023-05-30(001).

[9] 新华社.教育部:2018年近50万名各类外国留学人员在我国高等院校学习[EB/OL].(2019-04-12)[2024-11-05].https://www.gov.cn/xinwen/2019-04/12/content_5382049.htm.

[10] 熊安沅.留学生教育管理工作方法的创新路径[J].山西财经大学学报,2023,45(S2):170-172.

[11] 张继桥.跨文化教育视角下我国高校国际学生辅导员的角色定位与能力构建[J].黑龙江高教研究,2020,38(04):63-68.

[12] 张静.来华留学生趋同化管理的现实意义与推进策略[J].中国高等教育,2020(23):55-56.

[13] 张丽娟,Supratik Kundu,胡林,等.高校来华留学生自治管理模式探析——以大理大学临床医学院为例[J].科教文汇,2022,(11):18-20.

[14] 张爽,王书艳.趋同化管理背景下地方高校留管干部队伍建设对策研究[J].科学咨询(教育科研),2021(08):75-76.

[15] 张晓燕,尤题名,袁亮,等.地方高校工商管理专业"一带一路"国家来华留学生高质量人才培养研究——以三峡大学为例[J].三峡大学学报(人文社会科学版),2023,45(06):111-114.

[16] 赵丹丽.高校留学生辅导员队伍专业化建设的路径和机制研究[J].文教资料,2015(01):71-72.

2024年来华留学教育管理学术会议综述

翟宜疆*

2024年，各级政府教育主管部门及各高校国际学生教育管理部门深入学习贯彻习近平总书记在全国教育大会上关于"要深入推动教育对外开放，统筹'引进来'和'走出去'，不断提升我国教育的国际影响力、竞争力和话语权，扩大国际学术交流和教育科研合作，积极参与全球教育治理，为推动全球教育事业发展贡献更多中国力量"的重要讲话精神，在加强"留学中国"品牌建设，进一步完善来华留学入学考试考核，推进来华留学质量监测体系，构建具有中国特色的来华留学教育管理理论和体系，建设具有全球影响力的重要教育中心等方面，进行了多方面的研究与探讨。

中国高等教育学会外国留学生教育管理分会（以下简称"高教学会留管分会"）、各省各高校的国际学生教育管理部门举办了不少卓有成效的学术会议、高层论坛和培训研讨。

2024年1月12日，中国教育国际交流协会以线上线下融合形式举办了促进美国学生来华交流学习研讨会。

2024年3月22日至24日，上海交通大学人文学院、南京大学海外教育学院和上海外国语大学国际文化交流学院主办，上海外语教育出版社承办的第二届全国来华留学生中国国情教育学术研讨会在上海外国语大学成功举办。

2024年5月14日至10月31日，教育部国际合作与交流司主办、高教学会留管分会承办，分别在天津、武汉、西安、金华和徐州举办了2024年全国来华留学管理干部培训班。

2024年7月6日至7日，在北京语言大学召开第20届国际中文教育学术研讨会。

2024年7月26日至27日，在珠海成功举办Understanding China国际教育合作交流会。

2024年10月24日至26日，在云南大学举行了面向南亚东南亚国际中文教育协作机制研讨会。

2024年11月1日，中国教育国际交流协会在北京举行了培养当地人才、服务"走出去"企业——职业院校来华留学教育研讨会。

2024年11月9日至10日，高教学会留管分会主办，广东外语外贸大学承办了2024年来华留学教育管理研究学术研讨会。

2024年11月30日，在南昌大学召开地方高校国际中文教育内涵式发展研讨会。

---

* 翟宜疆，上海交通大学副教授，研究方向为国际中文教学。

2024年11月30日至12月1日，由江苏省教育厅指导、江苏省高等教育学会外国留学生管理研究委员会主办，江苏大学承办的2024年江苏高校首届外国留学研究生学术交流研讨会在江苏大学成功举办。

2024年12月2日至3日，由中国教育国际交流协会国际医学教育分会主办，山东大学承办的2024年来华留学生医学教育学术年会，首届来华留学生临床医学教育英语授课技能提升项目，以及国际医学教育分会二届三次全体理事会议成功举行。

2024年12月12日，国家留学基金委在上海举办了2024年中国政府奖学金来华留学业务工作培训。

2024年12月20日，在西南大学召开了新时代高校来华留学教育高质量发展研讨会。

上述会议主要对以下四个主题进行了深入研讨：构建来华留学生中国国情教育综合体系；因地制宜，突出特色，持续推进"留学中国"品牌建设；来华留学质量保障体系建设及趋同化教学与管理；国际中文教育的学科建设及数智化发展。以下分别进行综述。

一、构建来华留学生中国国情教育综合体系

培育国际学生讲好中国故事的意愿，提升其传播好中国声音的能力，离不开有效的中国国情教育。本年度学术会议中，来华留学生中国国情教育综合体系建设成为热门话题。

第二届全国来华留学生中国国情教育学术研讨会，以加快构建来华留学生中国国情教育体系为主题。中国高等教育学会外国留学生教育管理分会副理事长、上海交通大学/南京大学程爱民教授带来大会的首场发言，分享了他就构建来华留学生中国国情教育综合体系的若干思考和建议。程爱民教授指出，来华留学生中国国情教育是一个综合体系，涵盖若干个子体系。作为知识体系，国情教育的内涵与层次性、全球与在地的区域属性、学理和实践并重的意义属性及其跨文化、跨学科、跨区域的特征都是需要研究的问题。作为教育体系，国情教育在课程教学、社会实践、队伍建设、管理服务、教育质量保障与评估等方面也都存在一些亟待研究和解决的问题。他还特别提到了课程教学体系"3P＋SP"的概念，并提出了成立国情教育指导委员会，统筹全国资源、建设精品课程、开发优秀教材等建议。

2024 Understanding China 国际教育合作交流会上，程爱民教授在题为《关于构建来华留学生中国国情教育综合体系的若干思考和建议》的主旨发言中，剖析了来华留学生中国国情教育的现状与挑战。他提出，要加强理论研究，探索国情教育的内涵和层次，从物质层面、制度层面、行为层面、观念层面构建中国国情教育理论体系和知识体系。上海外国语大学、中国地质大学（武汉）和江苏大学代表分享了各自学校在构建来华留学生中国国情教育综合体系方面的探索与实践。

2024年湖北省来华留学生教育管理工作交流会上，湖北省教育厅对外合作与交流

处处长黄念平作题为《认真学习习近平总书记重要回信精神 切实做好来华留学生教育管理工作》的报告，希望省内高校领会习近平总书记的回信精神，建立完善的来华留学生中国国情教育体系，向世界展示具有中国特色的国际学生教育。

河北省留管干部培训暨京津冀来华留学教育协同发展工作交流会上，燕山大学党委常委、副校长王跃华表示，要大力推进教育对外开放，积极构建来华留学生中国国情教育体系，为培养"知华友华爱华爱校"国际化人才提供"燕大方案"。

新时代高校来华留学教育高质量发展研讨会也将"来华留学国情教育"作为重要议题，程爱民教授发表了主旨演讲。

二、因地制宜，突出特色，持续推进"留学中国"品牌建设

推进"留学中国"品牌建设，是本年度国际学生教育管理工作的主旋律。各省各高校国际学生教育管理部门将习近平总书记在全国教育大会上的重要讲话精神落到实处，根据自身特点因地制宜，培育特色。

中国高教学会留管分会举办的 2024 年来华留学教育管理学术研讨会以"贯彻落实党的二十大精神，推动来华留学服务教育强国建设、推进'留学中国'品牌建设"为主题，并设立"留学中国"品牌建设与教育生态主题论坛。

中国教育国际交流协会主办的促进美国学生来华交流学习研讨会则从中美青年交流的视角探讨"留学中国"品牌建设的具体路径。交流协会国际合作部主任刘轶博、美国韦恩州立大学国际合作副校长 Huajing Maske、复旦大学副校长陈志敏、江苏省教育厅对外合作与交流处处长施蕴玉分别从国家、地方和高校层面介绍短期来华留学/实习项目和实践经验，并就如何吸引美国学生来华学习，满足学生需求展开讨论。

职业院校来华留学教育研讨会上，中国教育国际交流协会安延副秘书长在致辞中指出，职业教育与经济社会发展密切联系，在参与"一带一路"建设过程中能够切实发挥教育的基础性和先导性作用，通过培养东道国本土化技术技能人才为"走出去"企业提供人力资源支撑。职业院校要全面提升国际学生教育水平和教学质量，为擦亮"留学中国"品牌贡献职教力量。

江苏高校首届外国留学研究生学术交流研讨会聚焦学术前沿，促进中外学术思想交融，不仅为江苏省留学研究生搭建了高水平学术交流平台，也充分展现了江苏省在国际化人才培养方面的创新实践，进一步提升了"留学江苏"的品牌影响力。

2024 年河南省来华留学生管理队伍培训班，提出进一步提高来华留学管理队伍的专业素质和业务能力，提升国际化服务水平，推动"留学河南"品牌内涵高质量建设，要求留管干部增强政治意识，提升服务能力，坚持底线思维，做好"留学河南"品牌的守护人。

2024 年湖北省来华留学生教育管理工作交流会上，中国地质大学（武汉）校长李建威指出，学校将顺应国家构建教育对外开放新格局的要求，充分发挥地球科学领域学科优势，进一步推进来华留学教育高质量内涵式发展，持续擦亮"留学地大"特色

品牌。

地方高校国际中文教育内涵式发展研讨会上，江西省教育厅国际合作与交流处三级调研员肖依明介绍了江西省在国际中文教育专业建设、海外孔子学院建设以及来赣留学品牌建设等方面的工作举措和成效。

三、来华留学质量保障体系建设及趋同化教学与管理

"质量保障"和"趋同化管理"是本年度各地学术研讨会的热词，这反映了来华留学工作由规模扩张到内涵提升的转变，是深入推动教育对外开放，不断提升我国教育的国际影响力、竞争力和话语权的需要。

2024年来华留学教育管理学术研讨会的主旨报告中，天津大学杜修平、北京理工大学刘进、上海外国语大学张艳莉、广东外语外贸大学蔡红、江苏大学吴鹏等五位专家学者，分别围绕来华留学入学考试、国际生源质量评价、短期人文交流项目质量提升策略、国际学生校企联合培养、国际学生日常管理提质增效等专题进行探讨。

本年度举办的五期来华留学管理干部培训班上，高教学会留管分会都将"入学申请""审批及招生宣传相关事项""高等院校来华留学教育制度体系建设与趋同化管理"作为重点内容，为推动高校来华留学工作提质增效，实现高质量发展提供了指导。

国家留学基金委举办的2024年中国政府奖学金来华留学业务工作培训会上，教育部国际合作与交流司二级巡视员席茹强调，各高校要扎实落实党和国家的有关部署，推动来华留学提质增效，逐步构建与高水平教育对外开放和教育强国建设需求相适应的来华留学综合管理和保障体系。

新时代高校来华留学教育高质量发展研讨会以"新时代来华留学高质量教育体系""新时代国际学生教育管理趋同化"等作为主要议题。国家留学基金管理委员会副秘书长田露露表示，要建立公正公开、行之有效的招生选拔体系，在培养阶段建立趋同管理的培养体系。

江苏高校首届外国留学研究生学术交流研讨会，为留学研究生搭建了展示学术成果、交流思想的平台，也为各校展示培养成果、切磋培养经验、共同提升培养质量提供了机会，体现了江苏国际学生教育从规模增长向内涵发展的重要转变。

2024年来华留学生医学教育学术年会上，教育部国际合作与交流司二级巡视员席茹介绍了在深化新医科建设背景下，教育部推进来华留学提质增效的重点工作，强调要把来华留学医学教育融入国家医学教育改革大格局中，着力提升教学水平和培养质量。

2024年湖北省来华留学生教育管理工作交流会上，中国教育国际交流协会教育服务认证部副主任梁梓作题为《中国国际交流协会来华留学工作介绍》的专题报告。她介绍了来华留学工作的最新要求，高校来华留学教育应树立品牌意识，培养知华、友华高素质的国际学生，借助国际学生讲好中国故事。她还对比欧美留学教育，分析来华留学未来趋势。

四、国际中文教育的学科建设及数智化发展

在建设教育强国大背景下,如何切实发挥好国际中文教育的作用和价值是当下国际中文教育领域面临的重要课题。新形势下国际中文教育的学科建设和国际中文教育数智化,成为本年度的重点研究课题。

第 20 届国际中文教育学术研讨会以"强国建设背景下的国际中文教育"为主题,凸显国际中文教育服务国家战略的导向,特别关注了国际中文教育的数智化,学科理论探讨方兴未艾。马箭飞教授在大会报告《国际中文教育在教育强国建设中的角色和作用》中指出,语盛是强国的重要标志,在打造世界重要教育中心的过程中,国际中文教育应发挥先导性基础作用。在国际中文教育人才培养方面,应在学科建设上率先改革,在人才培养上率先转向,在实践要求上率先突破。加快自主知识体系建设,把服务高质量发展作为建设教育强国的重要任务。刘玉屏教授在大会报告《生成式人工智能在汉语教学微课制作中的应用研究》中指出,我国人工智能技术产出成果令人瞩目,在语音识别、视觉识别、机器翻译、中文信息处理等技术方面处于世界领先地位。在国际中文教育领域,围绕生成式人工智能与中文教育的融合也已开展一定研究,但仍缺乏实践检验和实证研究。刘玉屏教授在报告中展示了运用生成式人工智能技术生成汉语教学微课(含教案、课件、视频)的研究案例,并对生成式微课的质量及教学可行性进行了评价,探讨了人工智能生成微课过程中的人机协同问题,提出了人机协作对国际中文教师素养的新要求。宋继华教授在大会报告《美学视角下的国际中文教育》中,介绍了以生态美学视角构建的国际中文教育智慧云平台、资源及智能工具体系,该体系覆盖了"教、学、管、测、评、研、用、训"完整的数字生态。宋继华指出,数智时代背景下的国际中文教育,人机交互的每个环节都贯穿着美学因素,美学因素对语言深度、情感深度和认知深度都有着重要的影响。

2024 年国际中文教育数智化发展研讨会上,世界汉语教学学会秘书长宋永波阐述了数字化、智能化技术在教育领域的重要性,指出这是推动国际中文教育创新发展的关键所在。他回顾了世界汉语教学学会在推动现代教育技术应用于中文教学中的不懈努力,并对智慧教育分会及新成立的研究院寄予厚望,期待能在构建理论体系、加强技术应用、建设数字化平台等方面发挥重要作用,引领国际中文教育走向新的高度。中文联盟主席、世界汉语教学学会智慧教育分会理事长王锦红,回顾了智慧教育分会成立以来的工作成果和亮点项目,并展望了未来在自适应学习系统、AI 智能课件库等方面的研发计划。在主旨报告环节,郑艳群教授深入探讨了国际中文教师数智素养提升的路径与发展策略。砂冈和子教授则分享了日本早稻田大学在 AI 时代教师、口译员和翻译员素质培养方面的独到见解。程爱民教授结合上海交通大学与南京大学的实践经验,分享了国际中文分级读物数字资源建设的理念与实践。

新时代高校来华留学教育
高质量发展研讨会会议综述

翟二猛*

2024年12月20日，新时代高校来华留学教育高质量发展研讨会在西南大学国际学院召开。各地专家学者和国际学生教育管理干部、教师等共商新时代高校来华留学高质量发展大计。国家留学基金管理委员会副秘书长田露露、教育部国际合作与交流司来华留学处处长郑晗、重庆市教委二级巡视员陈渝、西南大学副校长周光明出席会议，来自全国105所高校、研究机构的256位代表参加会议。

研讨会分为主旨报告和9场平行论坛，围绕高校来华留学教育在新时代背景下的机遇与挑战，深入探讨"党建引领来华留学事业发展""新时代来华留学高质量教育体系""新时代国际学生教育管理趋同化""来华留学教育管理研究"等议题，试图以此打开新时代来华留学教育的新篇章。

开幕式上，周光明致欢迎辞，指出本次研讨会不仅提供了一个汇聚各方智慧、交流先进经验的宝贵平台，更是开启新征程、应对新挑战的关键行动起点。他期待学界一起深入探讨来华留学教育的发展趋势，直面挑战，共谋解决方案。

陈渝回顾了重庆市国际学生教育的发展历程，在肯定全市来华留学教育取得成绩的同时，在规模、结构、层次和培养质量等方面提出了高质量来华留学工作愿景，寄望全市来华留学教育从业者一道献计献策、勠力同心，共同推进重庆市来华留学教育走上高质量发展道路。

田露露在讲话中强调高质量来华留学教育的多重内涵，一是建立公正公开、行之有效的招生选拔体系；二是在培养阶段建立趋同管理的培养体系；三是完善国家财政为主、地方财政和企业参与的多元开放的奖学金体系；四是建立紧密、有效的校友联络体系；五是各地区、各高校、各机构要因地制宜，制定独特的来华留学教育的发展路径和目标。

开幕式最后，还举行了川渝地区高校国际学生教育管理工作坊授牌仪式，郑晗为川渝地区高校代表现场授牌。

主论坛现场，天津大学国际教育学院院长李锵教授，南京航空航天大学国际教育学院原院长金泉元教授，上海交通大学国际处副处长、留学生发展中心主任马威，中国高等教育学会外国留学生教育管理分会副理事长、上海交通大学/南京大学程爱民教

---

* 翟二猛，西南大学国际学院副教授，研究方向为延安文艺、文学教育、国际中文教育与中国文学的跨文化传播。

授,西南大学国际学院党委书记刘猛分别作主旨演讲。

　　李锵回顾了天津大学来华留学教育的历史和当前中国来华留学教育的现状与困境,分享了天津大学在来华留学教育提质增效方面的经验做法。金泉元强调来华留学教育要对标规范与指标、强化质量认证、明确人才培养目标、助推青年教师成长、优化教学组织与管理,从而有的放矢地建设高质量来华留学教育教学体系。马威指出,来华留学教育的高质量发展关键在于趋同化管理,一方面国际学生教育向中国学生培养看齐,另一方面也要推动中国学生走出去,推动双向正向流动,激活中国高等教育和国际化教育。程爱民重点探讨了在来华留学教育高质量发展的视野下,学术研究应该怎样展开,具有启发性。刘猛通过详尽扎实的调研数据,指出新时代来华留学教育应该切实抓好高质量党建,以党建引领助推来华留学事业行稳致远。

　　六个平行论坛和三个留学生教育管理工作坊分论坛中,大家围绕党建与来华留学高质量发展深度融合、来华留学生中国国情教育和文化认同教育、国际学生辅导员的角色定位与能力构建等主题分享研究成果和工作经验,与会专家对发言内容进行了精准的点评和积极的讨论。

　　大会闭幕式由西南大学国际学院党委副书记耿军主持。平行论坛主持人沈立煌、何梅、翟二猛、王佳、陈志、韩亚文、张伶俐、肖俊、杨洪等就各组的研究成果和精彩观点作简要汇报。西南大学国际学院院长于泽元在总结发言中展望来华留学教育的努力方向与发展前景,充分肯定本次研讨会取得的成果与共识。

征 稿 启 事

《国际学生教育管理研究》（International Student Education and Management）由中国高等教育学会主管，外国留学生教育管理分会主办，是我国来华留学教育与管理科学的专业学术性集刊。本集刊专门研究与探讨中国国际学生教育管理方面的理论和实践问题，宣传相关教育方针和政策，反映中国国际学生教育改革和发展的动态和经验，展示该领域的最新成果，并介绍世界其他国家关于国际学生教育管理研究的成果和发展趋势。《国际学生教育管理研究》自 2020 年起，由上海外语教育出版社正式出版，每年出版两本。

《国际学生教育管理研究》征集并择优发表以下研究领域的论文：

1. 加强"留学中国"品牌和能力建设研究；
2. 来华留学生入学考试考核研究；
3. 来华留学服务教育强国建设研究；
4. 人工智能赋能来华留学培养质量提升研究；
5. 国际学生趋同化管理研究；
6. 国际学生预科教育制度研究；
7. 国际学生跨文化教育与交际研究；
8. 国际学生汉语和中国国情类课程教学研究；
9. 来华留学教育队伍建设、培训与绩效考评体系研究；
10. 国际学生教育管理中外比较研究；
11. 高等职业教育国际学生教学管理模式研究；
12. 英文授课课程体系、培养模式及教育实习研究。

为确保稿件质量，《国际学生教育管理研究》要求来稿重复率不得超过 5%。重复率高于此标准的稿件请修订后再重新投稿。本集刊对所有稿件均实行匿名外审制度。投稿三个月内未收到编辑部通知，作者可自行处理稿件。来稿请遵守学术规范，切勿一稿多投。

本集刊不收取任何形式的版面费与审稿费。来稿审核通过后，编辑部将及时与作者联系，发送改稿或用稿通知。因编辑部人员有限，不能一一办理退稿，敬请谅解。编辑部保留对文章的修改权，如有较大改动，将及时与作者沟通，细微改动不再另行通知。若不同意修改、删节和摘登，请于文末特别注明。

请注册、登录投稿网站 https://gjjg.cbpt.cnki.net 的"作者投稿系统"，按流程填写并提交稿件（来稿请按照稿件格式要求排版）word 文档，后续稿件处理进度均可在网站查询。本刊邮箱 isem_cafsa@163.com 仅作联系作者之用，不接受正式投稿。

《国际学生教育管理研究》已授权中国知网数据库、国家哲学社会科学文献中心、万方数据知识服务平台等第三方服务平台全文收录或转载。对此有异议者，请务必在来稿中注明，或者以书面形式告知编辑部。

来稿格式要求：

1. 来稿提交电子文本。
2. 来稿字数以 8 000—12 000 字为宜。
3. 来稿文本应包括：
    1) 中、英文标题；
    2) 中、英文摘要（300 字/词以内）；
    3) 中、英文关键词（3—5 个，中文每个词之间空一格，英文用逗号分隔）；
    4) 正文；
    5) 参考文献；
    6) 作者基本信息（姓名、工作单位及职称、研究方向、联系方式、收刊人详细地址。若论文为基金支持项目，请注明基金项目名称与编号）。
4. 中文字体：
    1) 大标题用三号黑体；小标题用小四号黑体；各级标题依一、（一）1.（1）顺序编号；
    2) 正文用五号宋体；
    3) 中文摘要、参考文献用小五号宋体；
    4) 脚注由 word 文档自动生成。
5. 英文字体：
    1) 一律使用 Times New Roman；
    2) 大标题用三号字体；小标题用小四号字体；
    3) 正文用五号字体；
    4) 英文摘要、参考文献用小五号字体；
    5) 脚注由 word 文档自动生成。
6. 行距：正文用单倍行距，小标题和正文之间上下各空一行。
7. 图表：文中图表分别顺序编号（图 1，图 2……，表 1，表 2……）。表格编号与名称居中置于表头上方，图片编号与名称居中置于图片下方。请提供清晰并具有高辨识度的彩色或黑白图片（高清位图或矢量图）。若图片文件较大，请以压缩文件另附。
8. 参考文献：
    1) 使用"脚注"对正文内容进行补充说明，不用于标注参考文献出处；
    2) 参考文献文内标注：在引文后加圆括号，圆括号内注明作者和出版时间，如（张三 2019）；如引用同一作者的多部作品，则在作者姓名后加上不同出版时间，出版时间之间用半角逗号隔开，如（张三 2019，2020）；如有多个作者，中文姓名间用半角逗号隔开，英文姓氏间用半角逗号隔开，如（Zhang，Li 2019）；

3）参考文献标注采用 GB/T 7714—2015 格式，英文参考文献在前，中文参考文献在后，按作者姓名拼音首字母顺序排列。

9. 本集刊接受通讯作者，若需指定通讯作者，请在姓名后明确标注。

《国际学生教育管理研究》编辑部